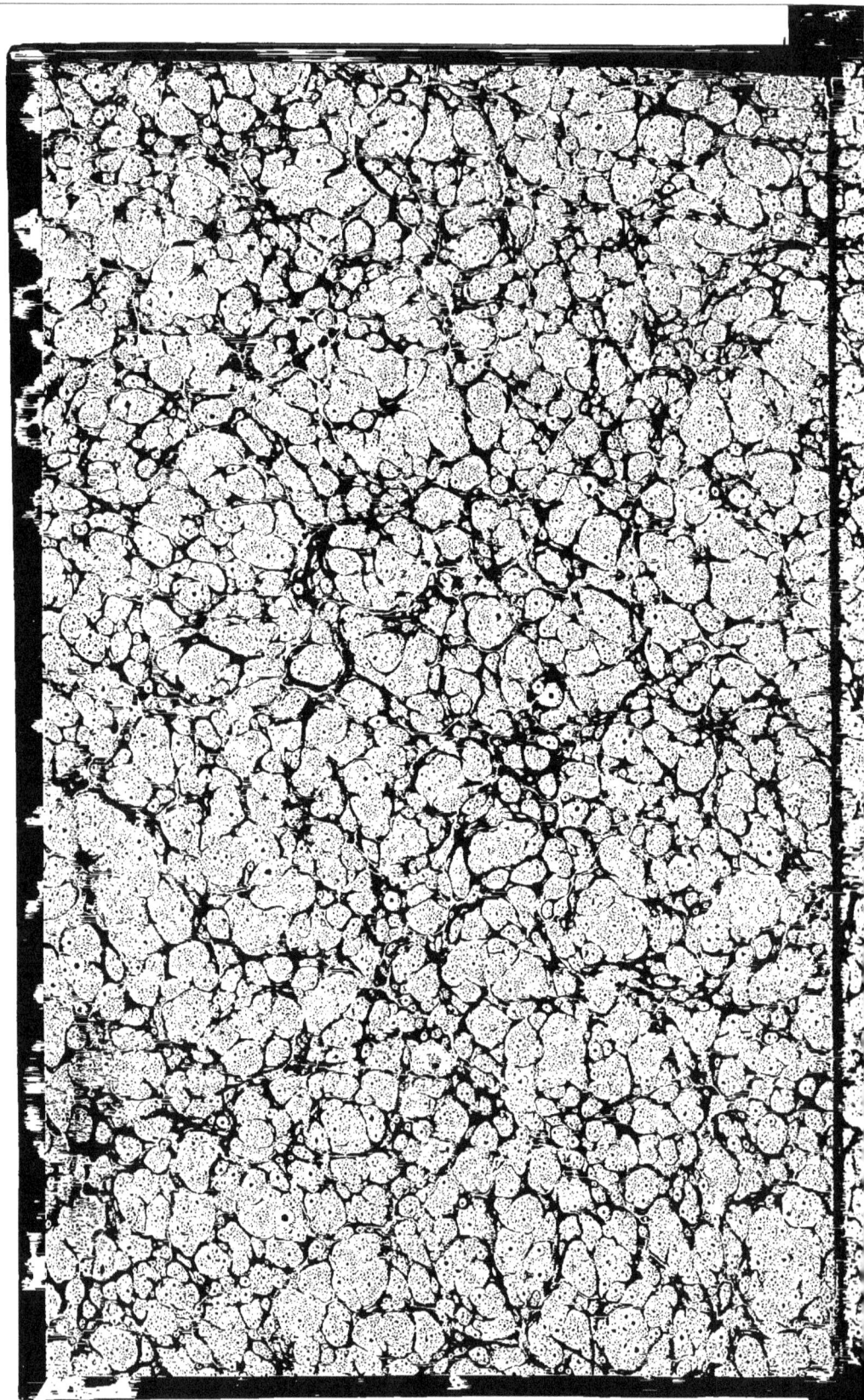

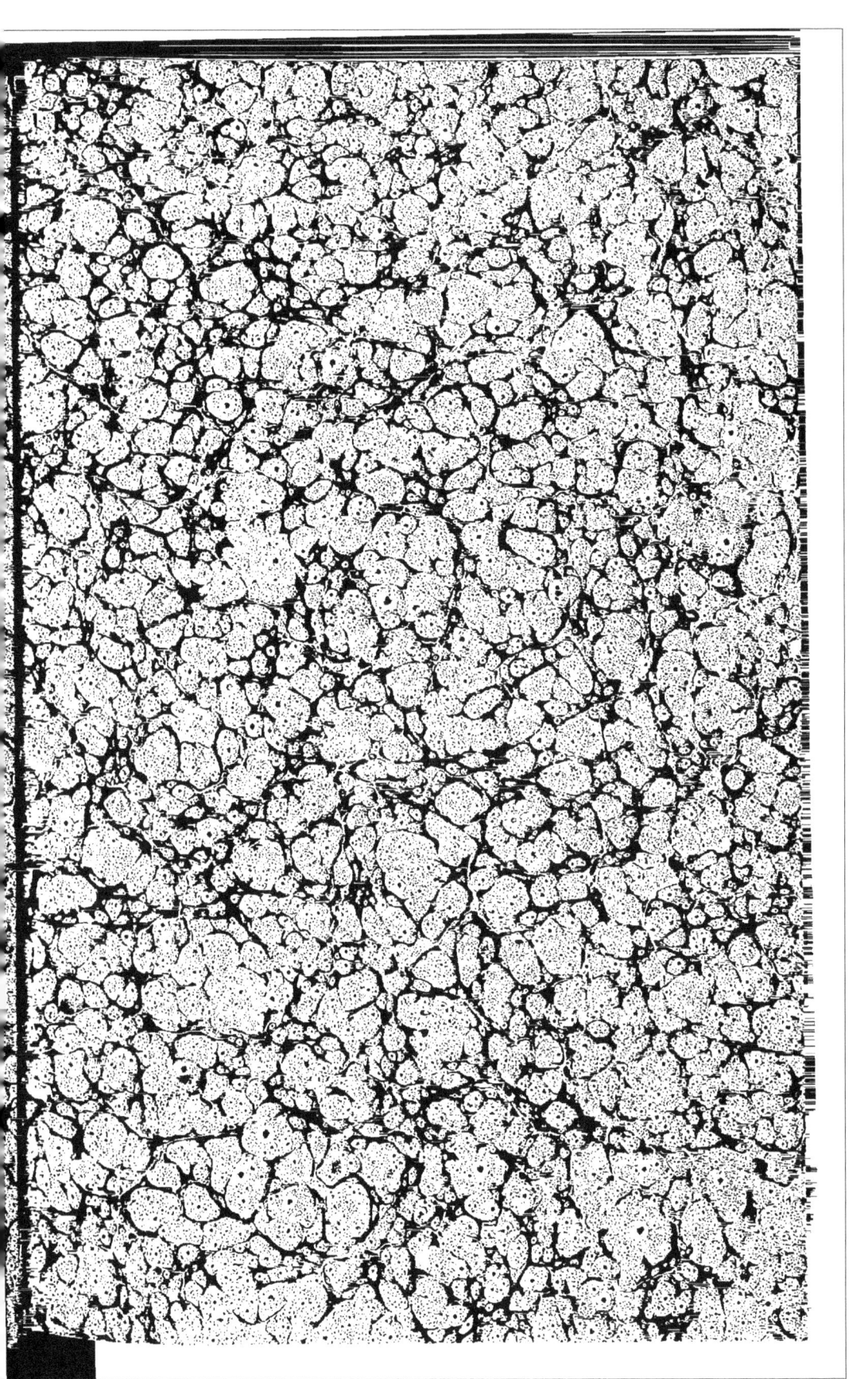

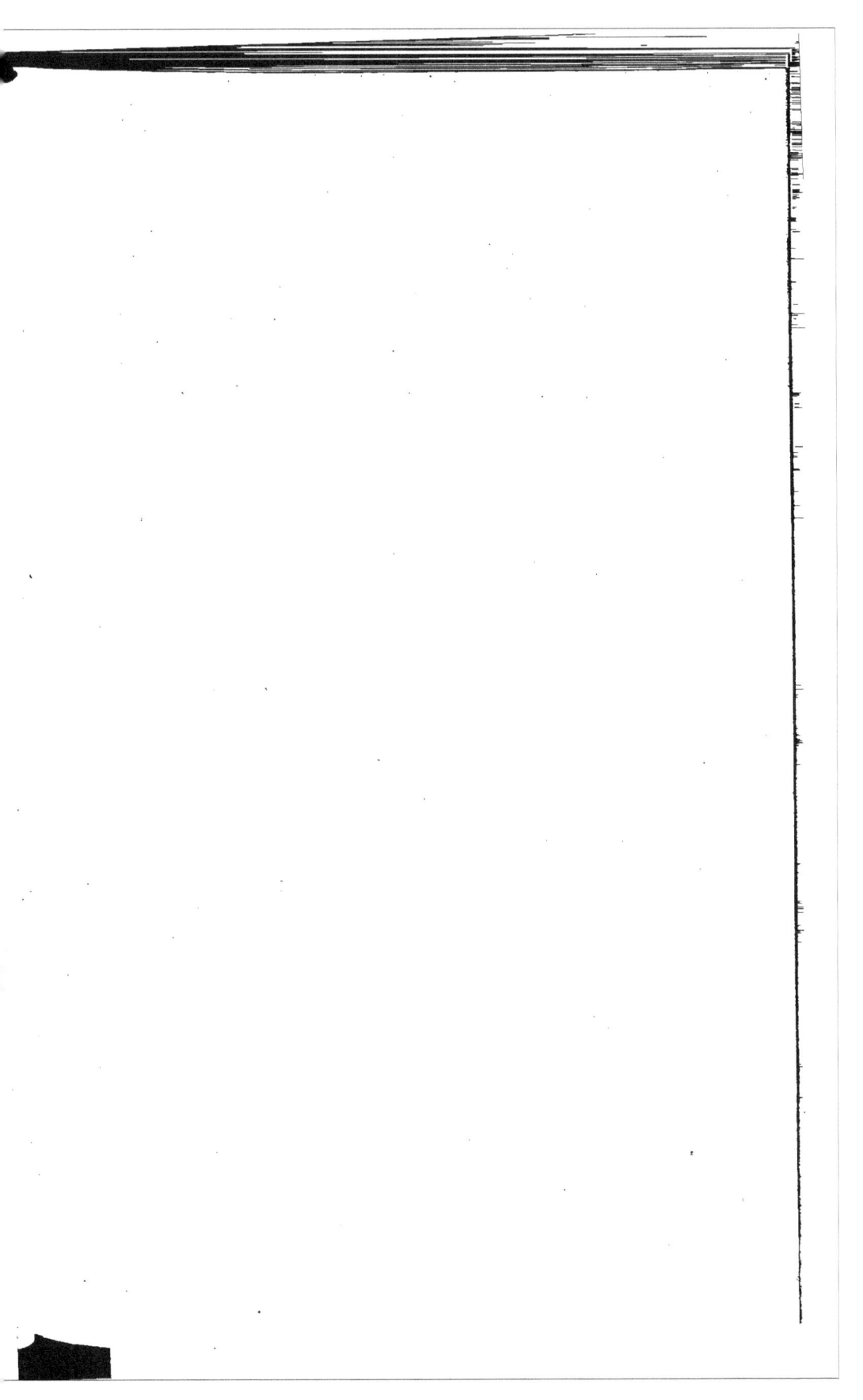

CODE MUNICIPAL

DE

MONTPELLIER.

CODE MUNICIPAL

DE MONTPELLIER,

OU

RECUEIL

DES RÈGLEMENS ET ARRÊTÉS

DE LA

MUNICIPALITÉ DE CETTE VILLE,

MIS EN ORDRE

PAR M. ULYSSE CROS, AVOCAT, SECRÉTAIRE EN CHEF
DE LA MAIRIE.

MONTPELLIER,

IMPRIMERIE DE Mme Ve AVIGNON, ARC-D'ARÈNES.

——

1856.

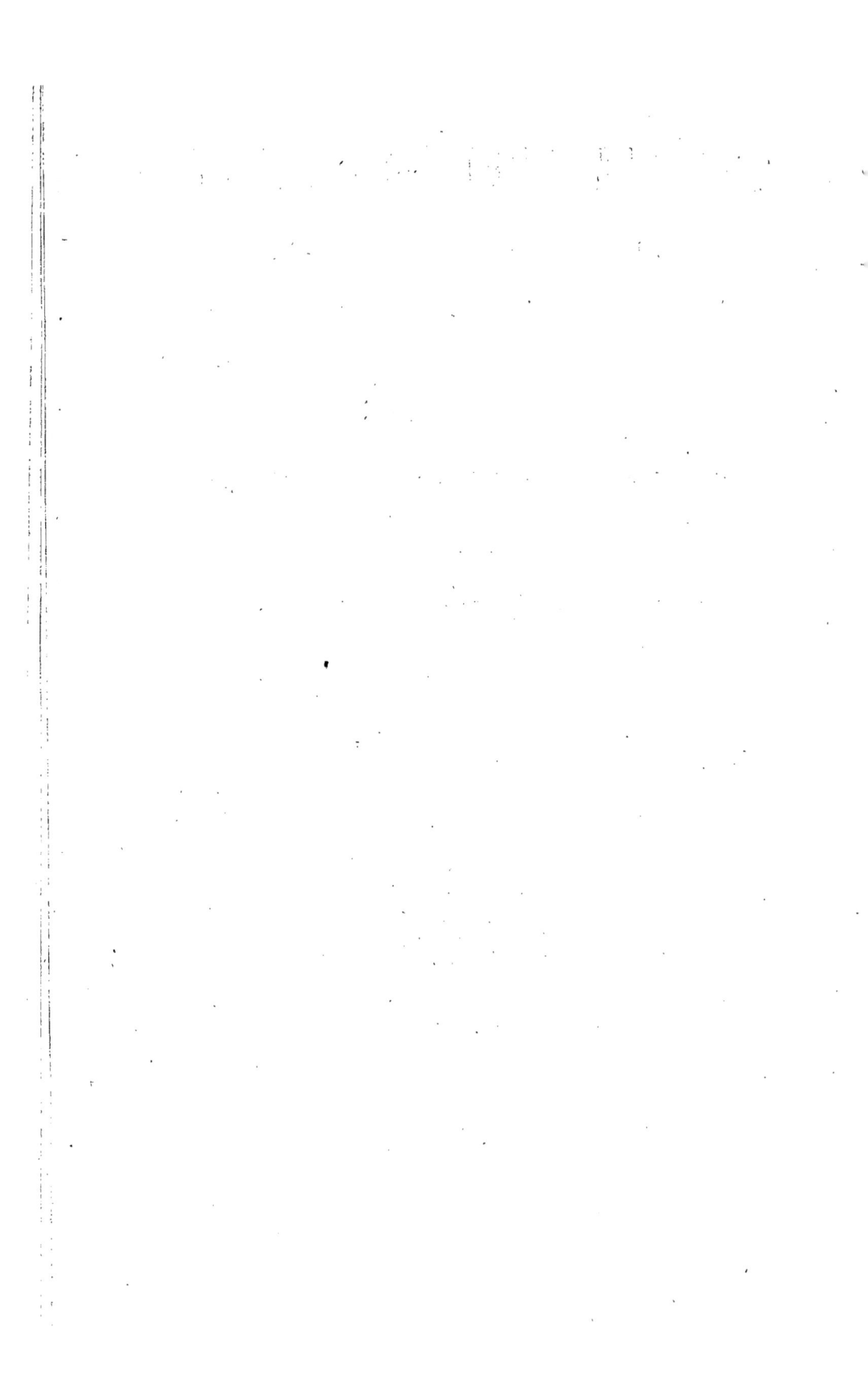

Il suffit de parcourir les archives de notre Municipalité, pour se convaincre que les Règlemens de police de Montpellier, d'une date antérieure au 17 prairial an 8 (6 juin 1800), jour de l'installation du Maire et des Adjoints, nommés en exécution de la Loi organique du 28 pluviôse précédent, ont été pour la plupart renouvelés ou abrogés par les nombreux arrêtés qui ont successivement paru depuis cette époque. — Il est également vrai de dire que parmi le petit nombre de mesures qui n'ont point fait le sujet de dispositions nouvelles, plusieurs sont tombées dans l'oubli, tandis que d'autres ont perdu leur autorité et leur action par l'effet des nouvelles Lois constitutives des pouvoirs municipaux (a).

(a) Sous le titre de Sommaire des Règlemens faits par le bureau de police de la ville de Montpellier, M. Reboul,

On doit donc reconnaître que, sauf quelques rares exceptions, les Règlemens de
police de la ville de Montpellier, actuellement en vigueur, datent du 17 prairial an 8.

J'ai pensé qu'un Recueil qui présenterait
l'ensemble de tous les Arrêtés publiés par
l'Administration municipale, depuis l'an 8
jusqu'à ce jour, serait un document utile
sous plus d'un rapport. C'est ce qui m'a déterminé à livrer au public un travail que, d'a-
bord, je ne destinais qu'à mon propre usage.

Pour rendre cette publication aussi com-
plète qu'il m'a été possible, j'y ai rattaché
les Arrêtés qui tracent aux agens ou employés de l'Administration leurs attributions
et leurs devoirs ; ceux qui régissent les institutions et les établissemens municipaux

---

Lieutenant de Maire, publia, en 1760, un recueil abrégé
des Règlemens de police de cette ville. Cette publication,
résultat de laborieuses recherches, et dans laquelle se
trouve annotée, à l'appui de chaque disposition, la série,
souvent très-multipliée, des décisions prises dans le même
sens, a été consultée, quelquefois avec fruit, par les
diverses Administrations qui se sont succédées depuis
l'époque où elle parut. On trouve, en effet, dans les Règlemens nouveaux plusieurs dispositions de police qui ont
été puisées dans le *Code Reboul*.

d'instruction publique ; ceux, enfin, qui règlent les charges communales auxquelles sont soumis les habitans.

En me livrant à ce travail, j'ai été surtout préoccupé du désir de produire un ouvrage pratique. — Ainsi, je n'ai recueilli que les Arrêtés d'intérêt général, et me suis abstenu de reproduire ceux que des circonstances extraordinaires ont provoqués (a). — Sur plusieurs objets, il existe une suite nombreuse de Règlemens dont les dispositions se répètent, se modifient ou se détruisent les unes par les autres. S'agit-il de matières spéciales (b)? je rapporte l'Arrêté le plus récent, comme le seul en vigueur ; s'agit-il de mesures générales, embrassant dans leur ensemble des prescriptions de nature diverse, quoique dirigées vers un but commun (c)? je réunis, sous une même indication, toutes les dispositions qui ont été prises dans la période de trente-six années qu'embrasse ce Recueil, en

---

(a) Par exemple : les Arrêtés pris à l'occasion de la mise en état de siége de la ville.

(b) La police du Théâtre, la Mendicité, etc.

(c) Par exemple : les Arrêtés relatifs à la salubrité publique, à la sûreté et à la commodité du passage.

supprimant néanmoins celles dont l'abroga-
tion m'a paru résulter du rapprochement de
ces dispositions entre elles.

Quoique la plupart des Arrêtés et Règlemens soient accompagnés de motifs, j'ai cru
devoir, afin de les soumettre à un ordre
méthodique, ne rapporter que le texte des
dispositions elles-mêmes, et je n'ai conservé,
à l'appui du texte, que les citations des Lois
et Ordonnances visées dans ces motifs.

Enfin, pour qu'on puisse facilement vérifier à quelle Administration appartiennent les
divers Arrêtés dont se compose ce Recueil,
je l'ai fait précéder d'un Tableau par ordre
chronologique des Maires et Adjoints qui se
sont succédés depuis l'an 8 jusqu'à ce jour.

Tel est le plan que j'ai suivi.

Je désire que cette publication soit favo-
rablement accueillie de mes concitoyens :
je ne l'ai entreprise que dans la vue de leur
être utile.

U. C.

1er août 1836.

TABLEAU

DES MAIRES ET ADJOINTS DE LA VILLE DE MONTPELLIER.

DÉSIGNATION DES MAIRES ET ADJOINTS.	ÉPOQUE DE LEUR ENTRÉE EN FONCTIONS.	OBSERVATIONS.
MAIRE. **M. GRANIER** (Louis)....	17 prairial an 8....	
MM. SAINT-PAUL (Charles).....	Idem...........	Nommés en exécution de la Loi du 28 pluviôse an VIII.
DUPY (Jean-Baptiste).......	Idem...........	
AUBARIC...............	Idem...........	
PAUL aîné...............	En ventôse an X...	En remplacement de M. SAINT-PAUL.
COSTE (Augustin), Négociant.	26 thermidor an XIV.	Id. de M. AUBARIC.
LAYROLLE.............	En février 1809.....	Id. de M. PAUL aîné.
RIBAN (Maurice)...........	2 mai 1812........	Id. de M. LAYROLLE.
MAIRE. **M. DAX D'AXAT.**......	28 septembre 1814.	En remplacement de M. GRANIER (Louis).
MM. PLANTADE (de), Consʳ-Aud.	30 Idem........	Idem. de MM. DUPY, COSTE et RIBAN.
CASTELNAU (Lˢ-Michˡ), Négˡ.	Idem...........	
PAUL (Philippe), Propriétaire.	Idem,..........	
RENOUVIER (J-Antᵉ), Proprᵉ.	18 février 1815....	Id. de M. de PLANTADE.
MAIRE. **M. GRANIER** (Louis)...	10 avril 1815......	En remplacement de M. DAX D'AXAT.
MM. DUPY (Jean-Baptiste)......	Idem...........	Id. de MM. CASTELNAU, Philippe PAUL et RENOUVIER.
RIBAN (Maurice)...........	Idem...........	
RIGAUD (Auguste).........	18 mai 1815.......	

DÉSIGNATION DES MAIRES ET ADJOINTS.	ÉPOQUE DE LEUR ENTRÉE EN FONCTIONS.	OBSERVATIONS.
MAIRE. **M. DAX D'AXAT**......	15 juillet 1815.....	En remplacement de M. GRANIER (Louis).
ADJOINTS. MM. CASTELNAU (Ls-Ml), Négt.	*Idem*...........	
PAUL (Philippe), Propriétaire..	*Idem*...........	*Idem* de MM. DUPY, RIBAN et RIGAUD.
RENOUVIER (Jean-Antoine)...	*Idem*...........	
SADDE (Auguste-Dominique)...	30 août 1815.......	*Id.* de M. RENOUVIER.
DAUMAS (Pierre), Propre.....	28 avril 1817......	*Id.* de M. CASTELNAU.
CHAUVET (Pierre-Marie), Avt.	31 juillet 1817.....	*Id.* de M. SADDE.
ROCHE (Arthur), Propre.....	6 octobre 1820.....	*Id.* de M. Ph. PAUL.
GUIBAL (Raymond), Négociant.	18 décembre 1820...	*Id.* de M. DAUMAS.
BENAVENT-RODEZ (de), Prop.	11 février 1822....	*Id.* de M. ROCHE.
CAIZERGUES (Fulcrand), Avt.	2 août 1830.......	*Id.* de M. GUIBAL.
—	—	—
MAIRE. **M. CASTELNAU** (Ls-Michl).	24 août 1830......	En remplacement de M. DAX D'AXAT.
—	—	—
MAIRE. **M. GRANIER** (Zoë), Négt..	22 octobre 1830,....	En remplacement de M. CASTELNAU.
ADJOINTS. MM. VIALARS aîné, Négt......	23 *Idem*........	
COSTE (Auguste), Propriétaire	*Idem*...........	*Id.* de MM. CHAUVET, DE BENAVENT et CAIZERGUES.
BÉRARD (Étienne), Professeur.	*Idem*...........	
—	—	—
MAIRE. **M. GUINARD**, Lieutenant-Colonel en retraite.....	21 juillet 1831.....	En remplacement de M. GRANIER (Zoë).
ADJOINTS. MM. ATGER, Avoué.........	*Idem*...........	
SAINTPIERRE fils aîné, Propre	*Idem*...........	*Id.* de MM. VIALARS, COSTE et BÉRARD.
PARLIER (Henri), Avocat....	*Idem*...........	

DÉSIGNATION DES MAIRES ET ADJOINTS.	ÉPOQUE DE LEUR ENTRÉE EN FONCTIONS.	OBSERVATIONS.
RE. **M. DESHOURS - FABEL** (PAULIN), Négociant.....	24 juillet 1832.....	En remplacement de M. GUINARD.
MM. RECH (HIPPOLYTE), Profess'.	Idem...........	Idem. de MM. ATGER, SAINTPIERRE ET PARLIER.
DUNAL (FÉLIX) , Professeur...	Idem............	
LENTHÉRIC (PIERRE), Profes'.	Idem...........	
FAISANT LES FONCTIONS DE MAIRE, **M. DESSALE-POSSEL.....**	12 avril 1833.......	INSTALLÉ comme membre du Conseil municipal , élu en exécution de la Loi du 21 mars 1831 , M. DESSALE, étant le premier dans l'ordre du tableau, fut appelé à remplir provisoirement les fonctions de Maire.
IRE. **M. GRANIER** (ZOÉ) , Nég'.	16 novembre 1833..	Nommés en exécution de la Loi du 21 mars 1831.
MM. BAZILLE-MÉJAN........	Idem...........	
ROUME-REY	27 janvier 1834	
PARLIER (HENRI) , Avocat....	31 mars 1835......	En remplacement de M. BAZILLE-MÉJAN.
FAJON (CHARLES) , Négociant..	Idem...........	En exécution de la Loi du 21 mars 1831.

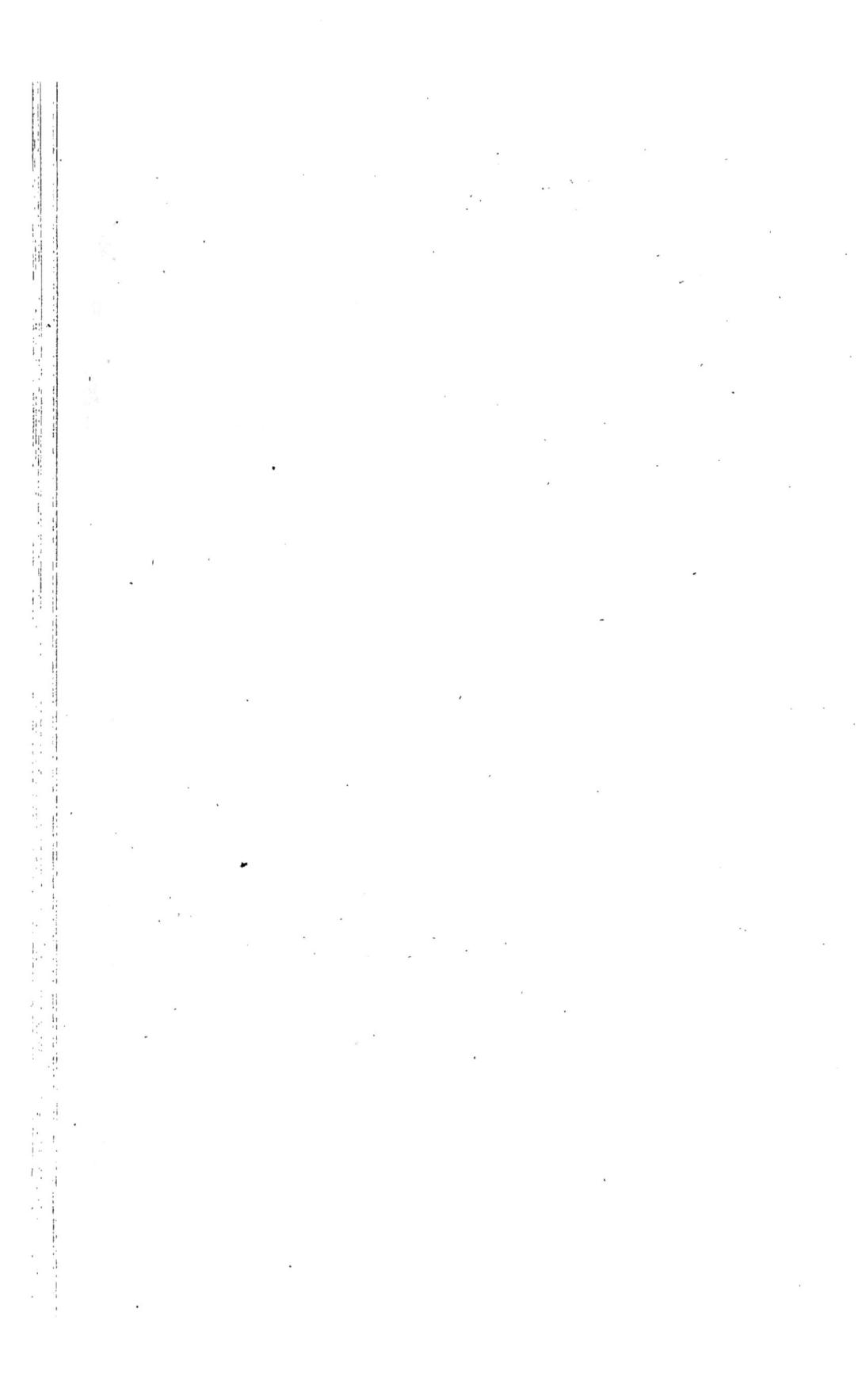

TABLE

DES TITRES, CHAPITRES, SECTIONS, NUMÉROS ET PARAGRAPHES.

	Pages.
TITRE I. ADMINISTRATION	1
CHAPITRE I. AGENS ET EMPLOYÉS DE LA MAIRIE	1
SECTION I. BUREAUX DE LA MAIRIE	1
§ 1. Attributions des Bureaux	1
§ 2. Règlement des Bureaux	3
SECTION II. POLICE	4
§ 1. Commissaires de police	4
§ 2. Chef de police municipale	5
§ 3. Agens de police ou sergens de ville	7
§ 4. Gardes-Champêtres	11
§ 5. Crieurs de nuit	12
§ 6. Prisons de l'Hôtel-de-Ville	15
SECTION III. TRAVAUX PUBLICS	17
§ 1. Architecte de la Ville	17
§ 2. Commissaire-voyer	21
§ 3. Inspecteur des travaux publics, chargé de la surveillance des eaux de la ville et du pavé	23
§ 4. Surveillant des chemins vicinaux	28
§ 5. Cantonniers	30
SECTION IV. AGENS PRÉPOSÉS AUX PUBLICATIONS ET AFFICHES	32
§ 1. Trompette de la ville	32
§ 2. Afficheur	33

Pages.

CHAPITRE II. Division administrative de
LA COMMUNE.   34

SECTION I. Division urbaine.   34

§ 1. Sixains.   34
§ 2. Iles.   34
§ 3. Iliers.   37

SECTION II. Division rurale.   40

TITRE II. POLICE MUNICIPALE.   42

CHAPITRE I. Ordre public. — Sureté et
TRANQUILLITÉ DES HABITANS. — DÉCENCE.   42

SECTION I. Attroupemens. — Troubles et
DÉSORDRES. — ARMES.   42

§ 1. Attroupemens.   42
§ 2. Troubles et désordres.   43
§ 3. Armes.   44

SECTION II. Police des étrangers.   45

§ 1. Aubergistes. — Loueurs de maisons garnies. — Déclarations des étrangers. . . .   45
§ 2. Passeports.   48
§ 3. Compagnons.   49

SECTION III. Mesures relatives a l'exercice
DE CERTAINES PROFESSIONS.   50

Portefaix. — Décroteurs.   50

SECTION IV. Mendicité.   51

SECTION V. Mesures relatives a la sureté
DES HABITANS.   52

Fermeture des portes.   52

SECTION VI. Mesures relatives a la tranquil-
LITÉ DES HABITANS.   53

	Pages.
§ 1. Sérénades...........................	53
§ 2. Charivaris...........................	54
§ 3. Cornets.............................	54
SECTION VII. Carnaval. — Masques. — Déguisemens..............................	54
SECTION VIII. Bains publics en rivière.....	56

CHAPITRE II. Salubrité............. | 57 |

SECTION I. Cimetières.- Inhumations.- Convois.	57
§ 1. Cimetières..........................	57
§ 2. Inhumations........................	58
§ 3. Convois............................	58
SECTION II. Amphithéatres de dissection...	59
SECTION III. Équarrisseurs. — Enfouissement des bêtes mortes...................	59
SECTION IV. Égouts. — Latrines. — Fosses d'aisance..........................	62
SECTION V. Mesures diverses de salubrité..	66
§ 1. Dépôts de fumiers, résidus, etc......	66
§ 2. Lapins, volaille, etc.................	66
§ 3. Verdanson..........................	67

CHAPITRE III. Accidens divers. — Mesures de sureté publique......... | 68 |

SECTION I. Incendies....................	68
§ 1. Pompes à incendie..................	68
§ 2. Feux. — Armes à feu. — Feux d'artifice.	70
SECTION II. Poudres....................	70
§ 1. Transport des poudres..............	70
§ 2. Entrepôt des poudres...............	71
SECTION III. Noyés et asphyxiés..........	72
§ 1. Police de la rivière du Lez............	72

*

Pages.

§ 2. Traitement des noyés.............. 74

SECTION IV. Empoisonnement des chiens. ... 78

CHAPITRE IV. Sureté, commodité et propreté des rues, places et boulevards. 79

SECTION I. Mesures relatives a la sureté du passage dans les rues............... 79

§ 1. Bœufs sauvages.................... 79
§ 2. Chevaux, mules, etc............... 80
§ 3. Coupeurs de bois................. 80
§ 4. Exposition d'objets sur les fenêtres.... 81
§ 5. Fourniers, Boulangers.............. 82
§ 6. Feux d'artifice................... 82
§ 7. Jeux......................... 82
§ 8. Maréchaux-ferrans................ 82
§ 9. Voitures (Circulation des)........... 83

SECTION II. Mesures relatives a la commodité du passage dans les rues........... 85

§ 1. Bois de chauffage. — Fagots......... 85
§ 2. Cordiers...................... 87
§ 3. Dépôts de matériaux sur la voie publique. 88
§ 4. Étaux. — Étalages............... 89
§ 5. Ouvriers travaillant sur la voie publique. 92
§ 6. Réunions de paysans sur la place de la Loge....................... 93
§ 7. Tentes........................ 93
§ 8. Trottoirs latéraux à la route de Castelnau. 94
§ 9. Voitures.—Charrettes (Stationnem^t des). 94

SECTION III. Mesures relatives a la propreté des rues......................... 96

§ 1. Mesures générales................ 96
§ 2. Fermier des balayures. — Balayeurs de rues.......................... 100

§ 3. Mesures particulières sur la propreté du Champ-de-mars et de ses abords.... 104
§ 4. Mesures relatives à la propreté des impasses ou culs-de-sac............. 105

CHAPITRE V. Spectacles. — Jeux. — Cafés et autres lieux publics... 106

SECTION I. Spectacles................. 106

§ 1. Règlement pour le grand Théâtre. ... 106
§ 2. Règlement sur le service intérieur de la salle des Spectacles............... 110

SECTION II. Jeux. — Loteries........... 114

§ 1. Maisons de jeu................... 114
§ 2. Jeux et Loteries ambulans.......... 117
§ 3. Jeu de Loto.................... 117
§ 4. Jeu de Mail.................... 118

SECTION III. Cafés. — Cabarets. — Lieux publics........................ 122

§ 1. Fermeture des cafés , cabarets, etc.... 122
§ 2. Enseignes des marchands de vin....... 122

CHAPITRE VI. Filles publiques....... 123

SECTION I. Visite des filles publiques. ... 123

SECTION II. Défense aux filles publiques de loger dans certaines rues........... 125

SECTION III. Filles publiques au spectacle. 126

CHAPITRE VII. Inspection des comestibles. — Halles et marchés. — Boulangerie. — Boucherie. — Poids public...................... 127

SECTION I. Inspecteur des comestibles..... 127

Pages.

SECTION II. Halles et marchés............... 130

§ 1. Halle-Neuve....................... 130
§ 2. Halle au Poisson................... 132
§ 3. Place-Verte. — Extérieur de la Halle au
    Poisson........................... 135
§ 4. Places du Petit-Scel et de la Chapelle-
    Neuve............................ 136
§ 5. Marché aux fleurs et aux fruits....... 136
§ 6. Marché au bois à brûler et au charbon. 140
§ 7. Marché aux bestiaux................. 141
§ 8. Marché aux grains.................. 143
§ 9. Dispositions générales sur les Halles et
    Marchés.......................... 145

SECTION III. Boulangerie................. 148

N° 1. Boulangers........... 148

§ 1. Règles sur l'exercice de la profession de
    boulanger........................ 148
§ 2. Fabrication, poids et prix du pain...... 152
§ 3. Vente et débit du pain. — Boulangers
    et débitans forains................. 160
§ 4. Marque du pain.................... 162
§ 5. Approvisionnem¹ en pain des boulangers. 163

N° 2. Meuniers............. 163

SECTION IV. Boucherie................... 166

§ 1. Règlement de l'abattoir.............. 166
§ 2. Défense d'abattre les bestiaux ailleurs
    que dans l'abattoir................. 168
§ 3. Égorgeoir et vente des porcs......... 169
§ 4. Débits de viande de boucherie........ 178
§ 5. Marques de la viande............... 182
§ 6. Prix de la viande.................. 184

SECTION V. Poids public. 185

§ 1. Dispositions générales.............. 185

Pages.

§ 2. Bureau du poids public.................. 186

§ 3. Tarif des droits de pesage et mesurage. 186

§ 4. Balances ou ponts à bascule........... 188

§ 5. Hangards pour le pesage des grains et farines......................... 190

CHAPITRE VIII. PETITE VOIRIE......... 192

SECTION I. RÉGLEMENT DE LA PETITE VOIRIE. 192

§ 1. Dispositions générales............... 192

§ 2. Bancs............................ 194

§ 3. Pas, marches, perrons, ponceaux.... 195

§ 4. Bornes........................... 195

§ 5. Balcons.......................... 196

§ 6. Constructions provisoires, échoppes.. 197

§ 7. Auvents........................ 198

§ 8. Enseignes et étalages............. 199

§ 9. Tuyaux de poële et de cheminée...... 199

§ 10. Éviers........................... 200

§ 11. Gouttières saillantes, forajets....... 201

§ 12. Devantures de boutiques........... 202

§ 13. Fermetures de boutiques et autres.... 203

§ 14. Corniches, entablemens, saillies d'ornemens, colonnes et pilastres......... 204

§ 15. Angles des maisons................ 205

§ 16. Contre-murs..................... 205

§ 17. Caves, jours..................... 206

§ 18. Hauteur des maisons.............. 207

§ 19. Tours........................... 210

§ 20. Des Saillies en général........... 210

§ 21. Pénalité des infractions........... 211

SECTION II. RÉPARATIONS AUX BATIMENS SUJETS A ALIGNEMENT.......................... 211

Pages.

CHAPITRE IX. Promenades. — Fontaines. — Pavé............................ 213

SECTION I. Promenades...................... 213

§ 1. Règlement de service pour les gardes des promenades...................... 213
§ 2. Tarif des droits de location des chaises sur les promenades.................. 216

SECTION II. Fontaines........................ 217

§ 1. Règlement de service pour le garde des fontaines et de l'aqueduc............. 217
§ 2. Mesures de police sur l'usage, la propreté et la conservation des fontaines. 218

SECTION III. Pavé........................... 221

Mesures relatives à la conservation du pavé. 221

TITRE III. INSTITUTIONS ET ÉTABLISSEMENS MUNICIPAUX D'INSTRUCTION PUBLIQUE............................ 223

CHAPITRE UNIQUE................. 223

SECTION I. Musée-Fabre.................. 223

§ 1. Musée............................. 223
§ 2. Bibliothèque de la ville............. 225

SECTION II. Écoles communales............ 228

§ 1. École gratuite de peinture et de dessin.. 228
§ 2. École gratuite d'architecture 228
§ 3. École gratuite de dessin industriel.... 229
§ 4. École gratuite de géométrie appliquée aux arts........................... 230
§ 5. École gratuite de musique........... 231

Pages.

SECTION III. Bourses communales..`........ 233

§ 1. Bourses communales au collége royal.. 233
§ 2. Bourses communales à l'école des arts et
métiers de Châlons................. 236
§ 3. Bourses communales aux écoles de
sourds-muets..................... 237

TITRE IV. CHARGES COMMUNALES.... 238

CHAPITRE I. Octroi....:.......... 238

SECTION I. Règlement et tarif de l'octroi. 238

Nº 1. Règlement de l'Octroi.. 238

§ 1. De la perception en général, du rayon
et des bureaux de l'octroi............ 238
§ 2. De la perception sur les objets venant
de l'extérieur...................... 242
§ 3. De la perception sur les objets de l'intérieur............................. 246
§ 4. Passe-debout, transit et entrepôt des
objets soumis aux droits du Trésor.... 249
§ 5. Du passe-debout des objets non sujets
aux droits du Trésor............... 249
§ 6. Du transit des objets non soumis aux
droits du Trésor................... 251
§ 7. Des bestiaux entretenus dans le rayon
de l'octroi........................ 254
§ 8. Entrepôt réel..................... 256
§ 9. Contentieux...................... 262
§ 10. Personnel...................... 267
§ 11. Dispositions générales.............. 269

Pages.

N° 2. Tarif de l'Octroi........ 271

SECTION II. Réglement sur les vendanges... 277

CHAPITRE II. Logemens militaires..... 280

SECTION 1. Répartition des logemens militaires chez les habitans............. 280

SECTION II. Mesures d'ordre et d'administration sur les logemens militaires....... 286

FIN DE LA TABLE.

CODE MUNICIPAL

DE MONTPELLIER,

ou

RECUEIL

DES RÈGLEMENS ET ARRÊTÉS

DE LA MUNICIPALITÉ DE CETTE VILLE.

TITRE I.
ADMINISTRATION.

CHAPITRE I.
AGENS ET EMPLOYÉS DE LA MAIRIE.

SECTION I.
BUREAUX DE LA MAIRIE.

---

§ 1. ATTRIBUTIONS DES BUREAUX.

Secrétariat. — Enregistrement et renvoi des dépêches dans les bureaux. — Affaires confidentielles et affaires réservées. — Surveillance des bureaux. — Rédaction des arrêtés, règlemens et décisions d'intérêt général. — Budget de la commune. — Comptabilité municipale et délivrance des mandats. — Tenue du registre des délibérations du Conseil municipal. Convocation de ses assemblées. Préparation des affaires qui doivent lui être présentées. — Ventes, achats, échanges, baux à loyer. — Correspondance pour tout ce qui est d'intérêt communal. — Instruction primaire. — Écoles communales. — Spectacles. — Fêtes publiques. — Travaux publics.

Bureau Militaire et du Personnel. — Établissemens de bienfaisance. — Prisons. — Recrutement. — Enrôlemens volontaires. — Renseignemens. — Réfugiés étrangers. — Forçats libérés. — Individus en surveillance. — Poids et mesures. — Légalisations de signatures. — Établissemens insalubres. — Permissions en matière de petite voirie.

Bureau des Finances et des Élections. — Élections municipales. — Listes du jury. — Contributions. — Subsistances. — Mercuriales. — Boulangerie. — Police du roulage. — Statistique.

Bureau de l'État civil. — Mariages. — Naissances. — Décès.

Bureau des Passeports et des Logemens militaires. — Passeports. — Cartes de sûreté. — Logemens militaires. — Certificats de vie. — Déclarations des aubergistes et loueurs de maisons garnies. — Étrangers. *(Arrêté du 17 mars 1836).*

Archives. — Les attributions de l'archiviste sont la garde des anciens titres, manuscrits, chartres et autres documens de la ville. — La mise en ordre , le classement et la conservation de tous les registres, livres, actes, contrats, quittances, plans , pièces et dossiers généralement quelconques qui sont déposés aux archives. — La recherche des actes anciens et modernes, et la délivrance des expéditions aux parties intéressées, lorsqu'elle a été autorisée par le Maire. *(Arrêté du* 13 *mai* 1836*)*.

§ 2. RÈGLEMENT DES BUREAUX (a),

1. Les employés de la Mairie se rendent dans les bureaux à huit heures du matin. Ils vont déjeuner successivement, les uns de dix heures à onze heures, et les autres de onze heures à midi, afin qu'il y ait toujours quelqu'un dans les bureaux. Les employés restent à la Mairie jusqu'à ce que le Secrétariat soit fermé.

2. Le bureau central de l'octroi est ouvert à neuf heures du matin jusques à quatre heures du soir. *(Arrêté du* 17 *mars* 1835*)*.

3. Le bureau des logemens militaires et des passeports est ouvert au public sans interruption tous les jours , sans exception pour les fêtes et

---

(a) Les Bureaux de la Mairie sont ouverts au public, depuis dix heures du matin jusques à quatre heures du soir. — Le service des Bureaux est fait par trois appariteurs, chargés de la distribution des dépêches , des convocations à domicile et de toutes les commissions relatives à l'Administration. — Les Appariteurs ont le même costume que les Sergens de ville , moins l'épée et les galons de Sergent.

dimanches, et ce, depuis sept heures du matin jusqu'à huit heures du soir, du 1er avril au 30 septembre; et depuis huit heures du matin jusqu'à sept heures du soir, du 1er octobre au 31 mars. — Le chef du bureau devra s'entendre avec le commis, pour que, hors les heures fixées pour l'ouverture des bureaux de la Mairie, l'un d'eux s'y trouve, et de manière que la charge de ce service soit supportée alternativement par l'un et l'autre. *(Art. 3 de l'Arrêté du 8 janvier* 1833*).*

SECTION II.

POLICE.

—

§ 1. COMMISSAIRES DE POLICE (a).

1. La commune de Montpellier est divisée en trois arrondissemens de police.

Le 1er arrondissement comprend les sixains Ste-Foi et St-Firmin.

Le 2e arrondissement comprend les sixains St-Paul et Ste-Anne.

Le 3e arrondissement comprend les sixains Ste-Croix et St-Matthieu.

(a) Conformément à la loi du 28 pluviôse an 8, il y a, à Montpellier, trois Commissaires de police.

Une ordonnance royale, du 17 juillet 1832, en a créé un quatrième; mais, suivant l'arrêté de la Mairie, du 1er août 1832, approuvé par le Préfet, le 4 du même mois, ce Commissaire de police exerce ses fonctions seulement dans le faubourg de Celleneuve et ses dépendances.

2. Conformément à l'art. 12 du code d'instruction criminelle, ces arrondissemens ne limitent ni ne circonscrivent les pouvoirs respectifs des Commissaires de police, qui exercent leurs fonctions dans toute l'étendue de la commune, sans pouvoir alléguer que les contraventions ont été commises hors de l'arrondissement particulier auquel ils sont attachés; cette division indique seulement les termes dans lesquels chacun d'eux est plus spécialement astreint à un exercice constant et régulier de ses fonctions. *(Arrêté du 17 mars 1836).*

3. Le service des trois arrondissemens de police de la ville est fait tour à tour et par trimestre par chacun des trois Commissaires de police (a). *(Art. 1er de l'Arrêté du 6 mars 1834).*

4. Chaque matin, avant dix heures, les Commissaires de police adressent individuellement au Maire, un rapport circonstancié sur les remarques auxquelles a pu donner lieu leur surveillance durant le jour précédent et pendant la nuit. *(Art. 3 de l'Arrêté du 22 novembre 1833).*

§ 2. CHEF DE POLICE MUNICIPALE.

1. Les attributions du chef de police municipale

(a) Les commissaires de police exercent, tour à tour et par trimestre, les fonctions du ministère public près le Tribunal de police municipale. Ce service est réglé de manière que c'est par celui des trois Commissaires de police qui est attaché au troisième arrondissement, que sont remplies ces fonctions judiciaires.

sont de veiller, concurremment avec MM. les Commissaires de police, à l'exécution des règlemens qui ont pour objet la propreté des rues, la liberté de la circulation, la sûreté du passage, le maintien du bon ordre dans les halles et marchés, et généralement tout ce qui se rattache à la police locale.

2. Le Chef de police municipale relève directement de l'Administration. Il a sous ses ordres les sergens de ville, les crieurs de nuit et tous les agens de la police locale.

3. Il veille à ce que ces agens, et particulièrement les sergens de ville, observent les règlemens de l'Administration, qui ont pour objet la discipline et la tenue dans le service. Il leur transmet les ordres qu'ils ont à exécuter, et est chargé de veiller à leur exécution.

4. Toutes les fois que MM. les Commissaires de police ont besoin de l'assistance des sergens de ville ou de tous autres agens de l'Administration, pour l'exécution d'un ordre ou d'une mesure dépendant de leurs attributions, ils s'adressent au Chef de police municipale, qui met à leur disposition le nombre d'agens nécessaires, et se met à leur tête, quand le cas l'exige.

5. Le Chef de police municipale fait, chaque matin à neuf heures, un rapport au Maire, dans lequel il mentionne le résultat de sa surveillance.

6. Toutes les fois que le Chef de police municipale a l'occasion de constater des infractions aux règlemens de police, il doit le faire et signaler par écrit ces infractions au Commissaire chargé des

fonctions du ministère public près le Tribunal de police simple, qui doit poursuivre le contrevenant.

7. Tous les rapports dressés par les sergens de ville de la brigade sont remis au Chef de police municipale, qui transmet lui-même à M. le Commissaire de police de l'arrondissement dans lequel les contraventions ont été commises, ceux qui sont de nature à donner lieu à des poursuites.

8. Le Chef de police municipale doit être régulièrement à la Mairie chaque jour, de trois à quatre heures de l'après-midi, pour prendre les ordres de l'Administration. *(Arrêté du 22 décembre 1835).*

9. Le Chef de police municipale a, pour marque distinctive de ses fonctions, une ceinture bleu-de-ciel avec franges noires. *(Arrêté du 30 janvier 1836).*

§ 3. AGENS DE POLICE OU SERGENS DE VILLE.

Attributions et devoirs des Sergens de ville.
1. Ces agens sont chargés, 1° du service des bureaux des Commissaires de police ; 2° de la surveillance des rues de la ville ; 3° de la police des halles et marchés ; 4° de la surveillance des hôtels, auberges, cafés et autres lieux publics; 5° de la police du grand théâtre et de tous les spectacles publics; 6° du service particulier auprès du Maire ; 7° de la garde, durant la nuit et les jours de fêtes et dimanches, à la Maison-commune; 8° de l'exécution des ordres qui leur sont donnés, par MM. les Commissaires, en matière de police générale. *(Art. 1er à 9 du Règlement du 31 janvier 1833).*

2. Les sergens de ville ne doivent pas oublier qu'étant institués pour le maintien du bon ordre dans l'intérieur de la ville, ils ne pourraient remplir convenablement leur mission, et faire respecter les ordres qu'ils sont chargés de faire exécuter, si eux-mêmes ne donnaient l'exemple d'une conduite à l'abri de tout blâme. Ils doivent donc rigoureusement s'abstenir de tout ce qui serait de nature à les déconsidérer dans l'opinion publique. *(Art.* 13 *idem)*.

3. Il est défendu aux sergens de ville d'aller dans les cabarets, cafés, auberges et autres lieux publics, si ce n'est pour y exercer leurs fonctions. *(Article* 14 *idem)*.

4. Dans tous leurs rapports avec les citoyens, les sergens de ville doivent se conduire avec modération et politesse, mais toujours sans oublier que le caractère dont ils sont revêtus ne leur permet de tolérer aucun acte prohibé par les lois et règlemens. *(Art.* 15 *idem)*.

5. Défense est faite aux sergens de ville de percevoir, à aucun titre, aucune rétribution sur les habitans; ils doivent même, dans l'exercice de leurs fonctions, refuser de recevoir ce qui leur serait volontairement donné. *(Art.* 16 *idem)*.

Costume des Sergens de ville. 1. La tenue des sergens de ville sera, comme par le passé, savoir:

Pour la petite tenue. Casquette bleue avec liséré rouge. — Capote bleu-foncé. — Boutons blancs à l'écusson de la ville. — Galons de sergent en argent. — Pantalon bleu.

Pour la grande tenue. Chapeau à la française. — Frac bleu avec passe-poil rouge. — Boutons blancs à l'écusson de la ville. — Galons comme à la capote. — Pantalon bleu avec liséré rouge.

Demi - espadron supporté par un ceinturon en cuir noir verni.

En été , le pantalon sera blanc. *(Article* 3 *de l'Arrêté du* 26 *novembre* 1833 *).*

2. Régulièrement , et à moins que le service de la police n'exige qu'ils prennent le costume bourgeois , les sergens de ville doivent être constamment en uniforme , savoir : dès le matin jusqu'à midi , en petite tenue ; et depuis midi jusqu'à la sortie du spectacle, en grande tenue. — Toutefois , en cas de pluie, les sergens de ville pourront être autorisés, par leur chef, à garder la petite tenue pendant toute la journée. *(Art.* 4 *idem).*

Armement des Sergens de ville. A compter de ce jour , les sergens de ville ne porteront plus habituellement leur épée dans l'exercice de leurs fonctions. Ils ne devront la porter que lorsqu'un ordre spécial de service émané de l'Administration leur prescrira cette mesure. — Les sergens de ville porteront habituellement, dans l'exercice de leurs fonctions, une canne uniforme qui leur sera remise pour la première fois par l'Administration. *(Art.* 1er *de l'Arrêté du* 28 *octobre* 1835 *).*

Ordre de service des Sergens de ville. Trois sergens de ville sont attachés au service des trois arrondissemens, et, comme tels , à la disposition de MM. les Commissaires de police. Les trois autres forment une brigade qui est placée immédiatement sous les ordres du chef de police municipale. *(Arrêté du 9 janvier* 1834). Ces deux ordres de service sont faits alternativement par tous ces agens, au moyen du roulement qui a lieu entre eux chaque mois. *(Arrêté du 26 août* 1834).

Garde à l'Hôtel-de-Ville. Les dimanches et fêtes il y aura toujours à l'hôtel-de-ville, soit un sergent de ville, soit un appariteur, de planton. Sous aucun prétexte, ce planton ne devra s'absenter, si ce n'est pour objet relatif à son service comme planton. Les sergens de ville et les appariteurs seront aussi de garde, tour à tour, à la Maison-commune pendant la nuit. *(Art. 8 de l'Arrêté du 31 janvier* 1833 *et art. 4 de celui du 9 janvier* 1834).

Bureau de Police sur la place de la Comédie. Un bureau de police est établi, pour la soirée, dans le local qui est situé à côté du hangard du poids de la farine, sur la place de la comédie. *(Art. 2 de l'Arrêté du 28 octobre* 1835). — Les dimanches et fêtes durant l'après-midi, et chaque jour pendant la soirée, hors les heures du spectacle, un sergent de ville est de planton au bureau de police. — Les sergens de ville de planton au bureau de police sont chargés de répondre aux personnes qui ont à réclamer l'intervention de la police, et de déférer aux invitations qui peuvent leur être faites dans la limite de leurs attributions. Au besoin, ils devront prévenir un de MM. les Commissaires de police. — Le bureau de police sert de lieu de station aux agens de police. — Il est placé sous la surveillance

particulière du Commissaire de police du 1er arrondissement. *(Extrait de l'Arrêté du 8 déc. 1835).*

§ 4. GARDES-CHAMPÊTRES.

1. Il y a dans la commune de Montpellier huit
gardes-champêtres , savoir: deux pour les sections
A et **K**, quartiers du *Jardin des Plantes* et *Aqueduc de la fontaine St-Clément;* un pour la section
B , quartier de *Boutonnet ;* un pour les sections **C**
et **D**, quartiers du *Verdanson* et du *Lez;* un pour
les sections **D** et **G** , quartiers du *Lez* et *Montels;*
un pour les sections **E** et **F** , quartiers du *Pont-
Trinqual* et *Montauberou;* deux pour les sections
H et **I** , quartiers du *Courreau* et de *Celleneuve.*
(Délibération du Cons. municip. du 3 mars 1833).

2. Les gardes-champêtres sont placés sous la
surveillance d'un agent commissionné à cet effet
par le Maire. *(Art. 2 de l'Arrêté du 6 sept. 1832).*
Leurs attributions sont déterminées par les lois.

3. Pour assurer la conservation de la récolte des
raisins, le Maire nomme tous les ans , avec l'approbation du Préfet, un certain nombre de gardes-
fruits. Ces agens, dont les fonctions sont purement
temporaires, surveillent les propriétés situées dans
les sections auxquelles ils sont nominativement
attachés , et ce , concurremment avec les gardes-
champêtres. Les gardes-fruits sont payés par les
propriétaires qui les ont présentés , et ne reçoivent
aucun traitement de la commune. Ils cessent leurs
fonctions dès que la récolte des raisins est enlevée.
Les gardes-fruits sont autorisés à porter un fusil à

un coup et de calibre, pendant la durée de leurs fonctions. Ils prêtent serment devant la justice de paix, de laquelle dépendent les sections confiées à leur surveillance. *(Arrêté du 7 août 1835, appr. par le Préfet, le 14 du même mois).*

§ 5. CRIEURS DE NUIT.

1. Sous le titre de *Crieurs de nuit*, vingt-quatre agens, nommés par le Maire qui les choisit parmi les ouvriers anciens militaires, font la police de nuit de la ville.

2. Les crieurs de nuit sont placés sous la surveillance immédiate d'un sergent de ville spécialement chargé de ce service (a).

3. Les crieurs de nuit n'ont pas de costume particulier, sauf la capote dont ils sont revêtus en hiver. Ils sont armés d'un sabre sur le baudrier duquel est attachée une plaque en cuivre aux armes de la ville, avec cette inscription : CRIEUR DE NUIT.

4. Les crieurs de nuit se rendent régulièrement tous les soirs, à 10 heures précises, à la Maison-commune, et plutôt, si le besoin l'exige. En ce dernier cas, les crieurs de nuit sont convoqués individuellement.

5. A 10 heures un quart, et après l'appel, les

(a) Cette surveillance est dévolue au sergent-major de ville *(Arrêté du 21 décembre 1835)*, qui est autorisé à ne prendre son service de jour qu'à midi. *(Arrêté du 28 décembre 1835).*

crieurs de nuit se rendent, par sections de quatre,
dans les six arrondissemens de la ville, et, parvenus
dans leurs arrondissemens respectifs, ils se divisent
par deux.

6. A onze heures, les crieurs de nuit commen-
cent à crier les heures. Ils doivent le faire alternativement et à un intervalle de cinq minutes.

7. Ces agens, étant institués pour le maintien de
l'ordre durant la nuit, doivent veiller, 1º à ce
que les cabarets, cafés et autres lieux publics soient
fermés à onze heures précises ; 2º à ce que la tranquillité publique ne soit point troublée par des
chants ou par des cris ; 3º dissiper tous attroupemens ou rassemblemens de nature à porter
atteinte à la tranquillité publique ; 4º s'ils s'aperçoivent que quelques portes soient restées ouvertes
après onze heures du soir, ils doivent en prévenir
les propriétaires, et les fermer eux-mêmes, dans
le cas où ceux-ci ne déféreraient pas à leur avis ;
5º en cas d'incendie, ils doivent de suite prévenir
le Commissaire de police dont la demeure se trou-
verait la plus rapprochée, et concourir eux-mêmes
aux travaux de l'incendie.

Dans l'exercice de leurs fonctions et toutes les
fois qu'ils seront dans le cas d'agir envers les
citoyens, les crieurs de nuit devront se conduire
et s'exprimer avec la modération convenable, mais
sans faiblesse. Dans le cas où, pour faire cesser une
rixe, des chants ou des cris, et toutes les fois, en
un mot, que pour le maintien ou le rétablissement
de la paix publique, leurs forces séparées seraient

insuffisantes , ils seront autorisés à se réunir tous au même endroit sur un signal convenu entr'eux.

8. Pour s'assurer de l'exactitude du service , le chef - surveillant des crieurs de nuit pourra exiger qu'à des heures données, chacun des crieurs dépose un jeton de présence à la Maison-commune, en ayant soin toutefois de prescrire que cette formalité ait lieu de la part des crieurs de nuit alternativement , et de manière qu'il ne cesse pas d'y avoir la moitié des crieurs dans leurs arrondissemens respectifs.

9. Les crieurs de nuit devront toujours être munis d'un briquet, d'une pierre à feu, d'amadou et de quelques allumettes.

10. Les crieurs de nuit doivent rester dans les rues, sans interruption, durant toute la nuit : il leur est expressément défendu d'entrer dans aucune maison , cabaret ou café pour s'y reposer.

11. Tout crieur de nuit, qui, pour cause de maladie ou tout autre motif, voudra se faire remplacer dans son service , devra en prévenir le sergent de ville, chef des crieurs, etce, avant six heures du soir.

12. Le service des crieurs de nuit commence aux heures indiquées en l'article 4 et finit, savoir : depuis le 1er avril jusqu'au 30 septembre, à trois heures du matin ; depuis le 1er octobre jusqu'au 31 mars , à quatre heures du matin.

13. Avant de se retirer , les crieurs de nuit se rendent à la Maison-commune pour faire à leur chef le rapport de tout ce qui s'est passé la nuit. A son tour , le chef fera tous les jours son rapport

à M. le Maire, ainsi qu'à MM. les Commissaires de police.

14. Les crieurs de nuit, étant commissionnés de l'Administration de l'octroi, et comme tels ayant qualité pour dresser des procès-verbaux et constater des contraventions, devront à cet égard se conformer aux instructions qui leur seront données par les employés supérieurs de cette Administration, sans toutefois que cela puisse nuire ni préjudicier au service de police dont ils sont principalement chargés.

15. Au moyen du traitement qu'ils reçoivent de la Commune, les crieurs de nuit ne peuvent rien exiger des habitans. Il leur est permis seulement de recevoir, à l'époque du 1er de l'an, ce que ceux-ci veulent bien leur donner volontairement à titre d'étrennes.

16. La plus légère infraction, de la part des crieurs de nuit, à l'une des dispositions du présent règlement, donnerait lieu à leur suspension ou à leur révocation, suivant la gravité de l'infraction. *(Règlement du* 30 *janvier* 1833*).*

§ 6. PRISONS DE L'HOTEL-DE-VILLE.

1. A compter de ce jour, il sera tenu, par le concierge de la Mairie, un registre sur lequel seront inscrits tous les individus dont l'arrestation aura été ordonnée, même provisoirement et comme simple mesure de police. Ce registre énoncera les noms, prénoms, âge, profession, domicile de

l'individu arrêté, les jour et heure de l'arrestation,
les jour et heure de la sortie des prisons, la cause
ou le motif de l'arrestation, la nature et le montant
des alimens fournis.

2. Le concierge ne recevra aucun prisonnier,
sans que le dépôt en soit ordonné par une personne ayant qualité. A cet effet, le dépôt sera signé
par le Commissaire de police ou agent, qui aura
ordonné ou fait l'arrestation.

3. Les mêmes formalités seront exigées pour la
sortie des prisonniers. Elle ne pourra avoir lieu que
d'ordre de celui qui aura ordonné le dépôt, ou par
ordre de l'autorité supérieure. Dans tous les cas,
la sortie ne pourra s'opérer sans le concours du
concierge qui demeurera seul dépositaire des clefs,
et, comme tel, responsable. La sortie sera constatée
par un visa de celui qui l'aura ordonnée ou faite
exécuter, et celui-ci devra attester par sa signature la nature et la quantité des alimens fournis
aux détenus.

4. Les dispositions ci-dessus recevront leur exécution sans préjudice des obligations imposées au
concierge, relativement aux détenus condamnés
par le Tribunal de police simple. (*Arrêté du* 3
octobre 1832).

SECTION III.

TRAVAUX PUBLICS.

—

§ I. ARCHITECTE DE LA VILLE.

1. L'Architecte de la ville doit veiller à l'entretien et à la conservation, 1° de tous les Monumens et Édifices communaux ; 2° des Places et Marchés ; 3° des Fontaines, Égouts, Promenades, Rues et Pavé de la ville ; 4° des Chemins vicinaux ; 5° de l'Aqueduc Saint-Clément ; 6° des Pompes à Incendie.

2. L'Architecte de la ville est chargé en outre, 1° de l'exécution de tous les projets d'alignement régulièrement adoptés par l'Administration ; 2° des fêtes et cérémonies publiques ; 3° de la surveillance de l'éclairage de la ville ; 4° il prépare les plans et devis de tous les travaux ordinaires ou extraordinaires de la commune, et en dirige l'exécution ; 5° enfin, l'Architecte de la ville est chargé de toutes les attributions que lui confèrent les lois, règlemens et instructions supérieures.

3. Toutes les fois que l'Architecte de la ville reconnaîtra la nécessité de faire exécuter des ou-

2

vrages d'entretien aux bâtimens, édifices et autres propriétés communales, il en fera son rapport au Maire, et sur ce rapport approuvé, l'Architecte donnera directement les ordres.

4. L'Architecte de la ville arrêtera, à la fin de chaque mois, tous les comptes des travaux d'entretien, et les mandats de paiement seront délivrés aux entrepreneurs ou ouvriers. La plus grande exactitude est recommandée, à cet égard, à l'Architecte de la ville, les retards dans les règlemens des comptes des ouvriers et entrepreneurs donnant lieu à de graves inconvéniens dans l'intérêt de l'Administration et des ouvriers eux-mêmes.

5. Au commencement de chaque année, il sera remis à l'Architecte de la ville, une ampliation du budget, en ce qui concerne les allocations votées pour l'entretien des propriétés communales, travaux publics et autres services rentrant dans ses attributions; l'Architecte de la ville ne devra faire des propositions de dépenses qu'à concurrence des crédits votés. En cas d'insuffisance, il devra demander au Maire de pourvoir aux ouvrages proposés au moyen de crédits supplémentaires.

6. Le 1er avril de chaque année (a), l'Architecte de la ville devra remettre au Maire ses propositions

---

(a) A l'époque où fut prise cette disposition, le budget était voté dans la session du mois de mai. Les nouvelles instructions ont prescrit sa formation, dans la session ordinaire du mois d'août.

pour le budget de l'année suivante, afin que le Maire puisse en préparer l'examen, et les soumettre, s'il y a lieu, au Conseil municipal lors de la formation du budget.

7. L'Architecte de la ville sera constamment à la disposition du Maire. Son bureau sera établi à la Mairie, où il devra rester régulièrement tous les jours, depuis onze heures du matin jusqu'à trois heures de l'après-midi.

8. Sont placés sous les ordres de l'Architecte de la ville, 1° le commissaire-voyer; 2° le surveillant des eaux et pavés; 3° le conducteur des chemins vicinaux; 4° le garde-fontaine et aqueduc; 5° les gardes des promenades; 6° les cantonniers municipaux; 7° les cantonniers-paveurs; 8° les pompiers et tous les agens ou employés, préposés à l'un des services qui sont mis dans ses attributions. — L'Architecte de la ville donnera à tous ces employés ou agens, les ordres qu'il croira nécessaires, soit dans l'intérêt du service, soit pour faire exécuter les règlemens particuliers les concernant. *(Règl. du 6 février* 1834*)*.

9. L'Architecte de la ville ne donnera aucun ordre de travail aux entrepreneurs, sans y avoir été autorisé par l'Administration et par écrit. *(Art. 1er de l'Arrêté du* 23 *décembre* 1835*)*.

10. Les ordres de travail émanés de l'Architecte de la ville seront donnés par écrit, et les entrepreneurs doivent les produire à l'appui de leurs comptes et mémoires. *(Art.* 2 *idem)*.

11. M. l'Architecte de la ville tiendra note sur

un registre, qu'il ouvrira à cet effet, de tous les ordres de travail qu'il donnera en exécution de ceux qu'il recevra de l'Administration, et qu'il devra conserver pour les représenter au besoin. *(Art. 3 idem)*.

12. Les dépenses faites en contravention aux dispositions ci-dessus seront rejetées, et le montant laissé au compte de qui de droit. *(Art. 4 idem)*.

13. L'Architecte de la ville ne peut diriger des ouvrages pour le compte des propriétaires qui ont des maisons sujettes à des réparations d'alignement, suivant le plan de la ville. Il ne peut s'employer pour les particuliers, aux travaux relatifs aux percemens, élargissemens des rues. Il ne peut, en un mot, se charger de la direction d'aucun ouvrage ou construction des particuliers, lorsque, à l'occasion de ces constructions ou ouvrages, les intérêts des particuliers seront directement ou indirectement en opposition, ou seulement en présence des intérêts de la ville (a). Il en sera de même pour tous les ouvrages des particuliers, exécutés à suite d'un traité fait avec la ville. *(Arrêté du 7 avril 1835)*.

(a) Le Conseil municipal a consacré cette prohibition d'une manière plus absolue dans une délibération, en date du 21 août 1835. Cette délibération porte: que le traitement voté en faveur de l'Architecte de la ville, lui est accordé, à la condition expresse qu'il ne s'occupera d'aucuns travaux pour les particuliers.

§ 2. COMMISSAIRE-VOYER.

1. Le Commissaire-voyer est institué pour assurer l'exécution des lois et règlemens concernant la petite voirie, autres néanmoins que ceux relatifs à la propreté des rues. Il est chargé, en outre, de tous les constats à faire en matière de contributions.

2. Le Commissaire-voyer doit donc surveiller l'observation des lois et règlemens généraux de police en cette matière, et tenir la main à ce que les autorisations accordées aux particuliers, en conformité, ne soient point outre-passées.

3. Les lois et règlemens de police, dont le Commissaire-voyer est chargé d'assurer l'exécution, sont : 1° ceux qui intéressent la libre circulation dans les rues, places et faubourgs de la ville, ce qui comprend toutes les mesures ordonnées pour assurer la liberté et la commodité du passage ; 2° ceux qui ont pour objet les saillies sur la voie publique, et tous les ouvrages pratiqués aux façades des maisons ; 3° ceux relatifs à l'exécution des alignemens projetés ; 4° ceux qui ont pour objet les bâtimens menaçant ruine ou en péril ; 5° enfin, ceux qui ont pour objet d'assurer la conservation des bâtimens et édifices communaux.

4. Toutes les contraventions aux lois et règlemens précités, seront constatées par le Commissaire-voyer. A l'égard de celles qui seraient de nature à préjudicier à la *sûreté* ou à la *commodité* du passage dans les rues, places et faubourgs de la ville, telles,

par exemple, que les dépôts de matériaux sur la voie publique, le dépôt sur les croisées de vases, cages, etc., les rapports du Commissaire - voyer seront remis à MM. les Commissaires de police, qui devront poursuivre les contrevenans. Pour tout autres contraventions, les rapports du Commissaire-voyer devront être adressés à M. l'Architecte de la ville, qui est chargé d'y donner les suites convenables, soit en les renvoyant à MM. les Commissaires de police, s'il y a lieu, soit en en référant à M. le Maire, si le cas l'exige.

5. Le Commissaire-voyer étant chargé de tenir la main à ce que les autorisations accordées aux particuliers, en conformité des règlemens sur la petite voirie, ne soient point outre-passées, il lui sera remis un extrait de toute autorisation accordée par le Maire.

6. Toutes les fois que le Commissaire - voyer s'apercevra que les ouvrages des particuliers ne sont pas conformes aux conditions de l'autorisation, il devra faire cesser provisoirement les travaux, et en référer immédiatement à M. l'Architecte de la ville qui, à son tour, en fera rapport à M. le Maire, s'il y a lieu (a).

(a) Suivant un ordre de service, en date du 22 février 1836, le Commissaire-voyer rend compte directement au Maire du résultat de sa surveillance, soit que les ouvrages aient été faits dans les termes de la permission, soit que, dans l'exécution, les particuliers ne se soient pas conformés à l'autorisation de la Mairie.

7. Le Commissaire - voyer étant, par la nature même de ses fonctions, placé sous les ordres de l'Architecte de la ville, il devra, comme ce dernier, être régulièrement à la Mairie, tous les jours, depuis onze heures du matin jusqu'à trois heures de l'après-midi. Sa place sera dans le bureau des travaux publics. *(Arrêté du 6 février 1834)*.

§ 5. INSPECTEUR DES TRAVAUX PUBLICS,

CHARGÉ DE LA SURVEILLANCE DES EAUX DE LA VILLE ET DU PAVÉ.

Des Travaux en général. 1. Comme Inspecteur des travaux publics, cet employé doit exercer une surveillance continue sur tous les travaux de quelque nature qu'ils soient, exécutés au frais de la ville, ou même simplement par ordre de l'Administration municipale.

2. Dans tous les cas, cette surveillance aura pour but d'assurer que l'exécution des travaux soit faite, conformément aux plans, devis et cahier des charges, comme aussi à assurer l'activité des travaux et leur exécution, dans les délais prescrits ou convenables.

3. L'Inspecteur devra visiter chaque jour, une ou plusieurs fois, suivant l'importance des travaux, tous les divers chantiers de la ville, et rendre compte à l'Architecte du résultat de son inspection, dont il fera un rapport journalier au Maire. Quant aux travaux exécutés hors de la ville, et notamment sur les chemins vicinaux, ils seront visités deux fois la semaine par l'Inspecteur

4. L'Inspecteur des travaux publics sera informé, par l'Architecte de la ville, de tous les ordres de travaux donnés, soit aux ouvriers de la Mairie, pour les ouvrages qui seront exécutés par économie, soit aux entrepreneurs, lorsqu'il y aura adjudication.

5. De son côté, l'Inspecteur des travaux publics fera connaître à l'Architecte, par la mention qu'il devra en faire dans son rapport journalier, l'itinéraire de son inspection du lendemain, afin que l'Architecte puisse se trouver sur les chantiers, aux heures de la visite de l'Inspecteur, s'il le juge nécessaire.

Du Pavage. 6. L'Inspecteur des travaux publics étant spécialement chargé de la surveillance du pavé de la ville, conduira les travaux de ce genre, sous la direction de l'Architecte de la ville, aux ordres duquel il devra se conformer.

7. Dans son rapport journalier, il fera connaître au Maire les rues où se trouveront les payeurs, et lui donnera avis de leur changement de chantier, toutes les fois qu'il y aura lieu.

8. L'Inspecteur devra exercer une surveillance continue sur le pavé de la ville, et signaler au Maire les rues qui lui paraîtront avoir besoin d'être réparées. A cet effet, il devra avoir toujours sur son carnet une note des rues à réparer, qu'il mettra sous les yeux de M. le Maire, toutes les fois qu'il le demandera.

9. Les cantonniers-payeurs étant placés sous la surveillance spéciale de l'Inspecteur des travaux

publics, celui-ci devra veiller à ce que l'ordre règne constamment dans les ateliers , et à ce que ces ouvriers travaillent pendant les heures prescrites par les règlemens, dont il est chargé d'assurer l'exécution. — A la fin de chaque mois, le surveillant des pavés remettra au Secrétariat le bordereau nécessaire pour dresser l'état de paiement mensuel. Ce bordereau fera mention des permissions accordées aux paveurs avec ou sans traitement, et des retenues à exercer pour manque au service, en exécution des décisions du Maire.

10. Tous les métrés et réceptions d'ouvrages ou de matériaux, tous les plans, avant projets, et généralement toutes opérations relatives au pavage, seront faites par l'Architecte de la ville, aidé et assisté de l'Inspecteur des travaux publics.

Des Chemins vicinaux. 11. L'Inspecteur des travaux publics étant chargé d'inspecter les travaux en cours d'exécution sur les chemins vicinaux , devra visiter deux fois par semaine tous les ateliers, et rendre compte au Maire de son inspection. A cet égard, l'Inspecteur se conformera aux instructions générales qui sont en tête du présent règlement.

12. Quant à ce service, il prendra rang après l'Architecte de la ville; en conséquence, le surveillant, conducteur des travaux sur les chemins vicinaux, devra le reconnaître pour son supérieur.

13. L'Inspecteur des travaux publics n'a point à concourir aux opérations relatives au service des chemins vicinaux, son devoir se borne, quant à ce, à l'inspection des cantonniers municipaux, des

travaux en cours d'exécution, et à un contrôle de la conduite de ces mêmes travaux, pour lesquels il existe un surveillant conducteur.

Des Eaux de la ville. 14. La surveillance des eaux de la ville appartient à l'Inspecteur des travaux publics. En cette qualité, il est chargé, toujours sous la direction de l'Architecte de la ville, 1º d'assurer le service des fontaines publiques et des prises d'eau concédées, soit aux établissemens publics, soit aux particuliers; il veillera à ce que ces diverses prises d'eau s'exercent de la manière et suivant les conditions de la concession; 2º par suite, l'Inspecteur des travaux publics aura la garde des clefs de tous réservoirs, fontaines et regards de la ville. Ces clefs devront être déposées dans le logement qui lui est affecté, et classées par ordre et avec étiquette; 3º d'exercer une surveillance continuelle sur les fontaines de la ville et leurs dépendances, et de signaler à l'Administration toutes les dégradations qui peuvent y survenir; 4º de surveiller, en un mot, le service des eaux, depuis la source jusqu'à leur destination, ce qui comprend l'aqueduc St-Clément, les bassins et réservoirs du Peyrou et ceux de l'Esplanade.

15. La conduite de tous les travaux qui auront pour objet le service des eaux de la ville, tels que réparations aux fontaines ou aux conduits et réservoirs, constructions nouvelles à ce relatives, appartiendra à l'Inspecteur des travaux publics. En conséquence, tous métrés et réceptions d'ouvrages ou de matériaux, tous plans, avant projets, et géné-

ralement toutes opérations relatives au service des eaux, seront faites par l'Architecte de la ville, aidé et assisté du surveillant des eaux.

16. Le surveillant des eaux concourt, en cette qualité, au service des pompes à incendie. Il doit, 1° surveiller le matériel et signaler les besoins du service ; 2° tenir la main à ce que l'entrepreneur, chargé de l'entretien de ce matériel, remplisse convenablement toutes les conditions qui lui sont imposées ; 3° assister à la manœuvre mensuelle des pompes à incendie ; 4° se rendre à tous les incendies, afin de concourir à l'emploi des pompes et assurer leur alimentation par les eaux de la ville, si faire se peut ; 5° veiller à ce que les pompiers chargés du service des pompes au théâtre soient exacts à leurs devoirs, et surveiller le matériel de ce service particulier ; 6° remettre à la fin de chaque trimestre le bordereau du service des pompiers, pour dresser l'état du paiement trimestriel, le tout sous la direction de l'Architecte de la ville.

Des Aqueducs, Égouts, Latrines et Urinoirs.
17. En ce qui concerne les aqueducs, égouts de la ville et des faubourgs, les latrines et urinoirs publics, l'Inspecteur des travaux se conformera aux prescriptions des articles 6, 8 et 10 du présent règlement, dont les dispositions sont déclarées applicables à ce service.

Du travail du Bureau. 18. L'Inspecteur des travaux publics devra être tous les jours dans le bureau de l'Architecte de la ville, de une heure à trois heures de l'après-midi.

19. Il tiendra un registre sur lequel il annotera, jour par jour, toutes les fournitures faites par les entrepreneurs, et qui auront été reçues, ainsi que les relevés et les résultats de son inspection journalière.

20. Pour les travaux relatifs au pavage, aux eaux de la ville et aux aqueducs, qu'il est chargé de conduire, il devra tenir un registre sur lequel il couchera, jour par jour, toutes les notes propres à dresser le métré définitif desdits ouvrages et le procès-verbal de réception.

21. L'inspecteur des travaux dressera un inventaire de tout le matériel des divers services dont il est chargé, soit comme inspecteur, soit comme surveillant ou conducteur. Cet inventaire, qui devra être certifié véritable par l'Architecte de la ville, sera dressé en double expédition, dont une restera déposée au bureau de l'Architecte, et l'autre au secrétariat de la Mairie. L'inventaire sera refait chaque année au mois de janvier. *(Arrêté du 28 octobre 1835).*

§ 4. SURVEILLANT DES CHEMINS VICINAUX.

1. Le surveillant des chemins vicinaux est chargé de veiller à leur conservation; il doit, en conséquence, signaler à l'Administration tous empiétemens et entreprises quelconques qui peuvent être faites sur les chemins vicinaux.

2. Cet employé conduira, sous la direction de l'Architecte de la ville, les travaux relatifs aux

chemins vicinaux. En conséquence, il aidera et assistera l'Architecte de la ville dans toutes les opérations à ce relatives, telles que levées des plans, métrés, réceptions d'ouvrages et de matériaux.

3. Les cantonniers municipaux étant placés sous sa surveillance, il devra veiller à ce que l'ordre règne constamment dans les ateliers, et à ce que ces ouvriers travaillent pendant les heures prescrites par les règlemens, dont il est chargé d'assurer l'exécution.

4. Le surveillant des chemins vicinaux nous fera, chaque jour, un rapport sur le service dont il est chargé. Dans ce rapport, il fera connaître les chemins où se trouvent les cantonniers, et nous donnera avis de leur changement de chantier, toutes les fois qu'il y aura lieu.

5. Il devra exercer une surveillance continue sur les chemins, et signaler à l'Administration ceux qui lui paraîtront avoir besoin d'être réparés. A cet effet, il devra avoir toujours sur son carnet une note des chemins à réparer, qu'il mettra sous les yeux de l'Administration, toutes les fois qu'elle le demandera.

6. Les gardes-champêtres étant placés sous la surveillance de cet employé, il devra veiller à ce que ces agens s'acquittent exactement de leurs devoirs; dans ses tournées, il recueillera des propriétaires et habitans des campagnes les renseignemens que ceux-ci voudront bien lui donner, sur la conduite des gardes-champêtres, sauf à en rendre compte à l'Administration.

7. A la fin de chaque mois, le surveillant des gardes-champêtres et des cantonniers doit remettre, au secrétariat de la Mairie, le bordereau nécessaire pour dresser l'état de paiement mensuel de ces employés. Ce bordereau fera mention des permissions accordées avec ou sans traitement, et des retenues à exercer pour manque au service, prononcées par le Maire.

8. Cet employé doit être tous les jours dans le bureau de l'Architecte de la ville, de une heure à trois heures de l'après-midi.

9. Il tiendra un registre sur lequel il annotera, jour par jour, toutes les fournitures faites par l'entrepreneur et qui auront été reçues, ainsi que les notes et observations résultant de sa surveillance. (*Arrêté du* 21 *mars* 1836).

§ 5. CANTONNIERS.

Cantonniers municipaux. 1. Les cantonniers municipaux sont institués pour faire les travaux relatifs à l'entretien et à la conservation des chemins vicinaux.

2. Ils sont au nombre de neuf, savoir : un brigadier, deux sous-brigadiers et six cantonniers. Ils sont placés sous la conduite du surveillant des chemins vicinaux, et sous la direction de l'Architecte de la ville.

3. Les cantonniers municipaux doivent se pourvoir, à leurs frais, d'une pelle en fer, d'une pioche, d'un cordeau de 20 mètres de longueur, d'une

corbeille et d'une *bourre*. Ils devront entretenir ces outils à leurs frais.

4. Ils porteront sur leur chapeau, pendant les heures de travail, une plaque en cuivre jaune, avec cette inscription : Cantonnier de Montpellier.

5. Il est défendu aux cantonniers municipaux d'aller prendre leur repas chez eux, en quelque lieu que se trouve d'ailleurs le chantier.

6. La durée des travaux journaliers des cantonniers municipaux, est fixée savoir : du 1er avril au 31 septembre, de cinq heures du matin jusqu'à six heures et demie du soir; et du 1er octobre au 31 mars, depuis six heures du matin jusqu'à six du soir, en suivant toutefois le jour.

7. En cas de pluie ou de neige, les cantonniers doivent se rendre à l'Hôtel-de-ville, où il leur est donné des ordres particuliers de service, s'il y a lieu.

8. Les cantonniers municipaux sont nommés par le Maire.

Cantonniers-Paveurs. 9. Les cantonniers-paveurs sont institués pour faire les travaux relatifs à l'entretien du pavé de la ville.

10. Il sont au nombre de huit, savoir : deux brigadiers, quatre paveurs et deux manœuvres, et placés sous la conduite du surveillant des pavés, et sous la direction de l'Architecte de la ville.

11. Les cantonniers-paveurs doivent se pourvoir, à leurs frais, de deux marteaux pour le grand et le petit pavé, d'une pelle, d'une corbeille et d'un cordeau de vingt mètres de longueur.

12. Ils porteront sur leur chapeau, pendant les

heures de travail, une plaque en cuivre jaune, avec cette inscription : CANTONNIER-PAVEUR.

13. Les dispositions des articles 6, 7 et 8 du présent, relatifs aux cantonniers municipaux, sont applicables aux cantonniers-paveurs. *(Arrêté du 23 mars 1836).*

SECTION IV.

AGENS PRÉPOSÉS AUX PUBLICATIONS ET AFFICHES.

Loi du 10 décembre 1830, art. 2.

§ 1. TROMPETTE DE LA VILLE.

1. Sauf les droits résultant de la loi du 10 décembre 1830, en faveur des personnes qui, pour exercer la profession de crieur public, rempliraient les formalités voulues, le trompette de la ville, aura seul le droit de faire des annonces et publications dans l'étendue de la commune.

2. Comme trompette de la ville, cet employé continuera à jouir du traitement attaché à cet emploi ; quant aux annonces et publications qu'il fera pour les particuliers, il traitera de gré à gré pour les frais, et à défaut de convention ou en cas de difficulté, ces frais seront de 1 f. 50 c.

3. Le trompette de la ville étant seul autorisé, jusqu'à ce jour, à exercer la profession de crieur public, MM. les Commissaires de police sont chargés de veiller à ce que nul autre que lui ne se livre à cette profession. *(Arrêté du 19 janvier 1835).*

§ 2. AFFICHEUR.

1. A compter de ce jour, il est créé un afficheur public pour la commune de Montpellier.

2. En cette qualité et sauf les droits résultant de la loi précitée en faveur des personnes qui, pour exercer cette profession, rempliraient les conditions voulues, cet agent aura seul le droit d'afficher dans la commune.

3. L'afficheur public recevra de la commune un traitement de 300 fr. par an, moyennant quoi, il sera tenu d'apposer toutes les affiches qui émanent de l'autorité.

4. Quant aux affiches des particuliers, l'afficheur public traitera de gré à gré pour les frais de l'apposition, et à défaut de convention ou en cas de difficulté, ces frais seront de 1 f· 50 c·

5. Le directeur des spectacles est autorisé à faire placarder, comme par le passé, par un des garçons du théâtre, les affiches relatives à son entreprise. *(Arrêté du 8 août 1834)*.

CHAPITRE II.

DIVISION ADMINISTRATIVE DE LA COMMUNE.

SECTION I.

DIVISION URBAINE.

---

§ 1. SIXAINS.

La ville est divisée, quant à son Administration locale, en six sections ou sixains, savoir :

N° 1. Sixain Sainte-Foy ;
N° 2. Sixain Saint-Paul ;
N° 3. Sixain Saint-Firmin ;
N° 4. Sixain Sainte-Anne ;
N° 5. Sixain Sainte-Croix ;
N° 6. Sixain Saint-Matthieu.

§ 2. ILES.

Chaque sixain embrasse un certain nombre d'îles. Voici la nomenclature des îles classées dans le sixain auquel elles appartiennent.

Sixain Sainte-Foy. — ILES. — Salle des Spectacles. — 12 Pans Ste-Foy, partie haute et partie basse. — Citadelle. — Boulevard Comédie. — Observatoire. — Lacoupe. — Louvre. — Puits-d'Ouzils. — Cheval-Blanc. — Cigne. — Massannes. — Pénitens-Blancs. — Monnoie. — Augustins. — Lycée. — Oratoire. — Bocaud. — Croix-Blanche. — Pujol. — Tour-d'Encanet. — Trésoriers-de-France.

— Demanse. — Petite-Loge. — Consulat. — Place-Couverte. — Fossés. — Bastion. — Azema. — Arnavielle. — St-Denis. — Barafort. — Grand-St-Jean, — Eymard. — Grand-Galion. — Parc. — Balard. — Hôtel-du-Midi. — Maréchaussée. — Observance. — Gaujoux. — Bussy. — Ballon. — Boussairolles. — Port-Juvénal. — Boyer et Puech-Pinçon.

Sixain Saint-Paul. — Iles. — 12 Pans St-Paul, partie haute et partie basse. — Boulet. — Riban. — Moulin-d'Huile. — Campagnan. — Triperie. — Four-des-Flammes. — Couve. — Castries. — Robin. — Coste. — Petit-St-Jean. — Sabran. — Petit-Temple. — De la Peyronnie. — Laponche. — Boussonnel. — Labaume. — Coulondres. — Dupoux. — Loys. — Église St-Paul. — Cambon. — Crouzet. — Ferrard. — Gallières. — Bornier. — Orgerie. — Marie. — Flaugergues. — Plantade. — Tapis-Vert. — Cheval-Vert. — Vincent. — Jeu-de-Paume. — Chassefière. — Magdelaine. — Ste-Catherine. — Marioge. — Devalz. — Bastide. — Girard. — Vigaroux. — Pagès. — Paulet. — Fabre. — Teule. — Boudet. — Colrat. — Casernes. — Castillon. — Raffinerie. — Cros-du-Biôu.

Sixain Saint-Firmin. Iles. — Grande-Loge. — Fonbon. — Arènes. — Massilian. — Luquet. — Boucherie. — Poissonnerie. — Portalès. — Saint-Firmin. — Regnac. — Durand. — Belleval. — Grand et Grotte. — Hierles. — Fraisse. — Viols. — Sablières. — Grimes. — Granier. — Lecour. — Chalié et Brasserie. — Léotard. — Jardin des Plantes. — Lacan. — Caizergues et Raspay. — Poutingon.

*

— Clément. — Dessale. — Fortier. — Joulié. —
Devilliers. — Pontier. — Barnabé. — Celleneuve.
Sixain Sainte-Anne. — ILES. — 12 Pans Valfère,
partie haute et partie basse. — Polier. — Carmes.
— Paul. — Puits-Espinas. — Puits-Douachy. —
Rey. — Guilhem. — Puits-Valfère. — Chalon. —
Devaux. — Sarran. — Sépulcre. — Terral. —
Poitevin. — Four-Crémat. — Gouan. — Castelnau.
— Devèze. — Ste-Anne. — Ranchin. — Vivens.
— Bosquat. — Jausserand. — Petit-Scel. — Lépine.
— Sarret. — Dardé. — Milhau. — Chassary. —
Salze. — Roche. — Jaoul. — Pau. — Verdier. —
Figairolles.

Sixain Sainte-Croix. — ILES. — 12 Pans Blanque-
rie et Boulevard. — 12 Pans St-Pierre et Boulevard.
— Villaret. — Cabanis. — Burgues. — Légassieu.
— Quatrefages. — Ste-Marie. — St-Éloi. — Fauquier.
— St-Charles. — Ranc. — Delon. — Laurens. —
Fontanon. — Palat. — St-Sacrement. — Restouble.
— Madières. — Armand. — Viguier. — Bongues.
— Château-Gaillard. — Rozels. — Ste-Croix. —
Puits-des-Esquilles. — St-Michel. — Four-de-Geniés.
— Lagreffe. — Canourgue. — Cambacérès. — Tinal.
— St-Ruf. — Fages. — Bouissonade. — Blaud. —
Enceinte-du-Palais. — Puits-du-Palais. — Chapelle-
du-Palais. — Eustache. — Faubourg Boutonnet,
côté droit et côté gauche. — Hôpital-Général. —
Cimetière. — Gros. — Becat. — Reboul. — Belèze,
— Farel.

Sixain Saint-Matthieu. — ILES. — Serres. — Collége de Droit. — Madier. — Chapeau-Rouge. — Cha-

pelle - Neuve. — Cayla. — Sallat. — Collége de
Pharmacie. — Rivière. — Capucins. — Préfecture.
— Casseirol. — Pujet. — Lauriol. — St-Matthieu.
— Daumezon. — Savy. — Refuge. — Novial. —
Plan-de-l'Olivier. — Ste-Ursule. — Faubourg de
Nismes , côté droit et côté gauche. — Glacières.
— Belmond. — Seminaire. — Muret.

§ 5. ILIERS.

Il y a dans chaque île une personne qui, sous le
titre d'*Ilier*, est chargée de transmettre à l'Administration les renseignemens dont elle a besoin, soit
pour dresser l'état annuel de population de la ville,
soit pour s'éclairer sur la moralité et la position des
habitans, qui ne seraient pas suffisamment connus
de l'Autorité (a).

État de Population. Cet état doit indiquer, 1º les
noms et prénoms de chaque habitant ; 2ª son âge ;
3º la désignation de la commune où il est né ; 4º sa
profession; 5º le prix du loyer qu'il paie, s'il est
locataire, ou la valeur de la location qu'il occupe,
s'il est propriétaire , sans avoir égard à sa déclaration, et en ayant soin d'indiquer séparément, le
montant du loyer afférent au rez-de-chaussée et aux
étages supérieurs. Ce dernier renseignement est
indispensable , pour fixer avec équité ce que chacun
doit payer pour sa contribution mobilière.

(a) Les Iliers sont exempts de loger des militaires. Leurs
fonctions sont d'ailleurs gratuites et toutes de confiance.

Ces renseignemens demandés sur chaque chef de famille, doivent aussi être donnés sur les ascendans et descendans qui sont à leur charge, et qui vivent avec eux dans la même maison, ainsi que sur toutes les personnes qui sont à leur service.

L'Ilier ne doit pas se borner à indiquer le nombre des enfans; cette manière de dresser un état de population, est sans doute la plus courte, mais elle ne remplit pas l'objet que la Mairie se propose ; il faut donc les porter séparément sur l'état.

Les personnes qui sont absentes, pour quelque cause que ce soit, doivent être portées sur l'état, en indiquant dans la colonne des observations les raisons de leur absence.

La profession de chacun doit être exactement indiquée ; le commis-négociant , le commis-voyageur, le marchand en détail, doivent être distingués du négociant proprement dit, et l'ouvrier ayant boutique et travaillant pour son compte, ne doit pas être confondu avec celui travaillant pour le compte d'autrui.

La désignation des personnes qui peuvent loger des militaires ou les faire loger ailleurs, doit être faite avec beaucoup de soin. Tout citoyen domicilié jouissant d'une fortune quelconque, ou exerçant une industrie qui lui donne une certaine aisance, doit loger des militaires. L'exception ne doit être qu'en faveur de celui dont le travail suffit à peine à sa subsistance et à celle de sa famille. — L'Ilier doit désigner aussi les habitans qui peuvent loger des chevaux, en indiquant approximativement le nombre que leurs écuries peuvent en contenir, sans nuire à leur industrie.

L'Ilier doit être bien pénétré qu'il n'est pas d'opération plus importante dans l'intérêt des habitans, que le recensement dont il est chargé, puisque c'est à l'aide de ce document qu'est constatée la position de chaque habitant. Il est arrivé quelquefois que des Iliers croyant qu'aucune mutation n'était survenue dans leur île, se sont bornés à copier l'état de l'année précédente; cette manière de procéder est vicieuse. Pour dresser son état de population, l'Ilier doit visiter par lui-même et chaque année les habitans de son île; il lui est permis sans doute de consulter l'état précédent, puisque ce document peut faciliter son travail, mais il ne doit pas se dispenser de le reviser *réellement*, en se rendant en personne dans toutes les habitations, car ce n'est que par ce moyen qu'il peut être à même de bien apprécier la situation de chaque personne, et de faire, en un mot, un bon travail.

Étrangers. Les étrangers doivent fixer l'attention des Iliers. Dès qu'il y en a quelqu'un dans leur île, ils doivent en faire la déclaration au bureau des logemens, après avoir pris les renseignemens nécessaires sur les noms, prénoms, âge et profession de l'individu, ainsi que sur le lieu de son dernier domicile.

Certificats d'indigence. Il arrive souvent que les personnes jugées en police correctionnelle ou municipale, s'affranchissent des condamnations qu'elles ont encourues, à l'aide de certificats d'in-

digence. D'autres., par les mêmes moyens , se dis-
pensent de fournir aux frais de procédures enga-
gées en leurs noms et dans leurs seuls intérêts,
soit devant le Tribunal civil , soit devant le Tribunal
correctionnel. Ainsi, le trésor public se trouve
privé des amendes et autres condamnations qui lui
sont acquises ; la loi est éludée et les délinquans
assurés de l'impunité. Ces graves inconvéniens
doivent éveiller l'attention des Iliers, et les rendre
très-circonspects dans l'appréciation des demandes,
ayant pour objet d'obtenir des certificats de cette
nature. *(Circul. des* 31 *janv.* 1833 *et* 29 *fév.* 1836*).*

SECTION II.

DIVISION RURALE.

—

Le territoire de la Commune est divisé en dix
sections, savoir :

Section **A**, dite *du Jardin des Plantes,* qui aboutit
à la commune de Grabels, est limitée, d'un côté ,
par le chemin de Grabels ; de l'autre , par la route
départementale de Ganges.

Section **B**, dite *de Boutonnet,* qui aboutit aux
communes de St-Clément et de Montferrier ; est
limitée, d'un côté, par la route départementale de
Ganges; de l'autre, par la route départementale de
Mende.

Section **C** , dite *du Verdanson,* qui aboutit à la
rivière du Lez, est limitée, d'un côté, par la route

départementale de Mende; de l'autre, par la route royale de Lyon.

Section **D**, dite *du Lez*, qui aboutit à la rivière du Lez, est limitée, d'un côté, par la route royale de Lyon; de l'autre, par le chemin de Lattes.

Section **E**, dite *de Montauberou*, qui aboutit à la commune de Mauguio, est limitée, d'un côté, par le territoire de Castelnau; de l'autre, par le chemin de Mauguio.

Section **F**, dite *du Pont-Trinquat*, qui aboutit au territoire de Mauguio, est limitée, d'un côté, par le chemin de Mauguio; de l'autre, par la commune de Lattes.

Section **G**, dite *de Montels*, qui aboutit aux territoires de Lattes et de St-Jean-de-Védas, est limitée, d'un côté, par le chemin de Lattes; de l'autre, par la route royale de Béziers.

Section **H**, dite *du Courreau*, qui aboutit au territoire de St-Jean-de-Védas, est limitée, d'un côté, par la route royale de Béziers; de l'autre, par le chemin de Pignan.

Section **I**, dite *de Celleneuve*, qui aboutit à la rivière de la Mosson, est limitée, d'un côté, par le chemin de Pignan; de l'autre, par la route départementale de Lodève.

Section **K**, dite *de l'Aqueduc de la Fontaine St-Clément*, qui aboutit à la rivière de la Mosson et au territoire de Grabels, est limitée, d'un côté, par la route départementale de Lodève; de l'autre, par le chemin de Grabels.

TITRE II.

POLICE MUNICIPALE.

CHAPITRE I.

ORDRE PUBLIC. -- SURETÉ ET TRANQUILLITÉ DES HABITANS. — DÉCENCE.

SECTION I.

ATTROUPEMENS. — TROUBLES ET DÉSORDRES. — ARMES.

---

§ 1. ATTROUPEMENS.

Loi du 24 août 1790, titre XI, art. 3, § II et III. — Loi du 22 juillet 1791, art. 46, § I et II. — Code du 3 brumaire an 4, art. 606 et 607. — Code pénal, art. 209, 210 et suivans. — Loi du 10 août 1831.

1. Il est défendu de former, sous quelque prétexte que ce soit, aucun attroupement ou rassemblement dans les rues, places publiques, promenades et autres lieux publics de la ville.

2. Les attroupemens ou rassemblemens formés en contravention aux présentes défenses, seront tenus de se dissiper au premier avertissement des Officiers municipaux, Commissaires de police ou autres agens de l'Autorité.

3. Toutes personnes faisant partie de ces rassemblemens, qui ne déféréront pas à une première invitation, seront arrêtées pour être jugées conformément aux lois.

4. En cas de refus ou de résistance, la force publique sera employée pour dissiper les attroupemens.

5. Tout chant ou cri provocateur, tout signe de ralliement, toute manifestation contraire au Gouvernement, et tout ce qui exprimerait de coupables allusions en faveur de la dynastie déchue, sont rigoureusement interdits.

6. Les chants de toute espèce dans les rues, places publiques et promenades, sont défendus après huit heures du soir.

7. Les contraventions aux deux articles précédens seront sévèrement réprimées. Les contrevenans seront arrêtés pour être punis des peines portées par les lois. *(Arrêté du 25 août 1832).*

§ 2. TROUBLES ET DÉSORDRES.

En cas de trouble, d'émeute ou de désordre, les gardes-champêtres de la commune, les crieurs de nuit et les préposés à l'ambulance de l'octroi, devront se rendre immédiatement à la Mairie avec leurs armes, sous la conduite de leurs chefs respectifs, pour exécuter les ordres qui leur seront donnés par l'Administration municipale. Ces employés devront toujours avoir, dans ces circonstances, les marques distinctives de leurs fonctions, et comme les employés de l'octroi ne portent habituellement aucun signe extérieur, il leur sera remis une plaque qu'ils devront attacher au bras gauche, afin de se faire reconnaître. (*Arrêté du* 18 *décembre* 1835).

§ 5. ARMES.

Déclaration du roi du 23 mars 1728. — Décret impérial du 12 mars 1806. — Art. 314 du Code pénal.—Ordon. roy. du 24 juillet 1816.

1. Il est expressément défendu de porter des armes offensives, telles que pistolets de poche, poignards, stylets, couteaux en forme de poignard, cannes à épée, bâtons à ferrement, autres que ferrés par le bout. — Toute personne qui sera trouvée munie d'armes de cette espèce, sera traduite devant les Tribunaux compétens, et punie conformément à l'art. 314 du code pénal, d'une amende de 16 à 200 fr., sans préjudice de la confiscation desdites armes. — Les Commissaires de police veilleront à la stricte observation de cette défense.

2. Tout individu qui aura fabriqué ou débité des stylets ou quelqu'espèce que ce soit d'armes prohibées, sera, conformément à l'art. 314 du Code pénal précité, puni d'un emprisonnement de six jours à six mois.

3. Tout armurier ou marchand d'armes devra être muni d'un registre paraphé par le Maire, sur lequel seront inscrites l'espèce et la qualité des armes qu'il fabrique, achète ou vend, avec les

noms et domiciles des vendeurs et des acheteurs. Ce registre sera arrêté le premier de chaque mois par le Commissaire de police ; il devra être représenté à toute réquisition des Officiers de police.

4. Il est enjoint à tout détenteur d'armes de guerre, telles que fusils, mousquetons, carabines et pistolets de calibre, d'en faire la remise dans les vingt-quatre heures à la Mairie. Il leur en sera fourni récépissé. — Sont exceptés de cette disposition les citoyens faisant partie de la garde nationale, organisée en exécution de la loi du 22 mars 1831, et qui, à ce titre, se trouvent dépositaires d'armes de guerre.

5. Les contrevenans aux deux articles qui précèdent seront poursuivis conformément aux lois, et punis des peines qu'elles prononcent. *(Arrêté du 6 juin 1833 , appr. par le Préfet le même jour).*

SECTION II.

POLICE DES ÉTRANGERS.

—

§ 1. AUBERGISTES. — LOUEURS DE MAISONS GARNIES. — DÉCLARATIONS DES ÉTRANGERS.

Loi du 19-22 juillet 1791 , tit. I, art. 5. — Art. 475 , n° 2 du Code pénal.

1. Nul ne peut exercer la profession d'aubergiste, logeur ou loueur de maisons garnies, sans en avoir obtenu l'autorisation. Cette autorisation sera déli-

vrée par nous, sur l'avis du Commissaire de police.
En conséquence, ceux qui n'en seraient pas pourvus devront en faire la demande dans les 24 heures
au bureau des logemens, où elle leur sera délivrée,
s'il y a lieu. *(Art. 4 de l'Arrêté du 14 nov. 1832).*

2. Les aubergistes, hôteliers, logeurs et loueurs
de maisons garnies, auront un registre sur lequel
ils inscriront régulièrement, jour par jour, les
noms, prénoms, âge, qualités, domicile habituel,
profession, date d'entrée et de sortie de toutes les
personnes qui auront couché ou passé une nuit
dans leurs maisons. Ce registre, dont le modèle
leur sera délivré par la Mairie, devra indiquer aussi
la date du passeport de chaque voyageur, et contenir la désignation de l'Autorité qui l'aura délivré,
celle du lieu du départ du voyageur et sa destination. *(Art. 5 id.)*

3. Les aubergistes, hôteliers, logeurs et loueurs
de maisons garnies, devront représenter ce registre
à l'Autorité, toutes les fois qu'ils en seront requis.
(Art. 6. id.)

4. Il leur est expressément défendu de recevoir
chez eux les vagabonds et les gens sans aveu.
(Art. 7. id.)

5. Les aubergistes et logeurs sont tenus de déclarer tous les jours, avant neuf heures du matin,
au bureau des logemens de la Mairie, les étrangers
arrivés chez eux la veille. Cette déclaration devra
être conforme au modèle qui leur sera remis par
le Commissaire de police. *(Art. 8 id.)*

6. Tous les habitans de quelque classe et condi-

tion qu'ils soient, sont également tenus de déclarer à la Mairie les étrangers qui arrivent chez eux, même leurs propres parens ou amis. *(Art. 9 id.)*

7. Les aubergistes, logeurs et généralement tous les habitans, devront aussi inscrire sur leur registre et déclarer à la Mairie le départ des étrangers qui auront logé chez eux, et ce dans les vingt-quatre heures. *(Art. 10 id.)*

8. Les Commissaires de police sont autorisés à se transporter dans les auberges et hôtelleries, et chez les loueurs de maisons garnies, et à exiger des propriétaires l'exhibition de leurs registres, toutes les fois qu'ils le jugeront à propos *(Art. 11 id.)*

9. Les aubergistes, hôteliers et logeurs, seront tenus, à l'avenir, de représenter leur registre à M. le Commissaire de police du quartier dans lequel se trouve leur habitation, et ce dans les dix premiers jours de chaque mois. *(Art. 1er de l'Arrêté du 17 décembre 1834).*

10. Les personnes qui louent des chambres, appartemens ou maisons garnies, seront assujetties à représenter ce registre au Commissaire de police, toutes les fois seulement qu'il y aura changement de locataires dans leurs maisons, appartemens ou chambres garnies, et ce dans le délai de vingt-quatre heures. *(Art. 2 id.)*

11. La représentation du registre des aubergistes, hôteliers, logeurs et loueurs de chambres ou appartemens garnis, au Commissaire de police, sera constatée chaque fois par le visa de cet Officier de police en marge du registre. *(Art. 3 id.)*

§ 2. PASSEPORTS.

Lois des 1er février et 28 mars 1792; 2 octobre 1795 et 19 oct. 1797.

1. Tout étranger arrivant à Montpellier , qui devra y séjourner pendant trois jours , sera tenu de se présenter à la Mairie dans les vingt-quatre heures de son arrivée, pour y faire viser son passeport. Ceux qui voudront y séjourner pendant plus de trois jours , devront se munir d'une carte de sûreté qui leur sera délivrée , s'il y a lieu , sur le dépôt qu'ils feront de leur passeport à la Mairie.

Les étrangers qui sont déjà à Montpellier et qui n'auraient pas rempli cette formalité , seront tenus de se conformer aux dispositions ci-dessus, dans les vingt-quatre heures qui suivront la publication du présent arrêté.

L'obligation ci-dessus imposée aux voyageurs de faire viser leur passeport dans les vingt-quatre heures de leur arrivée, n'est point applicable à ceux qui devront séjourner moins de trois jours dans cette ville, et dont le passeport aura une autre destination. *(Art. 1er de l'Arrêté du 14 nov. 1832).*

2. Tout voyageur et étranger qui ne se serait pas conformé, dans le délai prescrit, aux dispositions de l'article précédent, sera poursuivi comme contrevenant aux lois de police et de sûreté , sans préjudice des mesures de police administrative qui pourront être prises à son égard. *(Art. 2 id.)*

3. Tout étranger ou voyageur qui sera trouvé sans passeport, sera constitué en état d'arrestation,

à moins qu'il n'ait pour répondant un citoyen domicilié. Après l'expiration du temps fixé pour l'arrestation, et faute par le voyageur ou l'étranger de fournir un répondant domicilié, il lui sera délivré un passeport indiquant la route qu'il devra tenir, et dont il ne pourra s'écarter sans s'exposer à une détention dans une maison d'arrêt. *(Art. 3 id.)*

4. Il est défendu aux menuisiers, charpentiers, serruriers et autres artisans, de recevoir dans leurs boutiques, magasins ou ateliers, des ouvriers étrangers, sans s'assurer préalablement qu'ils se sont présentés à la Mairie, et que leurs papiers sont visés par le Commissaire de police de l'arrondissement. *(Art. 9 de l'Arrêté du 21 fructidor an 11).*

§ 3. COMPAGNONS.

Lois des 17 juin 1791 et 23 nivôse an 2.

1. Il est défendu aux citoyens exerçant la profession de maçon, tailleur de pierre, serrurier, menuisier et autres, connus ci-devant sous le nom de dévoirans ou de gavots, ou sous tout autre dénomination, de se réunir ensemble, de porter aucune marque distinctive des autres citoyens, ou qui pourrait rappeler leur ancienne corporation, à peine d'être arrêtés et traduits devant l'Officier de police judiciaire.

2. Il est fait défense à tous aubergistes de recevoir ou de laisser réunir chez eux lesdits citoyens, à peine d'avoir leurs auberges fermées et d'être également traduits devant l'Officier de police judi-

4

ciaire, pour être poursuivis et punis suivant la rigueur des lois.

3. Renouvellant en tant que de besoin les dispositions des lois et règlemens de police, et notamment celles portées par l'arrêté de l'Administration municipale, du 3 prairial an 5, fait de plus fort inhibitions et défenses aux citoyens ci-dessus désignés, ainsi qu'à tous autres, de porter aucune canne à lance ou bâtons ferrés ou plombés, sous les peines portées par lesdits règlemens. *(Arrêté du 29 thermidor an 9)*.

SECTION III.

MESURES RELATIVES A L'EXERCICE DE CERTAINES PROFESSIONS.

—

PORTEFAIX. — DÉCROTEURS.

1. A compter du 1er septembre prochain, il sera ouvert à la Mairie un registre, sur lequel seront tenus de se faire inscrire tous ceux qui voudront exercer la profession de portefaix, ou le métier de décroteur.

2. Nul ne sera admis à se faire inscrire, s'il ne peut justifier de sa bonne conduite et moralité, constatées par pièces ou témoignages légaux.

3. Il sera délivré par la Mairie et aux frais de chaque portefaix et décroteur, admis à exercer, une médaille en cuivre, sur laquelle seront gravés le numéro d'ordre d'inscription et le nom du portefaix ou décroteur.

4. Tout portefaix et décroteur sera tenu de porter ostensiblement la médaille qui lui aura été délivrée.

5. Tout portefaix ou décroteur qui prêtera sa médaille ou qui en changera, sera exclu du droit que lui donnait son inscription. *(Arrêté du 14 août 1820, appr. par le Préfet le 16 du même mois).*

SECTION IV.

MENDICITÉ.

—

Lois des 13 juin 1790, 15 octobre 1794. — Décrets des 5 juillet 1808 et 29 janvier 1809. — Art. 269 et suivans du Code pénal.

1. A compter du 1er septembre prochain, il est rigoureusement interdit de mendier dans la ville de Montpellier.

2. Les mendians *valides* appartenant à la commune, et qui sont munis de la plaque délivrée par l'Administration (a), seront admis dans un atelier de charité.

3. Les mendians *invalides* appartenant à la commune, et qui seront également porteurs de la plaque, seront reçus à l'hospice, après avoir fait

(a) Précédemment, les personnes domiciliées à Montpellier et dont l'indigence était reconnue, pouvaient être autorisées à mendier. Cette autorisation était constatée au moyen d'une plaque que la police délivrait à chaque mendiant. (Voyez l'*Arrêté du 13 juin 1833, et les Arrêtés antérieurs sur cette matière*).

les justifications exigées par le présent. Ils devront
se présenter, à cet effet, devant le Commissaire
de police de leur arrondissement.

4. Et au moyen des dispositions qui précédent,
tout individu de la commune qui sera trouvé mendiant, sera livré aux Tribunaux correctionnels,
pour être puni de la peine de trois à six mois
d'emprisonnement, conformément à l'article 274
du Code pénal.

5. Tout mendiant *valide* ou *invalide* étranger à
la commune, devra quitter la ville immédiatement.
Ceux qui, au mépris de cette injonction, seront
trouvés mendiant dans la ville, seront arrêtés sur-
le-champ et conduits au lieu de leur domicile par
la gendarmerie.

Si l'individu arrêté n'a pas de domicile certain,
il sera considéré comme vagabond, et mis, en conséquence, en état d'arrestation à la disposition de
M. le Procureur du roi. *(Arrêté du 8 août 1834).*

SECTION V.

MESURES RELATIVES A LA SURETÉ DES HABITANS.

—

FERMETURE DES PORTES.

1. Les propriétaires ou locataires des maisons
situées dans la ville ou dans les faubourgs, sont
tenus de fermer à clef les portes d'entrée de leurs-
dites maisons, donnant sur la rue, avant onze
heures du soir.

2. Les contrevenans aux dispositions de l'article précédent, seront poursuivis devant le Tribunal de simple police et punis, conformément à l'art. 471 du Code pénal, d'une amende de 1 f· à 5 f· ; en cas de récidive, la peine d'emprisonnement pendant trois jours au plus, sera prononcée envers les contrevenans, conformément à l'art. 474 du même code.

3. Les portes qui seront trouvées ouvertes après onze heures du soir, seront fermées par les crieurs de nuit, en présence des propriétaires ou locataires ; les crieurs de nuit demeurant autorisés, en conséquence, à appeler ces derniers pour constater en leur présence la contravention.

4. Lorsqu'une maison sera habitée à la fois, et par le propriétaire et par un ou plusieurs locataires, les poursuites seront dirigées contre le propriétaire. Et si la maison n'est habitée que par des locataires, elles seront dirigées collectivement contre tous les locataires, qui seront solidairement passibles des condamnations prononcées. *(Arr. du 27 juin 1834).*

SECTION VI.

MESURES RELATIVES A LA TRANQUILLITÉ DES HABITANS.

§ 1. SÉRÉNADES.

Il est défendu d'aller par la ville la nuit en criant et chantant, de donner des sérénades et faire de la musique dans les rues, sans en avoir obtenu la permission du Maire. *(Arrêté du 21 fructidor an 11, art. 3).*

§ 2. **CHARIVARIS.**

Les bruits ou tapages injurieux et nocturnes, appelés communément *Charivaris,* sont expressément défendus. Il en est de même des bruits, tapages ou rassemblemens nocturnes qui, sans être injurieux, sont de nature à troubler le repos des citoyens. *(Arrêté du 12 février 1836, art. 8).*

§ 3. **CORNETS.**

Il est défendu à toute personne de sonner du cornet dans les rues et faubourgs de la ville. Il est également défendu aux potiers de terre de faire et de vendre des cornets. Il est ordonné aux agens de police et appariteurs de casser tous les cornets qu'ils verront dans les mains des enfans. *(Arrêté du 17 mars 1818)* (a).

SECTION VII.

CARNAVAL. — MASQUES. — DÉGUISEMENS.

1. Toute personne masquée, déguisée ou travestie, et qui se montrera soit dans les rues, places et promenades publiques, soit dans les réunions ou

---

(a) Cette défense trouve particulièrement son application pendant la semaine sainte.

bals publics, ne pourra porter ni armes d'aucune espèce, ni bâtons.

2. Il est défendu à toutes personnes masquées, déguisées ou travesties, d'insulter ou provoquer qui que ce soit, et d'entrer dans les maisons ou boutiques contre le gré des habitans.

3. Défense est également faite aux personnes masquées d'entrer dans la promenade du Peyrou.

4. Il est défendu de prendre des déguisemens qui seraient de nature à troubler l'ordre public, ou qui pourraient blesser en aucune manière la décence et les mœurs ; cette prohibition s'applique notamment aux costumes ecclésiatiques ou religieux, sous lesquels il est expressément défendu de se masquer, déguiser ou travestir.

5. Il est défendu à toute personne et particulièrement à celles qui, sous diverses dénominations, se réunissent pendant la durée du carnaval pour se divertir, de chanter soit dans les rues, soit dans les lieux de leurs réunions, des chansons injurieuses envers un ou plusieurs citoyens, ou qui sans renfermer des injures proprement dites, contiendraient des désignations offensantes.

6. Il est également défendu à toute personne et particulièrement à celles qui composent les sociétés ou réunions des quartiers de la ville, de s'introduire dans les maisons pour demander de l'argent ou autres rétributions. Défense leur est faite aussi d'adresser des invitations aux habitans sous la forme d'une menace quelconque.

7. Toute cavalcade de personnes masquées,

déguisées ou travesties, dans les rues de la ville, devra cesser avant la chute du jour. *(Arrêté du 12 février 1836).*

SECTION VIII.

BAINS PUBLICS EN RIVIÈRE (a).

—

1. Il est défendu de se baigner sans caleçon dans la rivière du Lez, depuis la chaussée en amont du Pont de Castelnau, jusqu'au bassin de natation dit de Sept-Camps.

2. Les entrepreneurs de bains publics en rivière sont responsables de l'exécution de cette mesure, à l'égard des baigneurs ou nageurs qu'ils reçoivent dans leurs établissemens.

3. Défenses sont faites à tout individu, en état de nudité, d'aller sur les chemins publics qui se trouvent à la portée de la rivière.

4. Désormais, il ne pourra être établi des bains dans la rivière du Lez, sans en avoir obtenu la permission de l'Autorité municipale. — Ces bains ne pourront être établis que dans les dimensions et aux endroits désignés dans la permission, et d'après les plans et règles approuvés par l'Administration.

5. Les bains des femmes devront être couverts et entourés de planches, de manière que les baigneuses ne puissent être vues du public. Ces bains

---

(a) Voyez chap. 3. Accidens divers. Sect. 3. *Noyés et asphyxiés.*

seront fermés, depuis le fond de la rivière jusqu'à son niveau, par des perches en forme de grille ou des filets en corde , afin d'empêcher qu'on ne puisse y pénétrer , et pour empêcher aussi les accidens qui, sans cette précaution , pourraient avoir lieu.

6. Il est défendu aux hommes de s'introduire dans les bains des femmes. *(Arr. du 4 avril 1835).*

7. Il est expressément défendu à tous les habitans de passer la rivière du Lez , et de se baigner entre les propriétés appartenant au Génie , lesquelles seront marquées aux angles par des poteaux , portant un exemplaire du présent. *(Arrêté du 5 août 1826.)*

CHAPITRE II.

SALUBRITÉ.

SECTION I.

CIMETIÈRES. — INHUMATIONS. — CONVOIS.

§ 1. CIMETIÈRES.

Décret du 23 prairial an 12 (12 juin 1804).

1. Les cimetières de l'Hôpital-général et du boulevard des Carmes sont exclusivement consacrés à l'inhumation des personnes du culte catholique.

2. Celui du faubourg de Lattes est réservé exclusivement à l'inhumation des personnes du culte protestant.

3. Toute personne pourra être enterrée dans sa propriété, pourvu qu'elle soit à la distance prescrite hors de l'enceinte des villes et bourgs, conformément à l'art. 14 du décret susmentionné. *(Arrêté du 27 sept. 1833, appr. par le Préf. le 3 oct. suiv.)*

§ 2. INHUMATIONS.

Décret du 23 prairial an 12 (12 juin 1804).

1. Il est défendu à tous propriétaires ou fermiers de jardins, enclos, vacans ou terrains quelconques, situés dans l'enceinte de la ville ou des faubourgs, d'y faire ou d'y tolérer aucune inhumation, sans en avoir obtenu la permission expresse de la Mairie.

2. Tout contrevenant au présent arrêté sera puni d'une amende de 15ᶠ·, et pourra l'être aussi, suivant le cas, d'un emprisonnement de trois jours, et en cas de récidive, la peine sera augmentée.

3. Toute personne qui aura ouvert avant 5 ans révolus, pour une nouvelle inhumation, une fosse qui aurait déjà servi à une inhumation précédente, et qui, par ce seul fait, se sera rendue coupable de violation de sépulture, sera poursuivie et punie conformément à l'art. 360 du Code pénal. *(Arrêté du 4 juillet 1821, appr. par le Préf. le 13 dudit mois).*

§ 3. CONVOIS.

Il est défendu de transporter aux convois funèbres les corps morts à découvert, et ordonné que les corps soient mis dans des bierres ou caisses scellées, sous peine, contre les infracteurs de ces dispositions, d'être traduits devant les Tribunaux de police. (*Arrêté du* 28 *mai* 1814, *conforme à celui du Préfet, du* 30 *messidor an* 12).

SECTION II.

AMPHITHÉATRES DE DISSECTION.

—

Un arrêté en date du 1er septembre 1817, basé sur l'arrêté du Directoire exécutif, du 3 vendémiaire an 7, fait l'application du principe que nul ne peut ouvrir un amphithéâtre de dissection, ou laboratoire d'anatomie, sans en avoir obtenu l'autorisation de la Mairie; que de telles autorisations ne sont accordées qu'autant que le local déterminé est hors de l'enceinte de la ville, et à une distance assez éloignée. En conséquence, ordonne la fermeture d'un établissement de ce genre, qui avait été placé, sans autorisation, dans la rue des Carmes.

SECTION III.

ÉQUARRISSEURS. — ENFOUISSEMENT DES BÊTES MORTES.

—

Arrêté du 12 messidor an 8, art. 23. — Décret du 14 décembre 1789, art. 50. — Loi du 16-24 août 1790, tit. XI, art. 3. — Code rural des 28 sept., 6 oct. 1791, artes 9 et 13. — Loi du 19 juillet 1791, art. 46, titre I.

1. A compter de ce jour, nul ne pourra exercer la profession d'équarrisseur ou d'écorcheur de bêtes mortes, sans en avoir obtenu préalablement

la permission de la Mairie. En conséquence, ceux qui se livrent en ce moment à l'exercice de cette profession, devront demander cette permission, s'ils n'en sont point pourvus, ou faire renouveler celle qui aurait pu leur être délivrée par l'Autorité.

2. Ces permissions ne seront renouvelées et ne seront accordées, à l'avenir, qu'à ceux qui justifieront qu'ils sont pourvus de voitures, de chevaux, de cordages et de tous les autres ustensiles nécessaires pour l'équarrissage, et qu'ils ont à leur disposition un terrain convenablement situé pour l'enfouissement, suivant ce qui sera réglé ci-après.

3. Le travail d'équarrissage ne pourra avoir lieu que sur les terrains affectés à l'enfouissement des bêtes mortes.

4. Il est défendu aux équarrisseurs et à tout autres de vendre de la chair de cheval et d'autres animaux livrés à l'équarrissage.

5. Tous les animaux morts accidentellement ou de maladie, devront être livrés dans la journée par les propriétaires à l'équarrisseur, qui devra les enfouir le même jour, et en se conformant aux règles ci-après prescrites.

6. Les propriétaires seront responsables de l'exécution de cette dernière disposition, à moins qu'ils n'aient livré les bêtes mortes au fermier de la ville; en ce dernier cas, les propriétaires seront déchargés de toute espèce de responsabilité relativement à l'enfouissement.

7. Nul autre que le fermier de la ville, ne pourra s'approprier les animaux morts sur la voie publique.

Ce fermier est obligé de les faire enlever sur-le-champ.

8. Les terrains affectés par les équarrisseurs à l'équarrissage et à l'enfouissement des bêtes mortes, devront être situés hors du rayon de l'octroi, à la distance de 200 mètres de toute habitation et à la même distance de l'aqueduc St-Clément, si le terrain choisi est supérieur à cet aqueduc. — Tout propriétaire pourra faire enfouir les bêtes mortes dans son propre terrain, sans qu'il soit nécessaire que le lieu de l'enfouissement soit situé à la distance ci-dessus prescrite de son habitation ou maison de campagne; il suffira que cet éloignement existe relativement à tout autre habitation que la sienne.

9. Les équarrisseurs devront soumettre à l'approbation de l'Autorité municipale, le choix qu'ils auront fait des terrains pour l'équarrissage et l'enfouissement des bêtes mortes.

10. Les bêtes mortes devront être enfouies, savoir: les chevaux et autres bêtes de somme à un mètre 3 décimètres (4 pieds) de profondeur, et les chiens à 50 centimètres (18 pouces) de profondeur.

11. Il est défendu de mettre plusieurs animaux dans la même fosse, à moins qu'elle n'ait une profondeur proportionnée au nombre de celles qui y seraient déposées, suivant les prescriptions de l'article qui précède.

12. L'enfouissement des bêtes mortes ne peut être fait par tranchée.

13. Les équarrisseurs qui feront exhumer les

ossemens des bêtes mortes, devront les faire emporter immédiatement ; il leur est expressément
défendu de les laisser séjourner sur le terrain après
l'exhumation, et aussitôt qu'ils auront extrait les
os, ils devront faire remblayer les fosses qu'ils
auront ouvertes. *(Arrêté du 21 mars 1836).*

SECTION IV.

ÉGOUTS. — LATRINES. — FOSSES D'AISANCE.

—

Loi du 24 août 1790, art. 3, nº 1 et 5. — Loi du 22 juillet 1791, tit. I,
art. 46. — Code pénal, art. 471, nº 15.

1. Les égouts souterrains de la ville servant à
l'écoulement des eaux ménagères, urines, excrémens et des eaux pluviales, se divisent en deux
classes. — Les uns appelés *égouts maïres*, sont
ceux qui passent dans le milieu de la rue, et qui
reçoivent l'écoulement des égouts particuliers, dits
d'*embranchement*. — Les autres appelés *égouts
d'embranchement,* sont ceux qui conduisent les
eaux ménagères, urines et excrémens des maisons
particulières dans l'*égout maïre.*

Égouts maïres. 2. Conformément à la délibération du Conseil municipal, en date du 7 février
1835, tous les *égouts maïres* de la ville, sans distinction, seront désormais entretenus par la commune et à ses frais.

3. Lorsque les particuliers s'apercevront que
l'*égout maïre* n'a pas son écoulement, ils devront
en prévenir par écrit l'Administration, afin qu'elle

puisse ordonner les réparations nécessaires, s'il y a lieu. — Toutefois, il ne sera procédé à l'ouverture de l'*égout maïre*, qu'autant qu'il sera constaté que le défaut d'écoulement ne provient pas du mauvais état de l'*égout d'embranchement*, ou de l'engorgement de la conduite des latrines. En conséquence, avant de dénoncer à l'Administration le vice présumé de l'égout communal, les propriétaires devront s'assurer eux-mêmes et justifier que l'égout d'embranchement et la conduite des latrines sont en bon état.

Égouts d'embranchement. 4. La construction et l'entretien des *égouts d'embranchement* sont à la charge des propriétaires intéressés.

5. Dans les rues où il n'existe pas d'*égout maïre*, tout particulier pourra être autorisé à construire un égout d'embranchement, en prolongeant la conduite de ses latrines jusqu'à la *maïre* la plus rapprochée. — Cet égout d'embranchement devra être établi dans le milieu de la rue. — En ce cas, tout autre propriétaire aura la faculté d'aboucher à cet égout la conduite de ses latrines, à la charge par lui de contribuer, dans une juste proportion à l'entretien de l'égoût, dont l'usage deviendra commun entre lui et le propriétaire primitif, et de pourvoir à tous les frais auxquels pourra donner lieu cette jonction.

6. En accordant aux propriétaires la faculté de construire des égouts dans la longueur des rues où il n'existe pas encore de *maïre*, l'Administration se réserve le droit de prendre à sa charge l'entre-

tien de ces égouts, qui dès-lors seront réputés communaux, sans que les propriétaires puissent réclamer à la ville le remboursement des frais de construction.

7. Soit que l'égout d'embranchement n'intéresse qu'un seul propriétaire, ou que l'usage en soit commun à plusieurs, il devra toujours être entretenu en bon état par les particuliers, afin que son engorgement ne puisse occasioner de mauvaises exhalaisons dans le quartier.

8. Tout propriétaire qui voudra faire des réparations à un égout d'embranchement, et qui, à raison de ce, sera dans la nécessité d'ouvrir sur la voie publique, devra en demander préalablement l'autorisation à l'Administration municipale.

9. Le pavé dont le déplacement aura été nécessaire pour l'exécution des ouvrages à faire aux égouts d'embranchement, devra être replacé par les propriétaires et à leurs frais. Pour cette reconstruction, ils ne pourront employer que des ouvriers agréés par l'Architecte de la ville.

10. Tous les travaux relatifs à l'entretien des égouts, qui seraient de nature à occasioner des exhalaisons nuisibles à la salubrité publique, seront exécutés, autant que faire se pourra, pendant la nuit, après onze heures du soir.

11. Les propriétaires autorisés à faire exécuter des réparations aux égouts, devront veiller à ce que, durant la nuit, les travaux soient éclairés, et que les excavations soient entourées de barrières, même pendant le jour, s'il est jugé nécessaire, afin

d'empêcher les accidens. — Ils devront également, si la sûreté publique l'exige , couvrir ou entourer de fortes planches ces excavations, et se conformer, en un mot , à ce qui leur sera prescrit à cet égard par l'Architecte de la ville , ou par un des agens-voyers placés sous ses ordres.

12. Les propriétaires des maisons situées dans les rues où il existe un *égout maïre*, sont tenus d'y établir des latrines coulantes, s'il n'en existe déjà , et de faire construire l'égout d'embranchement jusqu'à l'égout communal.

13. Tous les travaux relatifs à la construction et à l'entretien des égouts, seront exécutés sous la surveillance de l'Inspecteur des travaux publics , et sous la direction de l'Architecte de la ville.

Fosses d'aisance. 14. Dans les rues où il n'existe pas d'*égout maïre*, les propriétaires pourront, sur leur demande , être autorisés à construire des fosses d'aisance. Ils ne pourront les faire vider que pendant la nuit, en prenant les précautions convenables , et qu'après en avoir obtenu l'autorisation de l'Administration municipale.

15. Les contrevenans aux dispositions du présent arrêté seront poursuivis devant le Tribunal de simple police , et punis des peines portées par les lois.

16. Et au moyen du présent arrêté dont l'exécution est confiée à MM. les Commissaires de police et à M. l'Architecte de la ville , tous arrêtés et règlemens antérieurs relatifs aux égouts de la ville, sont et demeurent abrogés. *(Arr. du 22 mai 1836).*

SECTION V.

MESURES DIVERSES DE SALUBRITÉ.

—

§ 1. DÉPOT DE FUMIERS, RÉSIDUS, ETC.

1. Tout amas de fumiers, boues, résidus et autres objets de cette nature, dans l'intérieur des maisons, caves, basses-cours, jardins et enclos, situés dans l'intérieur de la ville et des faubourgs, est expressément prohibé. Les habitans qui ont des écuries dans leurs maisons, auront soin de n'y laisser aucun dépôt de fumier ; ils devront le faire transporter hors de la ville, chaque fois que leurs écuries seront nétoyées. *(Art. 8 de l'Arrêté du 7 avril 1832).*

2. Pour assurer l'exécution de l'article précédent, MM. les Commissaires de police se transporteront dans toutes les maisons où se manifesteront des exhalaisons malsaines, et dans celles qui seraient signalées par la clameur publique, comme renfermant des amas de ce genre. Les habitans sont invités à se soumettre à l'exécution de cette mesure, qui est toute dans leur intérêt ; en cas de refus, il sera pris tels moyens de droit qu'il appartiendra pour les y contraindre. *(Art. 9 id.)*

§ 2. LAPINS, VOLAILLE, ETC.

1. Il est défendu à toute personne de tenir des poules et autres volailles dans l'intérieur des mai-

sons; celles qui seraient dans des cours spacieuses ou dans des jardins, seront seules tolérées. Il leur est également défendu de les laisser vaguer dans les rues et places de la ville. *(Art.* 15 *idem)*.

2. Défense est également faite à toute personne d'élever des lapins, cochons et autres animaux dans l'intérieur des maisons de la ville et des faubourgs. *(Art.* 16 *idem)*.

3. Les contraventions aux deux articles précédens seront constatées de la manière prescrite par l'article 9. *(Article* 17 *idem)*.

§ 3. VERDANSON.

1. Il est défendu à tous jardiniers, balayeurs et autres personnes, de former la moindre entreprise dans le lit du Verdanson, soit en faisant des creux, soit en formant des bâtardeaux pour en retirer les immondices. *(Arrêté du* 27 *septembre* 1824*)*.

2. Il est expressément défendu à tout individu, soit tripier ou tripière, soit propriétaire ou non de bestiaux abattus à la boucherie, à leurs employés, et en général à qui que ce soit, de laver les *issues* desdits bestiaux dans les eaux du Verdanson, sous quelque prétexte que ce puisse être, et quel que soit l'usage auquel on destine lesdites *issues. (Art.* 1er *de l'Arrêté du* 10 *septembre* 1823*)*.

3. En cas de contravention, lesdites *issues* seront saisies pour être enfouies aussitôt et aux frais des contrevenans. A cet effet, les employés de la boucherie et les préposés de l'octroi sont particulièrement chargés de l'exécution du présent article,

ainsi que de la surveillance relative aux dispositions du précédent, et il leur est, en outre, spécialement enjoint de donner avis à la Mairie des contraventions qui pourraient être commises. *(Art. 2 id.)*

CHAPITRE III.

ACCIDENS DIVERS. — MESURES DE SURETÉ PUBLIQUE.

—

SECTION I.

INCENDIES.

—

§ 1. POMPES A INCENDIE.

1. Le service des pompes à incendie sera fait par quatorze pompiers, choisis parmi les ouvriers de la ville. — Ces quatorze pompiers seront divisés en deux escouades, qui seront commandées par un chef; chaque escouade sera dirigée par un sous-chef. — Il sera nommé en outre quatorze pompiers suppléans, lesquels seront admis à remplacer provisoirement ou définitivement ceux qui viendraient à manquer pour cause d'absence, de démission, de révocation ou de mort.

2. Les pompiers de chaque escouade seront spécialement attachés au service de la pompe qui leur aura été désignée comme appartenant à l'une ou à l'autre des escouades. En conséquence,

chacune des deux grandes pompes , existant dans
le magasin de la Mairie, portera un numéro d'ordre.
Celle dont le régiment du Génie est dépositaire ,
portera le n° 3. — Le service des suppléans aura
lieu de la même manière, c'est-à-dire , par division
d'escouade ; le premier en titre sera toujours
appelé à remplacer le pompier manquant.

3. Les pompiers ne recevront aucun traitement
fixe ; toutefois ils seront indemnisés de leurs services , ainsi et comme il sera dit ci-après.

4. Le premier dimanche de chaque mois , ou
si le temps s'y oppose , le dimanche suivant, les
deux escouades se réuniront pour s'exercer à la
manœuvre des pompes , et pour s'assurer que
le matériel est tenu dans un parfait état. — Il
sera alloué à chaque pompier présent à ces manœuvres une indemnité de 1 f· 50 c· ; l'indemnité
sera de 2 f· pour les chefs d'escouade. — Le
Maire se réservant de fixer ultérieurement l'indemnité qui pourra être due au chef des pompiers.

5. Au premier signal qui sera donné par le son
de la cloche, ou par la voie publique , que le feu
s'est manifesté quelque part , les pompiers se
rendront en toute hâte à la Maison-commune pour
se transporter au lieu de l'incendie avec leurs
pompes , si l'ordre leur en est donné. — L'indemnité de 1 f· 50 c· sera due aux pompiers pour
le seul fait de leur présence et de leur concours
dans les travaux , sans préjudice des indemnités
à raison des soins extraordinaires qu'ils pourront
se donner. Ces indemnités seront fixées par le

Maire, suivant les circonstances, sur les rapports qui lui seront fournis.

6. Les indemnités ci-dessus seront payées aux pompiers sur les fonds communaux, la commune se réservant d'agir elle-même vis-à-vis des propriétaires incendiés pour en obtenir le remboursement.

7. Dans l'exercice de leur emploi, les pompiers porteront une médaille avec cette inscription : Pompier de la Ville. Et afin que les habitans puissent savoir à qui ils peuvent s'adresser pour demander secours, en cas d'incendie, la même inscription sera placée au-dessus de la porte d'entrée de l'habitation de chacun des pompiers. (*Règlem. du* 19 *décembre* 1832).

§ 2. FEUX. — ARMES A FEU. — FEUX D'ARTIFICE.

1. Il est défendu d'allumer des feux dans les rues et faubourgs de la ville. (*Arr. du* 23 *juin* 1820).

2. Il est défendu de tirer des coups de fusil ou autres armes à feu, non plus que des fusées, petards, boîtes, bombes ou autres pièces d'artifice, soit dans les rues, promenades, places publiques, cours et jardins, soit par les fenêtres des maisons. (*Arrêté du* 9 *mai* 1823, *art.* 5).

SECTION II.

POUDRES.

---

§ 1. TRANSPORT DES POUDRES.

Conformément à l'article 9 du règlement de

Son Exc. le Ministre de la guerre, en date du 24 septembre 1812, tous les transports de poudre qui traverseront la ville de Montpellier, venant par Castelnau, ne pourront, sous aucun prétexte et sous les peines portées par les lois et règlemens, s'écarter de l'itinéraire suivant :

Les voitures suivront la route de Paris, jusques à l'embranchement de la justice, où elles quitteront la route de Paris, pour suivre celle qui conduit au séminaire. Elles continueront leur route en passant devant l'Hôpital-général, sous le pont du Peyrou, à la descente de la Mercy, et au cours des Casernes.

Les poudres arrivant par eau seront dirigées par le Port-Juvénal, le faubourg de Lattes, les boulevards de la Comédie, passeront devant les remises du Grand-Galion, et sortiront par St-Denis, sans pouvoir, dans aucun cas, traverser la rue de la Saunerie. *(Arrêté du 18 mars 1823)*.

§ 2. ENTREPOT DES POUDRES.

1. L'entrepreneur du transport des poudres est tenu de faire choix d'un local hors de la ville, isolé et distant de 1000 mètres de la dernière maison des faubourgs. Ce local devra être aussi situé à une distance raisonnable des habitations placées dans la campagne, afin d'y déposer les poudres qu'il est chargé de transporter.

2. Il est tenu de recouvrir soigneusement et de mettre à l'abri de toute entreprise les voitures et barils où les poudres sont contenues.

3. Lesdites poudres ne pourront stationner dans ledit lieu plus de 24 heures , à moins que l'entrepreneur n'ait des ordres contraires émanant de l'Autorité supérieure, et, dans ce cas , il sera tenu de les exhiber.

4. Faute par l'entrepreneur de se conformer aux dispositions du présent arrêté , il sera traduit devant les Tribunaux à l'effet de se voir condamner aux peines portées par les articles 471 , 474 , 475 du Code pénal , sans préjudice du transport qui serait ordonné sur-le-champ desdites poudres , aux frais, périls et risques dudit entrepreneur. *(Arrêté du 15 mars 1823)* (a).

SECTION III.

NOYÉS ET ASPHYXIÉS.

—

§ 1. POLICE DE LA RIVIÈRE DU LEZ (b).

1. Les personnes qui voudront se baigner dans la rivière du Lez sont invitées à se rendre dans l'un des quatre endroits ci-après, savoir :

   1° La partie de la rivière située vis-à-vis la fabrique de Sauret ;

————————

(a) Cet arrêté fut pris nominativement contre l'entrepreneur du transport des poudres à l'armée d'Espagne. Nous avons cru devoir néanmoins en rapporter les dispositions. Elles pourraient être appliquées à tout entrepreneur de transports de poudres , au moyen de la notification qui lui en serait faite.

(b) Voyez *Bains publics en rivière,* chap. 1 , sect. 8 , p. 56.

2° Celle où est établie la guinguette du sieur Louis ;

3° Le Pont-Juvénal ;

4° La partie de la rivière longeant le lieu dit Sept-Camps.

Ces endroits seront indiqués par des poteaux portant cette inscription : BASSIN DE NATATION, N°.

2. Un surveillant, choisi parmi les meilleurs nageurs, sera placé à chacun des endroits ci-dessus.

3. Les surveillans de la rivière veilleront au maintien de la décence et à la sûreté des baigneurs, soit en leur donnant les indications convenables sur les inégalités du sol de la rivière, soit en prévenant, par de sages avertissemens, toute imprudence de la part de ces derniers. Ils sont chargés de retirer des eaux, en cas de péril, les personnes qui se trouveraient en danger de se noyer (a).

4. Les surveillans seront rendus au poste qui leur sera assigné dès quatre heures du matin, et devront y rester jusqu'à neuf heures du soir.

5. La durée des fonctions des surveillans n'aura pas d'époque déterminée ; elle sera surbordonnée à celle des chaleurs.

6. Les surveillans de la rivière seront commis-

(a) La commune accorde à toute personne qui retire des eaux un noyé ; savoir : si le noyé est retiré des eaux vivant.................................... 30 fr.

S'il est mort................................ 15

sionnés par nous, et porteront une plaque indicative de leurs attributions.

7. Les endroits les plus dangereux de la rivière
seront signalés par des poteaux de couleur rouge,
placés sur la rive droite. Les surveillans demeurent autorisés à faire sortir de l'eau toute personne qui, au mépris de cette indication, voudrait
se baigner dans ces endroits.

8. Il y aura, dans chaque moulin établi sur le
cours de la rivière, des boîtes de secours, qui
devront toujours être fournies de tous les objets
nécessaires en cas d'accident.

9. MM. les Commissaires de police sont chargés
de l'exécution du présent arrêté. Ils devront en
conséquence, pendant la durée de la saison des
bains, et chaque jour, inspecter ou faire inspecter par leurs agens le cours de la rivière,
pour s'assurer que les surveillans s'acquittent de
leurs devoirs, et que les boîtes de secours sont
en bon état et fournies convenablement.

10. Les gardes-champêtres des sections limitrophes à la rivière, devront, durant la saison des
bains, redoubler de vigilance pour faire respecter
les propriétés riveraines. *(Arr. du* 1er *juin* 1832*).*

§. 2. TRAITEMENT DES NOYÉS.

Instruction sur le traitement des noyés. 1. Lorsque
le noyé est retiré de l'eau, il faut de suite lui
passer les doigts dans la bouche, pour en sortir
les mucosités ou glaires qui s'y sont ramassées ;
on le transporte aussitôt, avec précaution, sur les

bras, ou sur une échelle ou un brancard, couché sur le côté droit, et la tête un peu élevée, dans le lieu où l'on doit donner les secours. On le place sur une table, la tête toujours un peu haute, on le déshabille promptement ; si l'on ne peut y parvenir assez vite, on coupe les vêtemens, on le met tout nu et on l'enveloppe d'un drap sec, ou bien avec la camisole de laine, pour le bien essuyer ; on le place ensuite dans un lit un peu chaud, la tête toujours élevée et le corps couché un peu à droite ; on garnit le creux des aisselles, des aines, les parties sexuelles et les pieds, de pièces de laine chaude. On fait alors des frictions avec des morceaux d'étoffe de laine chaude sur les jambes, les cuisses, les bras, la paume des mains, que l'on continue quelque temps sans interruption. — Pendant qu'on fait ces frictions, on place sous le nez du noyé un flacon d'ammoniaque, et l'on passe dans ses narines et sa bouche la barbe d'une plume trempée dans de l'eau des Carmes.

2. Si après cinq minutes le noyé ne revient pas à la vie, il faut lui insuffler de l'air dans la poitrine. Pour cela, on lui souffle directement dans la bouche, en serrant le nez du noyé, ou mieux on passe par une narine une sonde de gomme élastique, qu'on fait parvenir dans le larynx. On ferme l'autre narine et la bouche et on souffle par le bout extérieur de la sonde. On fait cette insufflation avec la bouche ou avec un soufflet adapté à la sonde ou à une canule en

buis , et l'on continue jusqu'à ce que la poitrine commence à se dilater.

3. Lorsqu'on a fait l'insufflation pendant quatre minutes , et pendant qu'on la continue, on administre des lavemens de fumée de tabac avec la machine fumigatoire de Pia, ou bien, on donne ces lavemens avec des pipes à fumer. Si la fumée retourne, comme cela peut arriver lorsqu'il y a des matières grossières dans les intestins , on donne un lavement fait avec une once de savon ou de sel marin dissout dans un grand verre d'eau. — On reprend ensuite les lavemens de fumée de tabac. On peut employer ainsi une once de tabac.

4. Dès qu'on s'aperçoit que le noyé commence à respirer , on lui met dans la bouche , avec une petite cuillère , un peu d'eau-de-vie camphrée et de la liqueur anodine d'Hoffmann , mêlée d'eau froide. On desserre la mâchoire inférieure , si elle ne l'est pas , et on la maintient ouverte avec un coin de liége , ou un petit bâton de bois tendre.

5. Si après une ou deux heures , le noyé ne donne pas signe de vie , on lui souffle dans le nez de la poudre capitale de Saint-Ange. Cette poudre s'emploie avec un canon de plume. On y introduit aussi des vapeurs d'ammoniaque , et même celles du tabac brûlé. — On fait aussi pénétrer par l'autre narine une autre sonde de gomme élastique , jusqu'à l'œsophage, et au moyen d'une seringue , on injecte demi-verre de vin chaud , ou un peu d'eau-de-vie camphrée , ou quinze ou vingt gouttes

de liqueur anodine d'Hoffmann, ou une cuillère à café de mélisse composée. On continue toujours les frictions, l'insufflation et les fumigations de tabac par le fondement.

6. La saignée ne devient utile que lorsque le noyé a respiré et qu'il offre des signes de congestion sanguine du cerveau. Dans le cas contraire, elle est dangereuse; on doit les faire de préférence à la veine jugulaire. On tire dix à douze onces de sang en trois reprises.

7. Si le noyé a des envies de vomir, on les favorise avec de l'eau froide mêlée d'huile, ou avec du thé, des fleurs de camomille en infusion, dans laquelle on ajoute de l'eau de mélisse ou de la liqueur anodine d'Hoffmann.

8. Si la fièvre survient, on supprime tous les moyens stimulans.

9. Si le noyé n'est pas resté plusieurs heures dans l'eau, il ne faut pas se décourager et désespérer de le rappeler à la vie; on ne doit abandonner le traitement qu'après des soins continués pendant quatre, cinq et même six heures sans interruption.

État des moyens de l'appareil anti-asphyxique. — 1° Une corde de vingt toises avec une courroie pour entourer le corps du noyé; 2° une camisole de laine; 3° un bonnet de laine; 4° deux morceaux d'étoffe de laine; 5° un soufflet à double vent pour souffler dans le poumon, et dont le canon s'adapte à l'évasement du bout des sondes de gomme élastique; 6° Deux canules ou tubes laryngiens, en buis, de huit pouces de long, ouverts aux deux extrémités, dont un bout s'adapte au soufflet ; 7º deux sondes de gomme élastique de dix pouces de long avec leur stylet ; 8º la machine fumigatoire de Pia ; 9º une livre de tabac à fumer ; 10º une livre de sel marin ; 11º une petite seringue à injection ; 12º plusieurs plumes à longue barbe ; 13º une boîte de poudre sternutatoire ; 14º deux canons de plume ; 15º un flacon d'ammoniaque, un autre d'eau de mélisse composée, et un troisième de liqueur anodine d'Hoffmann ; 16º une bouteille d'eau-de-vie camphrée ; 17º une cuillère à bouche en fer étamé ; 18º des morceaux de liége taillés en manière de coin pour placer entre les dents ; 19º une boîte de paquets d'émétique de trois grains chaque ; 20º deux fortes poignées de camomille romaine ; 21º trois morceaux de flanelle d'Angleterre d'un pan en carré ; 22º un flacon de liqueur minérale et anodine d'Hoffmann, de deux onces, avec un bouchon usé à l'émeri. (*Instr. du profes. Golfin, médecin chargé des secours publics pour les asphyxiés, en date du 25 juin 1832*).

SECTION IV.

EMPOISONNEMENT DES CHIENS.

Chaque année, pendant l'époque des chaleurs, et à des jours déterminés, l'Administration fait répandre du poison dans les rues de la ville et des faubourgs pour la destruction des chiens vagans. Un avis publié tous les ans rappelle aux habitans l'exécution de cette mesure, fait connaître les jours où l'on doit répandre le poison, et invite les personnes qui ont des chiens, et qui tiennent à leur conservation, à prendre les précautions convenables pour les préserver de tout accident.

CHAPITRE IV.

SURETÉ, COMMODITÉ ET PROPRETÉ DES RUES, PLACES ET BOULEVARDS.

—

SECTION I.

MESURES RELATIVES A LA SURETÉ DU PASSAGE DANS LES RUES.

—

§ 1. BŒUFS SAUVAGES.

Il est expressément défendu d'introduire des bœufs sauvages en ville pendant le jour. Les bœufs introduits pendant la nuit, seront escortés d'un assez grand nombre de conducteurs, pour garantir de tout danger les personnes qui pourraient se rencontrer sur leur passage, et éviter que ces animaux ne causent aucun dommage aux propriétés. (*Arrêté du 12 septembre 1827*).

§ 2. CHEVAUX, MULES, ETC.

Il est enjoint aux cochers, palefreniers et à toutes personnes conduisant des chevaux, bœufs, vaches ou autres animaux à l'abreuvoir, de ne les mener qu'au pas et en laisse. *(Arrêté du* 18 *mars* 1834, *art.* 7).

§ 3. COUPEURS DE BOIS.

1. A compter du 1er octobre prochain, il est expressément défendu de couper à coups de hache le bois à brûler dans les rues et sur les places de la ville ; les personnes qui en font profession ne pourront se servir que d'une scie pour le réduire.

2. L'Administration invite les coupeurs de bois à remettre les haches dont ils sont détenteurs, au bureau de la police, à la Mairie, et les prévient qu'en échange de cette hache, il leur sera donné une somme égale à sa valeur, afin qu'ils ne soient pas lésés dans leurs intérêts par cette mesure.

3. En se présentant au bureau de la police pour faire la remise de leur hache, les coupeurs de bois devront justifier de leur profession par une attestation récemment délivrée par leur ilier et visée par un de MM. les Commissaires de police.

4. Le bureau du dépôt des haches sera ouvert à compter du 1er octobre prochain jusqu'au 31 du même mois, depuis onze heures jusqu'à midi. Les coupeurs de bois pourront, durant cette période, faire la remise des haches qu'ils ont en leur pouvoir, et recevoir en échange l'indemnité

qui sera fixée par M. l'Architecte de la ville, en représentation de la valeur de la hache remise.

5. Et au moyen des dispositions qui précèdent, toute personne qui, à compter de ladite époque du 1er octobre 1834, sera trouvée coupant du bois avec sa hache dans les rues de la ville ou sur les places, sera déclarée en contravention à la prohibition énoncée en l'article 1er du présent arrêté, et poursuivie comme telle devant les Tribunaux compétens.

6. Il est expressément défendu aux scieurs de bois, et à ceux qui le transportent dans les domiciles, d'entrer dans les maisons sans y être appelés par les propriétaires. Défense leur est également faite de toucher au bois sans avoir reçu l'ordre de l'acheteur, et de s'imposer ainsi aux particuliers, qui sont libres de faire faire leur travail par qui bon leur semble. *(Arrêté du 5 septembre* 1834).

§ 4. EXPOSITION D'OBJETS SUR LES FENÊTRES.

Il est expressément défendu à toutes personnes de placer sur les fenêtres des maisons, des vases de fleurs, des pots, des cages, et en général tout autres objets dont la chute pourrait être dangereuse, à moins que lesdites fenêtres ne soient fermées par des balcons. — Il est défendu de placer aucun des susdits objets sur les saillies des façades extérieures des maisons, et de suspendre des cages sur le mur extérieur donnant sur la rue. *(Arrêté du 28 juillet* 1819).

6

§ 5. FOURNIERS, BOULANGERS.

Les boulangers et fourniers sont obligés., lorsqu'ils montent ou descendent le bois ou les fagots destinés au chauffage de leurs fours , de faire tenir un préposé pour avertir les passans.

Il leur est défendu de porter dans les rues , pendant la nuit, leurs tables de pain , sans être munis d'une lanterne éclairée. *(Art.* 20 *de l'Arrêté du* 21 *fructidor an* 11 *).*

§ 6. FEUX D'ARTIFICE (a).

Il est expressément défendu de tirer des coups de fusil ou autres armes à feu , non plus que des fusées , petards , boîtes , bombes , ou autres pièces d'artifices , soit dans les rues , promenades , places publiques , cours et jardins , soit par les fenêtres des maisons. *(Arrêté du* 9 *mai* 1823 , *art.* 5*).*

§ 7. JEUX.

Il est défendu de jouer au ballon , à la paume , au mail ; à la boule et autres jeux de ce genre, dans les rues , places et promenades publiques , et de lancer des pierres avec des frondes ou autrement. *(Arrêté du* 21 *fructidor an* 11 , *art.* 24*).*

§ 8. MARÉCHAUX-FERRANS.

Les fosses ou autres ouvertures de quelque

(a) Voyez chap. 3 , sect. 1 , § 2.

nature qu'elles soient, actuellement existantes dans diverses rues de la ville et des faubourgs, seront fermées dans le délai de vingt-quatre heures, à dater de la publication du présent arrêté, aux dépens des habitans qui en ont joui jusqu'à ce jour.

Il est expressément défendu aux maréchaux-ferrans, aux charrons et à tous autres artisans de pratiquer des ouvertures quelconques sur la voie publique. *(Arrêté du 5 novembre 1814).*

§ 9. VOITURES (Circulation des).

1. Il est enjoint à tous cochers de ne conduire leurs chevaux qu'au *petit trot* dans les rues, sur les boulevards et dans les faubourgs de la ville.— Aucune voiture ne peut circuler dans la ville, sur les boulevards ou dans les faubourgs, durant la nuit, même pendant le clair de lune, sans être garnie de deux lanternes, qui devront être éclairées au coucher du soleil.

2. Il est enjoint aux conducteurs de chariots, camions ou charrettes quelconques attelées d'un seul collier, de ne les mener qu'au pas dans les rues, sur les boulevards et dans les faubourgs de la ville.

3. Les rouliers, charretiers, conducteurs de voitures quelconques ou de bêtes de charge, doivent se tenir constamment à portée de leurs chevaux, bêtes de trait ou de charge et de leurs voitures, et être en état de les guider et de les

conduire. Il est expressément défendu aux rouliers et charretiers de monter sur leurs charrettes ;
cette défense est applicable notamment aux facteurs de diligences. Sous aucun prétexte, ils ne
doivent jamais abandonner les rênes de leurs
chevaux.

4. Dans quelque lieu que les voitures soient
arrêtées, soit sur les places publiques, soit dans
les rues de la ville et des faubourgs, les cochers
doivent se tenir constamment sur leur siége, et
il leur est interdit d'en descendre sous aucun
prétexte, ni de quitter les rênes de leurs chevaux.

5. Les cochers conduisant des voitures au spectacle, doivent stationner sur le côté de la place
où est situé le café, de manière toutefois à ne
point gêner l'entrée de cet établissement. — A la
sortie du spectacle, les voitures ne pourront s'approcher qu'à la file, et devront s'arrêter devant
la porte attenant au café, sans la dépasser ; les
deux autres étant réservées pour les personnes
allant à pied. Les cochers ne pourront, sous aucun
prétexte, rompre le rang.

6. Les mesures d'ordre prescrites par l'article
précédent seront observées, autant que faire se
pourra, partout où de nombreuses réunions publiques ou particulières amèneront un concours de
voitures. Les cochers devront, à cet effet, se
conformer aux prescriptions des sergens de ville,
chargés de faire observer les règlemens de police
en cette matière. *(Arrêté du* 18 *mars* 1834 *).*

SECTION II.

MESURES RELATIVES A LA COMMODITÉ DU PASSAGE
DANS LES RUES.

---

§ 1. BOIS DE CHAUFFAGE. — FAGOTS.

Bois. 1. Tous conducteurs de voitures chargées
de bois à brûler et autres combustibles destinés à
l'approvisionnement de la ville , seront tenus , à
leur arrivée , de stationner sur la place de la
Saunerie (a) jusqu'à la vente , et il leur est expressément défendu de circuler dans l'intérieur de la
ville avec leurs charrettes , si ce n'est pour se
rendre au domicile de l'acheteur , qu'ils seront
tenus de désigner sur la réquisition de tout agent
de police ou préposé de l'Administration. Il est
entendu que si avant d'arriver au marché, le bois
était vendu , il pourrait être conduit directement
au domicile de l'acheteur , sauf l'obligation de le
désigner. *(Art. 23 de l'Arrêté du 21 mars 1832,
approuvé par le Préfet).*

2. Il est expressément défendu aux charretiers ,
conducteurs de voitures portant du bois à brûler ,
ainsi qu'aux scieurs , de déposer du bois sur la
voie publique , de manière à intercepter la communication : la moitié de la rue seulement pourra
être prise pour le dépôt momentané du bois et le
sciage. *(Arrêté du 5 septembre 1834 , art. 7).*

(a) Voyez *Halles et Marchés.* — Marché-au-Bois, chap. 7,
sect. 2, § 6.

Fagots. 1. A compter du 1er février 1822, les charrettes chargées de fagots pour le service des fours de la boulangerie, s'arrêteront aux portes de la ville, sur les places ou vacans qui les précèdent. Les charretiers y déchargeront tous les fagots qui, par la manière dont ils sont ordinairement placés, dépassent les moyeux des charrettes. — Ils auront soin d'arranger les fagots qu'ils laisseront sur les places ou vacans, de manière que la voie publique ne soit pas embarrassée.

2. Lorsque cette première opération sera faite, ils conduiront avec leur charrette, devant la porte des fourniers et des boulangers, une partie des fagots qui leur sont destinés, en observant que cette quantité ne puisse dépasser les moyeux de la charrette et ne soit point dans le cas d'incommoder les habitans, ni de gêner la voie publique, et de leur côté, les fourniers et les boulangers feront enlever, à l'instant même, lesdits fagots, et les placeront dans leurs maisons, sans qu'il leur soit permis de les déposer sur la voie publique.

3. Immédiatement après que les charretiers auront fait ce premier voyage, ils retourneront aux portes de la ville pour prendre les autres fagots et les porter à leur destination, et feront pour cela autant de voyages qu'il sera nécessaire, en se conformant toujours aux conditions prescrites par l'article précédent, et de manière à ce que la libre circulation des rues, même les plus étroites, ne soit point interceptée.

4. Si les fourniers et les boulangers sont logés

dans des rues où l'on ne pourrait décharger lesdits fagots sans trop gêner la voie publique, les charretiers s'arrêteront sur les places ou dans les rues voisines les plus larges , et les fourniers et les boulangers seront tenus de faire enlever à leurs frais les fagots qui leur sont destinés.

5. Les personnes qui sont logées dans des rues étroites, et qui par conséquent sont plus exposées que les autres à souffrir des contraventions qui pourraient être faites au présent arrêté , sont invitées à les faire connaître à la Mairie , afin qu'elle puisse faire punir les délinquans.

6. Les propriétaires des charrettes portant des fagots sont civilement responsables des condamnations prononcées contre leurs agens , ainsi que des dommages auxquels ils auront donné lieu.

7. Un exemplaire du présent sera envoyé aux Maires des communes de Fabrègues , Saint-Gély , Les Matelles , Montferrier , Vailhauqués, Murles , Combaillaux , Saint-Vincent-de-Barbeyrargues, Montarnaud et Castries , afin qu'ils puissent en donner connaissance aux particuliers qui fournissent les fagots destinés à la consommation de la ville. *(Arrêté du 23 janvier 1822 , approuvé par le Préfet , le 24 du même mois).*

§ 2. CORDIERS.

Il est expressément défendu aux fabricans de cordes de placer leurs ateliers dans les rues, places , boulevards et chemins communaux. Cette défense générale s'applique particulièrement aux chemins ou rues longeant les promenades basses du Peyrou. — Toutes autorisations données précédemment par l'Autorité municipale aux fabricans de cordes de placer leurs ateliers, soit sous les promenades basses du Peyrou, au nord, ou au midi, soit partout ailleurs sur la voie publique, sont et demeurent révoquées. *(Arrêté du* 13 *mars* 1835*)*.

§ 3. DÉPOTS DE MATÉRIAUX SUR LA VOIE PUBLIQUE.

1. Il est défendu de placer dans les rues aucunes grosses pierres, ruines, décombres, etc., ni rien qui puisse embarrasser ou encombrer la voie publique.

2. Les architectes, maçons, charpentiers et autres entrepreneurs de constructions ou bâtimens, sont tenus, 1º à mesure de la démolition ou de l'apport des matériaux, de les faire ranger sur une même ligne du côté de la maison qu'ils construisent ou réparent, de manière que la moitié de la rue reste libre; 2º de faire éclairer pendant la nuit les rues ou places dans lesquelles ils auraient fait mettre des matériaux; 3º de faire enlever au plus tard dans les vingt-quatre heures, et porter aux endroits indiqués, les terres, décombres, vieux plâtres et autres ruines provenant des démolitions; 4º de faire place nette dès l'achèvement des bâtimens, d'emporter dans les trois jours, au plus tard, les pierres et matériaux restans, et de paver à leurs frais les rues ou places sur lesquelles ils ont entreposé les matériaux ou taillé les pierres.

En cas de négligence de leur part, il sera pourvu
par le Maire à l'enlèvement des pierres, matériaux
ou décombres aux frais des propriétaires ou entrepreneurs, sans préjudice des poursuites devant
les Tribunaux compétens. *(Arrêté du* 21 *fructidor
an* 11, *art.* 25 *et* 26*)*.

3. Il est défendu à toute personne, et notamment aux maçons, plâtriers et entrepreneurs, conducteurs de charrettes ou tombereaux, de déposer
dans les rues de la ville, sur les chemins communaux et sur les boulevards, les décombres provenant des démolitions et reconstructions de bâtimens.
(Art. 1er *de l'Arrêté du* 6 *décembre* 1832*)*.

4. Ces décombres devront être par eux déposés
aux lieux qui leur seront désignés par l'inspecteur
de la petite voirie (a). *(Art.* 2 *idem)*.

5. Et afin qu'aucun des contrevenans ne puisse
se soustraire à l'exécution des dispositions ci-dessus,
ou aux poursuites auxquelles toute inobservation
de leur part donnerait lieu, chaque tombereau ou
charrette, faisant le transport des décombres, devra
avoir sur l'un de ses brancards une plaque en fer
blanc, portant les noms et prénoms du propriétaire.
(Art. 3 *idem)*.

§ 4. ÉTAUX. — ÉTALAGES.

1. Les marchands de toute espèce de marchandise ou denrée ne peuvent les étaler sur les
bancs de pierre ou de bois, mobiles ou immobiles,

(a) Aujourd'hui par le Commissaire-voyer.

qui avancent dans les rues au-devant de leurs maisons. Cet étalage ne peut outre-passer la fermeture de leurs boutiques ou magasins. — Les particuliers qui ont obtenu des permissions pour placer ou faire placer devant leurs maisons des étaux fixes ou mobiles, des bancs portatifs, et enfin tous objets servant à l'étalage et à la vente des fruits, légumes ou denrées quelconques, doivent chaque année, avant le 10 vendémiaire (1er octobre), faire renouveler ces permissions et s'adresser au Maire, qui n'en délivrera qu'à ceux qui se seront renfermés strictement dans les limites fixées par les permissions précédemment accordées. Ces permissions indiqueront d'une manière précise l'espace que lesdits étaux ou bancs peuvent occuper sur la rue et le temps pour lequel elles sont accordées. *(Arrêté du 21 fructidor an 11, art. 27).*

2. Les étaux existans et autorisés continueront à être occupés comme par le passé, jusqu'à disposition à ce contraire (a). *(Article 1er de l'Arrêté du 8 août 1823).* — Les propriétaires des maisons situées autour des halles de la Poissonnerie, Place-Verte et Halle-Neuve, continueront à louer le devant de leurs portes et magasins aux revendeurs et revendeuses, mais seulement pour étaler les marchandises sur les bancs attenant auxdites maisons et le long des murs, non autrement, et

_____

(a) Voyez l'art. 28 du règlement sur les halles et marchés, qui prohibe la vente sur étau sans autorisation préalable, chap. 7, sect. 2, § 9, p. 145.

dans aucune autre place en avant desdites maisons, que celles établies par les limites déjà posées, de manière que la Halle offre un libre passage à tous ceux que leurs affaires ou leur industrie y attirent journellement, ainsi qu'à ceux qui ont à y passer (a). *(Art. 2 idem)*.

4. Comme, à la circulation journalière des charrettes pour l'approvisionnement de la ville, vient se joindre tous les jours un passage continuel de voitures fort en usage aujourd'hui, d'après l'art. 4 de l'arrêté de la Mairie, du 26 septembre 1808, dans les autres rues ou passages, l'étalage devant les boutiques ne pourra, dans aucun cas, dépasser le parement extérieur des façades des maisons (b). *(Art. 3 idem)*.

5. Tout étalage sur la voie publique est rigoureusement interdit, conformément au désir exprimé par le Conseil municipal, dans sa délibération du 4 mai dernier, laquelle a été approuvée par le Préfet. D'après cette décision, tout individu qui se permettra d'étaler dans les rues pour le débit d'une marchandise ou denrée quelconque, sera déclaré en état de contravention aux lois et règlemens sur la petite voirie, et poursuivi, pour ce fait, devant les Tribunaux compétens.

Les places Louis XVI (Marché-aux-Fleurs),

(a) Voyez les articles 4 et 12 du règlement sur les halles et marchés, chap. 7, sect. 2, § 1 et 3.

(b) Voyez l'article 17 du règlement sur la petite voirie, chap. 8, sect. 1re, § 8.

Petit-Scel et Chapelle-Neuve, étant affectées à l'établissement des étaux de tout genre , les personnes
dépourvues de boutiques ou d'un local favorable
à leur industrie , pourront choisir entre ces trois
places et s'entendre avec le fermier pour le prix
de location du terrain qu'elles voudront occuper,
(Arrêté du 27 décembre 1827*).*

§ 5. OUVRIERS TRAVAILLANT SUR LA VOIE PUBLIQUE.

1. Il est défendu aux tapissiers , cardeurs ,
matelassiers , etc., de carder dans les rues le crin
et la laine , et d'y faire des matelas et autres
ouvrages.

Aux menuisiers, charpentiers, serruriers et chaudronniers de travailler dans les rues et d'y entreposer des bancs , des pièces de fer ou de bois ,
sauf à eux, en cas de confection d'ouvrages qui
exigeraient un local plus vaste que celui qu'ils
occupent , à obtenir du Maire la permission de
travailler dans les places les plus voisines de
leur domicile. Cette autorisation sera donnée par
écrit, et indiquera la nature de l'ouvrage, l'espace
de terrain à occuper et la durée de la permission.

Aux tonneliers , de faire dans les rues aucun
ouvrage. Ils pourront y réparer les tonneaux et
cornues depuis le 15 fructidor (1er septembre),
jusqu'au 5 brumaire (28 octobre) seulement , à la
charge de ne commencer leur travail qu'après sept
heures du matin , et de placer leurs ouvrages de
manière à ne point porter préjudice aux voisins ni
embarrasser la voie publique.

Aux selliers et carrossiers de laisser dans les rues des voitures, sous prétexte de les raccommoder et d'étaler leurs ouvrages au-devant de leurs boutiques, de manière à incommoder les voisins ou gêner la voie publique.

Aux boulangers, fourniers, pâtissiers et autres, de laisser adosser aux murs de leurs maisons des fagots ou du bois. *(Arrêté du 21 fructidor an 11, art 28).*

§ 6. RÉUNIONS DE PAYSANS SUR LA PLACE DE LA LOGE.

Loi du 24 août 1790, tit. XI, art. 3. — Loi du 22 juillet 1971, tit. 1, art. 46.

1. Il est défendu à toute personne, et notamment aux habitans des campagnes et villages voisins de la ville, de se réunir le dimanche sur la place de l'Ancienne-Bourse, dite de la Loge.

2. Les personnes que l'habitude amènerait sur cette place, seront invitées d'abord à se rendre au Marché-aux-Fleurs (place ci-devant des Capucins), où leur réunion sera tolérée, et, faute par elles de se conformer à ladite invitation, il sera pris envers les contrevenans les mesures autorisées par les lois. *(Arrêté du 12 avril 1832).*

§ 7. TENTES.

Tous les baldaquins dits *tentes*, hissés dans les rues, seront fixés à la hauteur de 4 mètres 60 centimètres. *(Arrêté du 21 août 1824).*

§ 8. TROTTOIRS LATÉRAUX A LA ROUTE DE CASTELNAU (a).

Les personnes voyageant ou promenant à pied peuvent seules passer sur les trottoirs établis latéralement à la route de Castelnau, à partir du rond-point du Clos-de-Mascle, jusqu'au Pont neuf.

En conséquence, il est défendu à toute personne d'y passer à cheval, ou montée sur tout autre bête de somme ; comme aussi d'y faire ou laisser passer des chevaux, mules ou ânes non montés, et aucune espèce de bestiaux. *(Arrêté du 16 mai 1836.)*

§ 9. VOITURES. — CHARRETTES. (STATIONNEMENT DES)

Loi du 24 août 1790, tit. XI, art. 3, n° 1. — Loi du 19-22 juillet 1791, art. 46. — Code pénal, art. 471, n°s 4 et 15.

1. Il est défendu de laisser, soit de nuit, soit de jour, des charrettes ou voitures non attelées, chargées ou vides, sur les boulevards, places et rues de la ville et des faubourgs.

2. Les voitures et charrettes chargées arrivant de dehors, ne pourront stationner sur la voie publique que pendant le temps nécessaire pour leur déchargement ; elles devront être déchargées immédiatement après leur arrivée et sans dételer, après quoi elles devront être remisées.

(a) Ces trottoirs, dont la largeur a été fixée à 2 mètres, sont la propriété de la ville. L'acquisition en a été faite par acte du 14 mars 1835, en vertu d'une délibération du Conseil municipal, du 10 du même mois.

3. Il en sera de même pour les voitures et charrettes partant de la ville ; elles ne pourront stationner sur les boulevards, places et rues, que pour être chargées et leurs chevaux y étant attelés.

4. Néanmoins, lorsque les circonstances exigeront que le chargement soit fait la veille du départ, et que la nature du chargement ne permettra pas de remiser les charrettes, le voiturier pourra être autorisé, sur sa demande, à la laisser ainsi chargée jusqu'au lendemain matin sur la voie publique. — Cette autorisation sera donnée par le Commissaire de police du quartier, qui devra veiller à ce que la charrette soit placée de manière à ne pas gêner la circulation.

5. Les charrettes ou voitures qui seront trouvées sur la voie publique en contravention aux dispositions qui précèdent, seront conduites aux frais du contrevenant, soit dans la première remise, soit, au besoin, sur la place de l'Hôtel-de-ville, et ne seront rendues aux voituriers qu'après qu'ils auront satisfait aux condamnations par eux encourues, ou qu'ils auront fourni des garanties suffisantes pour assurer le paiement. *(Arrêté du 20 novembre 1834).*

6. A compter du 15 de ce mois, il est défendu de laisser stationner des voitures et des charrettes sur la place Saint-Côme, qu'elles soient attelées ou non, sauf les exceptions ci-après : — Les voitures et charrettes attachées au service de Cette et de Lunel, ou autres services publics, ne

pourront stationner qu'une demi-heure avant leur départ et une demi-heure après leur arrivée, les chevaux attelés. *(Arrêté du 12 septembre 1834, articles 1 et 2).*

SECTION III.

MESURES RELATIVES A LA PROPRETÉ DES RUES.

Loi du 24 août 1790, tit. XI, art. 3. — Loi du 22 juillet 1791, tit. I, art. 46. — Loi du 5 brumaire an 9. — Art. 471 du Cod. pén.

---

§ 1. MESURES GÉNÉRALES.

1. Il est défendu à toutes personnes de faire des ordures, soit de jour, soit de nuit, dans les rues, ruelles, places, impasses et promenades de la ville et des faubourgs. — Il est également défendu à toute personne d'uriner ailleurs que dans les pissoirs établis. — Les contrevenans seront rigoureusement poursuivis devant le Tribunal de simple police, et sur la réquisition qui leur en sera faite par les sergens de ville, ils seront tenus de se rendre immédiatement à la Maison-commune, pour y déclarer leurs noms, profession et domicile. *(Art. 1er des Arrêtés du 7 août 1832 et du 18 mars 1834).*

2. Les pères seront responsables des contraventions commises par leurs enfans, et les maîtres de celles commises par leurs ouvriers ou domestiques. *(Art. 2 de l'Arrêté du 7 avril 1832).*

3. Il est défendu de jeter dans les rues, ruelles

et impasses de la ville et des faubourgs, aucunes
ordures, balayures, immondices, urines, ni même
de l'eau, et généralement tous objets susceptibles
d'embarrasser ou de salir la voie publique. *(Art.
3 idem)*.

4. Depuis le point du jour jusqu'à neuf heures
du matin, les habitans devront déposer au milieu
de la rue et amonceler au-devant de leurs maisons,
les balayures et immondices qui peuvent être em-
portées, afin que les balayeurs puissent les enlever
à leur passage. — Après neuf heures du matin, et
jusqu'au lendemain au point du jour, les habitans
ne pourront plus déposer les balayures sur la voie
publique. Ils devront les remettre aux balayeurs à
leur passage, ou les garder dans l'intérieur de
leurs maisons jusqu'au lendemain matin. *(Art. 3
idem et Arrêté du 2 juin 1836)*.

5. Les excrémens et urines ne pourront être
déposés ni répandus sur la voie publique. Les propriétaires et locataires des maisons situées dans les
rues.où il n'existe pas d'égout, devront verser les
excrémens et les urines dans les tombereaux qui sont
établis à cet effet, et qui circulent principalement
dans lesdites rues. *(Art. 3 de l'Arr. du 7 avril 1832)*.

6. Lorsqu'il y aura plusieurs locataires dans une
même maison, et que le contrevenant aux dispositions de l'article précédent ne sera pas connu, ils
seront tous responsables et ne seront déchargés
des poursuites dirigées contre eux solidairement,
qu'autant qu'ils auront fait connaitre le contrevenant. *(Art. 4 idem)*.

7. Les propriétaires ou principaux locataires des maisons de la ville et des faubourgs, occupant des rez-de-chaussée, sont tenus d'arroser et balayer ou de faire arroser et balayer, chaque jour, la partie de la rue qui longe la façade des maisons qu'ils occupent. Ils doivent balayer ou faire balayer depuis le mur de leurs maisons jusqu'au milieu de la rue, et y amonceler les immondices, balayures et boues, et ce, avant neuf heures du matin, comme il a été dit ci-dessus. *(Art. 5 idem)*.

8. Les mêmes obligations sont imposées à tous concierges ou portiers des établissemens publics, relativement à la partie de la rue longeant la façade des bâtimens qui en dépendent. *(Art. 6 idem)*.

9. L'injonction faite aux sergens de ville de parcourir les rues pour assurer l'exécution des dispositions qui précèdent est, en tant que de besoin, renouvelée, afin qu'ils s'y conforment avec exactitude ; et comme par le passé, afin que les habitans soient journellement rappelés à l'exécution desdites obligations, les sergens de ville sonneront la cloche dans leur quartier respectif, dès sept heures du matin, depuis le 1er avril jusqu'au 30 septembre; et à huit heures, depuis le 1er octobre jusqu'au 31 mars. *(Art. 7 idem)*.

10. Les fermiers des Halles et Marchés seront tenus de faire enlever les ordures, balayures, fumiers, résidus et débris de toute espèce qui pourront s'y trouver, et ce, deux fois par jour au moins, à midi et le soir, le tout sans préjudice de l'exécution des mesures d'assainissement que

leur impose notre Arrêté sur les Halles et Marchés, en date du 21 mars 1832 (a). *(Art.* 10 *idem)*.

11. Il est expressément défendu de laver du linge, voitures et autres objets, soit autour des fontaines, soit dans les rues et places de la ville. *(Art.* 11 *id.)*

12. Les tuyaux de descente apposés sur la façade des maisons n'étant destinés qu'à l'écoulement des eaux pluviales, il est défendu d'y faire déverser les eaux sales et menagères ou autres provenant de l'intérieur des maisons. *(Art.* 12 *idem)*.

13. Il est défendu, 1° aux serruriers, maréchaux, couteliers et taillandiers, de jeter ni d'amonceler dans les rues les restes du charbon de pierre qu'ils tirent de leurs forges; ils doivent les faire emporter hors de la ville, au lieu qui leur sera indiqué par l'inspecteur de la petite voirie;

2° Aux hôtes, rôtisseurs et cabaretiers, de déposer dans les rues aucunes plumes, tripailles ni vidanges, provenant de leur métier; à l'égard des écailles d'huîtres, ils sont tenus de les faire transporter hors de la ville et à leurs frais;

3° Aux cafetiers, limonadiers, liquoristes et pharmaciens, de déposer dans les rues aucuns ingrédiens ou immondices provenant de leurs décoctions, compositions ou préparations;

4° Aux perruquiers, barbiers et coiffeurs, d'y déposer aucuns restes de cheveux ou vieilles perruques, ni d'y répandre l'eau qui a servi à faire la barbe;

(a) Voyez *Halles et Marchés*, chap. 7, sect. 2.

5ª Aux marchandes de morue, de répandre, sur la voie publique, l'eau dans laquelle elles l'auront détrempée ; elles devront verser les eaux dans les égouts de la ville ;

6º Aux revendeuses de fruits, herbages et autres denrées, de déposer dans les rues les restes de leur débit ;

7º Aux bouchers et bouchères, de jeter ou déposer sur la voie publique les fressures, raclures de tripes et boyaux et autres ordures provenant de leur industrie ;

8º A toute personne, d'y déposer des bêtes mortes ;

9º A celles qui font des vers à soie, d'y entreposer les restes des feuilles.

Tous les objets, immondices et résidus dont le dépôt sur la voie publique est interdit par le présent article, devront être remis aux balayeurs, qui seront tenus de les emporter, et afin que les habitans soient avertis de leur passage, les balayeurs devront toujours avoir une sonnette suspendue au collier de leurs bêtes. *(Art.* 14 *idem).*

§ 2. FERMIER DES BALAYURES. — BALAYEURS DE RUES.

1. Le fermier jouira exclusivement du droit de faire enlever, dans les rues, ruelles, impasses, faubourgs et places de la ville, les boues, fumiers, balayures et immondices. Toute personne qui s'immiscera dans l'exercice de ce droit, sera, outre

la saisie provisoire des bêtes à bât, tombereaux et ustensiles quelconques, dont elle aura fait usage, poursuivie devant les Tribunaux compétens, à la diligence de l'Administration ou à celle du fermier, qui pourra demander tels dommages que de droit. *(Art. 5 du cahier des charges du bail à ferme des balayures, du 4 janvier 1836, conforme à l'art. 18 de l'Arrêté du 7 avril 1832).*

2. Le fermier devra faire balayer et enlever les ordures, balayures, boues, fumiers et immondices de la ville et des faubourgs, de manière à ce que les rues, ruelles, places et impasses en dépendant, soient dans un état continuel de propreté. — Les balayeurs devront passer chaque jour, avant dix heures du matin, dans toutes les rues, afin qu'à cette heure la ville soit entièrement propre et balayée. *(Art. 6 du cahier des charges précité, et art. 19, § 1, de l'arrêté sus-énoncé).*

3. Le fermier fera enlever aussi les pierres mouvantes, la vaisselle cassée, le verre brisé, et généralement tous les objets de ce genre qui embarrasseraient la voie publique, autres néanmoins que les pierres, ruines et décombres en tas, provenant des démolitions, constructions et reconstructions de bâtimens, dont l'enlèvement et le transport sont à la charge des maçons, plâtriers ou entrepreneurs. *(Art. 7 id. et art. 19 id.)*

4. Le fermier devra aussi faire enlever les neiges et glaces, et les faire transporter aux endroits qui lui seront désignés par l'administration. *(Art. 8 du cahier des charges).*

5. Toutes les fois que le fermier contreviendra à l'une des dispositions contenues dans les articles 6, 7 et 8 du présent cahier des charges, soit parce que les rues, places ou impasses seraient trouvées en état de mal-propreté ; soit parce qu'il n'aurait pas fait enlever les pierres mouvantes, la vaisselle cassée, le verre brisé ; soit, enfin, parce qu'il aurait refusé ou négligé d'enlever les neiges et glaces, la Mairie y pourvoira immédiatement aux frais du fermier, sans préjudice des poursuites qui seront dirigées contre les balayeurs devant le Tribunal de police municipale. Le fermier ne sera, dans tous les cas, appelé devant le Tribunal que comme civilement responsable du fait des balayeurs, qui seuls seront passibles des peines que la loi prononce. *(Art. 9 id.)* Le fumier appartiendra aux personnes qui auront été chargées du balayage, par ordre de l'Administration. *(Art. 21 de l'Arr. du 7 avril 1832)*.

6. Les jours de dimanche et fête, les balayeurs ne pourront circuler dans les rues après dix heures du matin ; ils devront à cette heure avoir enlevé toutes les balayures et immondices de la ville. *(Art. 10 du cahier des charges, et 20 de l'arrêté du 7 avril 1832)*.

7. Pour l'enlèvement des boues, balayures et immondices, le fermier employera des tombereaux bien fermés de tous les côtés, afin que les boues et balayures ne puissent se répandre dans le transport. Dans les rues étroites où les tombereaux ne pourront passer, le fermier se servira de bêtes à bât. Les corbeilles des bêtes à bât devront être

grandes et profondes, afin que les ordures ne puissent en ressortir. *(Art.* 11 *du cahier des charges).*

8. Le fermier devra tenir constamment à la disposition de l'Administration, quatre tombereaux et autant de balayeurs, qu'il pourra d'ailleurs employer au balayage des rues. L'Administration pourra faire circuler ces quatre tombereaux partout et quand elle le jugera nécessaire pour la propreté des rues. En cas d'inexécution de la part du fermier, il y sera pourvu à ses frais. *(Art.* 12 *id.)*

9. Il est défendu aux balayeurs de monter sur leurs tombereaux ou sur leurs bêtes. Il leur est enjoint de les suivre et de tenir leurs pelles et balais bas à la main. — Ils ne pourront se servir que de pelles en bois, et devront, dans le balayage, se conformer aux indications qui leur seront données par les agens de l'Administration. *(Art.* 13 *id. et* 23 *de l'arrêté du* 7 *avril* 1832*).*

10. Le fermier devra faire numéroter les tombereaux et bêtes de somme qu'il employera pour l'enlèvement des balayures. — A cet effet, il devra faire poser, soit sur le devant des tombereaux, soit sur le front des bêtes à bât, une plaque uniforme en fer-blanc, sur laquelle sera tracé le numéro d'ordre du balayeur. *(Art.* 14 *du cahier des charges et* 23 *de l'arrêté du* 7 *avril* 1832*).*

11. Le fermier sera également tenu de mettre une sonnette à chaque tombereau et bête à bât employés au balayage. Ces sonnettes devront être conformes au modèle qui restera déposé à la Mairie. *(Art.* 15 *du cah. des ch. et* 14 *de l'arrêté du* 7 *avril* 1832*).*

12. En ce qui concerne l'entrepôt des fumiers, le fermier devra se conformer aux règlemens de police, relatifs à la salubrité publique; et, si les fumiers, balayures et immondices sont déposés dans les jardins ou enclos qui sont en dehors des boulevards de la ville, ils devront être posés dans les parties desdits jardins ou enclos qui seront désignés par l'Administration, comme le plus convenablement situées. *(Art.* 16 *du cahier des charges)*.

13. Il est défendu aux balayeurs d'enlever les terres ou autres matériaux formant le sol des rues ou chemins non pavés. *(Art.* 17 *id)*

14. Le fermier ne pourra faire balayer pendant la nuit. En conséquence, les balayeurs devront rentrer à la chute du jour, et ne pourront reprendre le balayage qu'au lever de l'aurore. *(Art.* 18 *id.)*

15. Le fermier sera tenu de remettre au secrétariat de la Mairie, la liste par ordre de numéro de ses balayeurs, avec l'indication des rues affectées à chacun d'eux; il devra faire connaître successivement tous les changemens qui pourront survenir dans le personnel de ces agens. *(Art.* 20 *id.)*

§ 5. **MESURES PARTICULIÈRES SUR LA PROPRETÉ DU CHAMP-DE-MARS ET DE SES ABORDS.**

Il est défendu à tout individu d'aller déposer ou faire des ordures sur toute l'étendue du champ-de-Mars, autre part que dans les latrines publiques, destinées à cet objet. *(Arrêté du* 31 *août* 1826*)*.

Il est défendu de faire des ordures, soit de jour,

soit de nuit, sur le vacant et dans le bosquet qui sont attenans au café du Pavillon, comme aussi sur le chemin longeant le jeu de ballon. *(Arrêté du 12 août 1835).*

§ 4. **MESURES RELATIVES A LA PROPRETÉ DES IMPASSES OU CULS-DE-SAC** (a).

1. Les culs-de-sac de la ville et des faubourgs seront fermés par des claires-voies au 1er février prochain.

2. Les propriétaires dont les maisons forment les culs-de-sac, se cotiseront entre eux pour payer la dépense relative à la construction des claires-voies ou autres fermetures qu'ils voudront faire.

3. Faute par eux de s'être conformés à l'art. 1er du présent arrêté dans le délai fixé, la Mairie fera construire et poser à leur frais les claires-voies dont s'agit.

4. Les culs-de-sac ou impasses seront fermés tous les soirs à l'entrée de la nuit par les propriétaires, lesquels s'arrangeront entre eux pour que cette précaution soit prise, tous les jours sans aucune interruption. *(Arrêté du 2 janvier 1811).*

_____

(a) Les dispositions contenues dans ce paragraphe n'ont pas seulement pour objet d'assurer la propreté des impasses, elles ont été prises aussi dans l'intérêt de la sûreté des citoyens. Pour les classer suivant l'ordre que nous avions adopté, nous avons dû les considérer sous le premier point de vue, comme prédominant dans les motifs qui ont dicté ces mesures.

CHAPITRE V.

SPECTACLES. — JEUX. — CAFÉS ET AUTRES LIEUX PUBLICS.

SECTION I.

SPECTACLES.

---

§ 1. RÈGLEMENT POUR LE GRAND THÉATRE.

Lois des 24 août 1790 , 19 janvier 1791 , 2 août , 1er septembre 1793. — Arrêté du Directoire du 25 pluviôse an 4. — Décret du 17 frimaire an 14. — Arrêt de la Cour de cassation du 29 mars 1806 , sur la police des spectacles.

1. Il y aura au théâtre, tous les jours de représentation , un Commissaire de police qui sera chargé, d'après les ordres de M. le Maire, de faire exécuter les lois et règlemens de police , et d'y maintenir le bon ordre.

2. Il est défendu au portier de laisser entrer dans la salle aucune personne portant un enfant à la mamelle ; il lui est également défendu de souffrir qu'on y introduise des chaufferettes ni aucun meuble contenant du feu. — Le portier ne laissera entrer aucun chien dans la salle pendant la durée du spectacle.

3. Le concierge et le portier ne laisseront entrer par la petite porte du théâtre que les personnes qui y sont attachées

4. Les billets d'entrée une fois pris , les personnes qui voudraient se retirer avant que la toile soit levée , ne seront admises à en réclamer le montant que dans le seul cas où toutes les places seraient occupées; à la police municipale appartiendra l'appréciation de ce fait.

5. La toile sera levée à l'heure précise annoncée par l'affiche du jour.

6. Les acteurs , actrices , musiciens et autres personnes attachées au service du spectacle , devront être prêts à l'heure ci-dessus indiquée.

7. Les entr'actes ne pourront durer plus d'un quart-d'heure , et l'intervalle d'une pièce à l'autre plus de demi-heure.

8. La loge , dite de la Mairie , est exclusivement affectée à l'Administration et à l'Officier de service (a) ; il y aura toujours un appariteur à la porte de la loge.

9. L'acteur en scène ne pourra , dans aucun cas , adresser la parole au public , à moins qu'il n'en ait obtenu la permission de l'Autorité municipale.

10. L'affiche du jour portera , outre l'annonce des pièces qui doivent être jouées , les noms des artistes qui doivent en remplir les rôles.

11. Le changement d'une pièce annoncée par l'affiche du jour, devra être indiqué par une bande placée sur l'affiche , trois heures au moins avant l'ouverture de la salle.

(a) Aujourd'hui , l'Officier de service a une place réservée aux premières loges , en face de celle de la Mairie.

12. Le Directeur est tenu d'éclairer soigneusement l'intérieur de la salle, les escaliers et les
couloirs ; il devra faire balayer partout chaque
jour, et faire battre, brosser et enlever, aussi
chaque jour, la poussière des bancs et banquettes,
des appuis des loges et galeries.

13. Il est expressément défendu de se placer
debout ou avec des chaises dans les coulisses de
manière à être vu du public, le Régisseur est
responsable de l'exécution de cet article.

14. Il y aura tous les jours de représentation,
et pendant toute la durée du spectacle, trois
pompiers de garde, qui veilleront à ce qu'aucune
matière combustible ne puisse occasioner un incendie ; ils visiteront soigneusement tout le théâtre
après la représentation, pour s'assurer qu'il n'existe
aucun danger.

15. L'Architecte de la ville veillera soigneusement à ce que les pompes à incendie soient en
état ; il les fera essayer toutes les fois qu'il le jugera
nécessaire ; il s'assurera que les cuves soient toujours pleines, que l'eau en soit renouvelée, et que
les paniers soient toujours en état de la contenir.

16. Les spectateurs seront tenus, pendant tout
le temps que la toile sera levée, d'observer le
silence, d'ôter leurs chapeaux, de ne point tourner
le dos au théâtre ; de rester assis au parterre, au
parquet, à la galerie et sur le devant des loges.

17. Les spectateurs ne pourront monter sur les
bancs du parterre, même dans les entr'actes.

18. Il est défendu de rien suspendre au-devant
des loges.

19. Il est défendu à toute personne autre que celles attachées au théâtre , d'y monter avant et pendant les représentations et répétitions.

20. Il est défendu de troubler l'ordre en aucune manière, de rien jeter sur le théâtre, d'interpeller ou adresser la parole aux acteurs lorsqu'ils sont en scène, le tout à peine d'amende , conformément aux lois.

21. A la première représentation d'une pièce, le public pourra, en sifflant , témoigner son mécontentement , mais à la fin de la pièce seulement.

Au début d'un acteur, le public pourra témoigner son mécontentement de la même manière ; mais il ne pourra rejeter un acteur qui aura été agréé dans ses débuts.

22. Aucun billet jeté sur le théâtre ne sera lu, à moins que l'Autorité ne le permette ; le Régisseur ne pourra faire aucune annonce ni parler au public, sans la permission de l'Autorité.

23. Il est défendu de fumer dans la salle , dans les escaliers et corridors , ainsi que dans les vestibules intérieur et extérieur.

24. Il est défendu à tous marchands de comestibles, de fruits , de fleurs , et à tous autres , de se placer dans le vestibule , et de gêner en rien l'entrée ou la sortie des spectateurs. Il est également défendu de vendre des contre-marques ou billets à la porte du vestibule.

25. Les cochers conduisant des voitures au spectacle , doivent stationner sur le côté de la place où est situé le café , de manière toutefois à ne point gêner l'entrée de cet établissement.

A la sortie du spectacle, les voitures ne pourront s'approcher qu'à la file. Elles devront s'arrêter devant la porte attenant au café, sans la
dépasser, les deux autres étant réservées pour
les personnes allant à pied.

Les cochers ne pourront, sous aucun prétexte,
rompre les rangs.

26. Les chaises à porteur seront placées du côté
gauche en entrant, afin que le passage soit entièrement libre.

27. Quiconque aura des plaintes à porter ou
des demandes à faire, s'adressera au Commissaire
de police de service.

28. Dans aucun cas, la force-armée ne sera
introduite dans la salle que sur la réquisition expresse de l'Autorité chargée de la police du spectacle, et ne pourra agir que d'après ses ordres.

29. Les contrevenans aux dispositions du présent arrêté seront punis conformément aux lois.

30. Le présent règlement sera imprimé, publié
et affiché dans les lieux accoutumés de la ville,
et notamment dans le vestibule intérieur de la
salle des spectacles et dans les foyers, afin que
personne ne puisse en prétendre cause d'ignorance.
(*Arrêté du 25 août 1834*).

§ 2. RÈGLEMENT SUR LE SERVICE INTÉRIEUR DE LA SALLE DES SPECTACLES.

Éclairage. 1. L'éclairage doit être entièrement
fait avant l'ouverture des portes.

2. Les quinquets doivent être entièrement garnis

de la quantité d'huile nécessaire pour qu'ils puissent durer jusqu'à la fin de la représentation.

3. Ils doivent être dans un état continuel de propreté et les réflecteurs conserver leur brillant. Ils seront nettoyés et passés au blanc chaque jour.

4. Le préposé de l'éclairage ne peut quitter le théâtre pendant toute la durée du spectacle, afin d'être toujours prêt à remédier aux accidens qui pourraient survenir pendant la représentation.

5. Il est continuellement aux ordres de l'Autorité, qui délègue l'Architecte de la ville pour faire exécuter le présent règlement.

6. Les lumières des corridors, vestibules, escaliers de la salle, comme le lustre, ne peuvent être éteints qu'après l'entière évacuation de la salle par le public.

7. L'entrepreneur ne peut fournir d'autres huiles que des huiles végétales épurées.

8. Si l'entrepreneur de l'éclairage ne remplit pas exactement ses devoirs et ses obligations, il sera pourvu à son remplacement sur l'ordre qui en sera donné par l'Autorité.

Garçons de théâtre. 9. Les garçons de théâtre sont toujours à la disposition de l'Administration, pour tous les services que réclame l'exploitation du théâtre.

10. Ils sont tenus, 1° de balayer, tous les jours, les vestibules, la salle de concert, le foyer public, les escaliers, les couloirs, les loges et le parquet de la salle, le plancher du théâtre, les loges d'acteurs et corridors, enfin, toutes les dépendances

de la salle de spectacle ; avant de balayer, ils devront arroser ; 2° les banquettes et appuis des loges et des galeries seront brossés et épousetés ; 3° ils doivent chaque jour nettoyer les lieux d'aisance du théâtre , ceux des troisièmes et quatrièmes loges. Quant aux lieux d'aisance des premières, la personne préposée à leur surveillance les tiendra constamment en état de propreté.

11. Aussitôt que le lustre est allumé, ou lorsque le public a évacué la salle, les garçons lèvent ou baissent le lustre sur un signal donné par le préposé à l'éclairage ou son délégué. Il leur est expressément défendu de hâter l'extinction des lumières , sous prétexte qu'il est tard. Ils doivent attendre pour se retirer que le concierge ait fait la visite du théâtre.

12. Lors du balayage de la scène , le rideau doit toujours être baissé , afin d'éviter la poussière dans la salle.

13. Les préposés à l'éclairage, chargés d'allumer les lampes de l'intérieur du théâtre et celles des coulisses, doivent avoir devant eux un tablier pour essuyer leurs mains , afin d'éviter de les essuyer aux chassis des décorations.

14. Tout dommage , arrivé aux décors par la négligence ou par la faute des garçons de théâtre, sera supporté par eux.

15. Tout garçon de théâtre qui sera trouvé en état d'ivresse, sera renvoyé sur-le-champ.

16. Une fois le rideau levé, les garçons ne peuvent plus, sous quelque prétexte que ce soit, s'ab-

senter du théâtre. Le concierge est spécialement chargé de les surveiller et d'en faire immédiatement son rapport à l'Architecte de la ville.

17. En cas de négligence ou de faute grave, les garçons de théâtre seront renvoyés sur l'ordre qui en sera donné par l'Autorité.

Des Pompiers. 18. Les pompiers attachés au service du théâtre, sont sous la surveillance immédiate de l'Architecte de la ville.

19. Les pompiers doivent tenir les cuves toujours remplies d'eau, surveiller les pompes et les paniers, et veiller à ce que le matériel soit toujours dégagé de tout embarras, afin qu'ils puissent s'en servir sans le moindre retard en cas de besoin.

20. Les trois pompiers de service au théâtre, doivent y rester constamment pendant toute la durée de la représentation, en se plaçant toutefois de manière à ne pas embarrasser le service du théâtre, et ne pas gêner l'entrée ou la sortie des acteurs.

21. En cas de faute ou de négligence, les pompiers seront punis, sur le rapport de l'Architecte, d'une amende de 50ᶜ· à 3ᶠ·, suivant la gravité de la faute.

22. M. l'Architecte de la ville est chargé de l'exécution du présent règlement. Il donnera des ordres, en conséquence, au surveillant des eaux de la ville, chargé spécialement de veiller à ce que le service des pompiers soit fait avec exactitude. *(Arrêté du 29 août 1834).*

SECTION II.

JEUX. — LOTERIES.

—

§ 1. MAISONS DE JEU.

Lois des 24 août 1790 , art. 3. , n° 3, tit. XI; 22 juillet 1791 , art.
9, 10 et 46. — Code pénal, art. 410, 471 , n° 15 , et 474.

1. Conformément à l'article 410 du Code pénal,
il est expressément défendu de tenir des maisons
de jeu de hasard. Ceux qui, au mépris de cette
disposition, auront tenu de semblables établissemens, et y auront admis le public, soit librement,
soit sur la présentation des intéressés ou affiliés,
les banquiers, administrateurs, préposés ou agens
de ces maisons, seront punis d'un emprisonnement
de deux mois à six mois, et d'une amende de 100 f·
à 6000 f·, sans préjudice de la confiscation de tous
les fonds et effets qui seront exposés au jeu; des
meubles , instrumens , ustensiles , appareils employés ou destinés au service des jeux; des meubles
et effets mobiliers, dont les lieux seront garnis ou
décorés ; comme aussi de l'interdiction pendant
cinq ans au moins , des droits mentionnés en l'art.
42 du Code pénal.

2. Toute maison de jeu dit *de commerce* , établie
dans un café, auberge, restaurant et cabaret, ou
formant un établissement séparé, est sujette à la

surveillance de la police et soumise aux dispositions suivantes :

3. Nul ne peut donner à jouer, quelle que soit d'ailleurs la nature du jeu, sans en avoir obtenu l'autorisation préalable de l'Administration municipale, qui prononcera sur les rapports individuels qui lui seront remis par les trois Commissaires de police. En conséquence, les personnes qui voudront à l'avenir lever des maisons de jeu, devront se munir préalablement de cette autorisation, et celles qui tiennent en ce moment des établissemens de ce genre, devront en faire la demande dans les vingt-quatre heures, à défaut de quoi, la fermeture de l'établissement sera ordonnée.

4. Les maisons de jeu seront fermées à onze heures du soir, et, sous aucun prétexte, il ne sera permis aux propriétaires de retenir ou garder les joueurs et habitués après l'heure ci-dessus indiquée, ni à ceux-ci d'y rester après cette heure. Les contrevenans à l'une de ces injonctions seront sévèrement poursuivis devant le Tribunal de simple police, et punis, pour la première fois, d'une amende dont le *maximum* est fixé par l'art. 471 du Code pénal à 5f., et, en cas de récidive, à un emprisonnement de trois jours, suivant l'art. 474 du même code.

5. Aux termes des art. 9 et 10 du tit. I, de la loi du 19-22 juillet 1791, les Commissaires de police étant autorisés à entrer, en tout temps et à toute heure du jour et de la nuit, dans les maisons où l'on donne habituellement à jouer, si, pour se

soustraire à la défense de tenir leurs établissemens
ouverts après onze heures du soir, les propriétaires
en fermaient les portes sans renvoyer les habitués
et les joueurs, sur les indices qu'ils en auront reçus,
les Commissaires de police pourront toujours en
requérir l'ouverture, et y pénétrer pour constater
la contravention et exiger l'exécution de cette défense, comme aussi pour dresser tous procès-verbaux et procéder à toutes saisies provisoires des
fonds et effets mobiliers, le cas y échéant.

6. Dans tous les cas où MM. les Commissaires de
police, usant du droit qui leur est accordé, comme
il est dit ci-dessus, d'entrer en tout temps et à
toute heure dans les maisons de jeu, auront à
constater, soit une contravention aux lois prohibi-
tives des jeux de hasard, soit une simple infraction
aux articles 3 et 4 du présent arrêté, ils devront
mentionner, dans leurs procès-verbaux, les noms,
prénoms et demeures de toutes les personnes qui
se trouveront dans lesdits établissemens; les personnes qui ne seront pas connues de MM. les Commissaires de police et qui refuseront de se faire
connaître, seront arrêtées.

7. Les poursuites judiciaires que la loi autorise
envers les contrevenans aux dispositions relatives
aux maisons de jeu de hasard ou autres, auront
toujours lieu, sans préjudice des mesures administratives qui seront prises contre ceux à l'égard
desquels elles seront reconnues nécessaires. — En
conséquence, l'Administration se réserve d'ordonner la fermeture de toute maison de jeu dont le

propriétaire aurait refusé d'ouvrir les portes à MM. les Commissaires de police ou à leurs agens, ou qui, de tout autre manière, aurait cherché à se soustraire à la surveillance de la police. — La fermeture des maisons de jeu sera également ordonnée, en cas de récidive de la part des propriétaires à l'une des prohibitions ci-dessus. *(Arrêté du 25 février 1834)*.

§ 2. JEUX ET LOTERIES AMBULANS.

1. Il est défendu de faire tirer aucune loterie, jeu de rafle, roue de fortune ni autres jeux pareils, quand même on n'exposerait, au hasard de ces loteries, que des effets de peu de valeur. *(Art. 6 de l'arrêté du 21 fructidor an 11)*.

2. Il est expressément défendu de tenir des loteries de rameaux ou autres objets quelconques, sur la voie publique.

Les contrevenans seront poursuivis devant les tribunaux compétens, et punis des peines portées par les lois. Les ustensiles et appareils employés ou destinés au service de ces loteries, seront dans tous les cas confisqués, conformément aux articles 475, 476 et 477 du Code pénal. *(Art. 1 et 2 de l'arrêté du 13 mars 1835)*.

§ 3. JEU DE LOTO.

Il est défendu aux cafetiers, aubergistes et autres teneurs de jeux de loto, de donner à jouer audit jeu, sous les peines portées par les lois et règlemens de police. — Les Commissaires de police sont chargés de l'exécution du présent, et de faire apposer le scellé sur les portes des cafés ou maisons de ceux qui se permettraient de continuer à donner à jouer. *(Arrêté du 28 nivôse an 11).*

§ 4. JEU DE MAIL.

1. Il est défendu de jouer au mail sur tous autres chemins que ceux ci-après désignés, savoir :

DU CÔTÉ DE LATTES, SECTIONS *D* ET *G.*

1° Le chemin n° 67, *de la Porte de Lattes au Moulin de Sept-Camps.* — A partir de l'embouchure qui est dans le chemin de Lattes, après le Temple des Protestans, jusqu'au chemin de Moularés, à l'embranchement du chemin du Port de Sept-Camps ;

2° Le chemin n° 65, dit *des Aiguerelles.* — A partir du chemin de Lattes, à côté du cimetière des Protestans, jusqu'au ruisseau des Aiguerelles ;

3° Le chemin n° 63, *de la fontaine de Lattes au Pont-Juvénal.* — A partir du ruisseau des Aiguerelles, jusqu'à la route départementale ;

4° Le chemin n° 64, *du Moulin de Sept-Camps.* — A partir de la route départementale, jusqu'au chemin de Moularés, à l'embranchement du Port de Sept-Camps ;

5° Le chemin n° 74, dit *Moularés.* — A partir de l'embranchement du Port de Sept-Camps, jusqu'au chemin de Lattes, au-dessous de la métairie Bourdel, dite *le Petit-Lucullus* ;

6º Le chemin nº 68, dit *de la Togne*, ou *chemin de la fontaine de Lattes à la fontaine des Donzelles.* — A partir du double embranchement qui est en vue de la grille d'entrée du jardin Leyris, jusqu'à l'extrémité dudit chemin à la première Écluse ;

7º Le chemin nº 69, *de Saint-Hilaire à la Cérairade*. — Jusqu'à la rencontre du chemin de la première Écluse ;

8º Le chemin nº 70, *de la Rauze*. — A partir du chemin de la Togne, jusqu'au chemin de la première Écluse ;

9º Le chemin nº 76, dit *de la première Écluse.* — Depuis le chemin de Lattes, jusqu'à la première Écluse ;

10º Le chemin nº 73, *de St-Martin-de-Prunet à St-Hilaire*. — A partir du chemin de Montpellier à Maurin, jusqu'à la rencontre du chemin de la Togne.

11º Le chemin nº 72, *de Saporta et du mas de las Sorres à St-Hilaire*. — A partir du ruisseau d'Antissargues, jusqu'à la rencontre du chemin de Lattes ; et ensuite à partir de l'embranchement du chemin de Lattes, jusqu'au chemin de St-Martin-de-Prunet à St-Hilaire ;

12º Le chemin nº 75, dit *de la métairie Saisset*. — A partir de l'ancienne métairie Bourdel (Petit-Lucullus), jusqu'à la rencontre du chemin nº 72, de Saporta et du mas de las Sorres à St-Hilaire ;

13º Le chemin nº 106, *du Pont-à-Bascule et de St-Martin-de-Prunet, à la fontaine de Lattes.* — A partir de la fontaine d'Alary, jusqu'à la fontaine de Lattes ;

14° Le chemin n°. 104, dit *de la Perruque*. — A partir de la fontaine d'Alary, jusqu'à l'embranchement de ce chemin à celui de Montpellier à Maurin ;

15° Le chemin n° 108, *de St-Martin-de-Prunet au mas de las Sorres*, sur toute sa longueur.

Du côté de Castelnau, Section *C*.

1° Le chemin n° 52, *du Jeu de Mail*. — A partir de l'embranchement du chemin de Montpellier à Sauret, jusqu'à la nouvelle route royale ;

2° Le chemin n° 35, dit *de la Justice*. — A partir de l'ancienne route royale, jusqu'à l'allée de la métairie Puech.

3° Le chemin n° 37, dit *de Curat*. — Sur toute sa longueur ;

4° Le chemin n° 36, dit *du Pioch de Boutonnet*. — A partir de l'embranchement de ce chemin à celui de Boutonnet à Castelnau, jusqu'à l'embranchement du chemin de Curat.

2. Conformément aux indications portées en l'article précédent, il est défendu de jouer au mail et de traverser, en jouant, les routes royales et départementales, et les chemins vicinaux les plus importans, notamment la route royale de Montpellier à Nismes (ancienne et nouvelle), la route départementale de Montpellier au Pont-Juvénal, le chemin vicinal de Montpellier à Lattes, et celui de Montpellier à Maurin.

3. Les joueurs au mail qui se rencontreront dans le cours du jeu, doivent toujours se prévenir réciproquement avant de lancer la boule, afin que ceux

vers lesquels le coup est dirigé, puissent se garer. — Il en est de même pour les joueurs qui se trouvent derrière d'autres.

4. Toutes les fois que, dans le jeu de mail, il se trouve des passans en vue, ou à portée des joueurs, ceux-ci doivent les prévenir et attendre qu'ils soient passés avant de lancer leur boule.

5. Il est défendu de jouer au mail, depuis le mois d'avril, jusqu'à l'enlèvement des récoltes. Pendant la durée de cette défense, il est interdit aux pallemardiers de louer des mails et des boules. Cette prohibition étant renouvelée tous les ans, l'arrêté qui est publié fait connaître le jour où elle commence.

6. Les contrevenans au présent arrêté seront poursuivis devant le Tribunal de police simple, et punis des peines portées par les lois, sans préjudice des réparations civiles dont ils pourront être passibles envers les propriétaires, s'il y a lieu.

7. MM. les Commissaires de police et les Gardes-champêtres de la commune, sont chargés de l'exécution du présent arrêté, dont un exemplaire devra être constamment affiché à l'endroit le plus apparent de la boutique de chaque pallemardier.

(Arrêté du 2 décembre 1835).

SECTION III.

CAFÉS. — CABARETS. — LIEUX PUBLICS.

—

§ 1. FERMETURE DES CAFÉS, CABARETS, ETC.

1. A compter de ce jour, les cabarets, tavernes, bouchons et autres lieux publics de ce genre, où se tiennent des réunions d'hommes, devront être fermés à dix heures du soir.

Les cafés et débits de liqueurs seront fermés à onze heures.

2. Les sergens de ville et les crieurs de nuit veilleront à l'exécution de cette disposition, et les contrevenans seront punis, pour la première fois, d'une amende de 1 f. à 5 f., et en cas de récidive, d'un emprisonnement qui pourra être de trois jours, le tout conformément aux articles 471 et 474 du code pénal, sans préjudice des mesures administratives qui seraient prises à l'égard de leurs établissemens, le cas y échéant. *(Arrêté du 13 juin 1833).*

§ 2. ENSEIGNES DES MARCHANDS DE VIN.

A dater de ce jour, l'enseigne qui indiquera la profession de marchand de vin, sera un petit drapeau rouge de 50 centimètres (18 pouces).

Le Maire renouvelle à tous les débitans, l'invitation qui leur a été donnée par MM. les Commissaires de police, d'arborer les couleurs nationales. *(Arrêté du 25 octobre 1830).*

—

CHAPITRE VI.

FILLES PUBLIQUES.

—

SECTION I.

VISITE DES FILLES PUBLIQUES.

—

1. Les filles publiques seront visitées une fois par semaine par un des médecins nommés à cet effet par l'Administration.

2. Elles devront en conséquence se rendre chaque lundi, aux heures qui seront désignées par le médecin, dans le local affecté par la ville à cet usage, où elles seront visitées gratis.

3. Les filles publiques auront la faculté de se faire visiter à domicile, moyennant une rétribution de 75 ᶜ· pour chaque visite, qu'elles verseront entre les mains du sergent de ville qui sera désigné à cet effet (a). Les visites à domicile auront lieu régulièrement tous les vendredi.

4. Les visites des filles publiques auront lieu régulièrement une fois par semaine, comme il est

_____

(a) Le produit de cette rétribution est affecté au traitement des médecins ; et l'excédant, s'il y a lieu, est employé à l'acquit des dépenses relatives à ce service, ou à des œuvres de bienfaisance.

dit aux articles précédens, sans préjudice des visites extraordinaires que pourront ordonner en tout temps MM. les Commissaires de police, toutes les fois qu'ils auront quelques raisons particulières pour prescrire, à l'égard de quelques-unes d'entre elles, des mesures de ce genre. — Dans aucun cas, ces visites extraordinaires ne donneront lieu à aucune rétribution de la part des filles publiques.

5. Deux médecins seront préposés à la visite des filles publiques (a); l'un sera chargé des visites à domicile, l'autre devra visiter les filles qui se rendront au local de la Commune. Chaque semaine, les deux docteurs changeront de service, et chacun d'eux prendra réciproquement le service dont son collègue aura été chargé durant la semaine précédente, et successivement de manière que les deux services seront faits alternativement par les deux docteurs, de semaine en semaine. — Par ce moyen, toutes les filles publiques subiront l'inspection des deux docteurs durant chaque quinzaine.

6. Les visites des docteurs seront constatées par l'apposition d'un timbre-visa sur la carte qui sera délivrée, comme par le passé, à chaque fille publique.

(a) Moyennant le traitement qui leur est attribué sur le produit des visites des filles publiques, les deux médecins sont chargés en outre du constat des décès dans toute l'étendue de la Commune. Ce service est fait par chacun d'eux alternativement et par trimestre. *(Arrêtés des* 30 *novembre et* 19 *décembre* 1833 *).*

7. Toute fille publique qui ne sera pas nantie du certificat de visite régulièrement visé, comme il est dit en l'article précédent, sera arrêtée et mise entre les mains de la gendarmerie, pour être conduite au lieu de son dernier domicile, s'il est hors du département, et enfermée au dépôt de police, si elle est de la ville ou du département.

8. Les filles publiques qui, par le résultat des visites, seront reconnues malades, seront immédiatement arrêtées et conduites par la gendarmerie au lieu de leur dernier domicile, s'il est hors du département, et mises au dépôt de police, jusqu'à parfaite guérison, si elles sont de la ville ou du département. *(Arrêté du 30 novembre 1833).*

SECTION II.

DÉFENSE AUX FILLES PUBLIQUES DE LOGER DANS CERTAINES RUES.

—

1. Il est défendu aux filles publiques, inscrites comme telles sur le registre de la police, de loger dans les rues des Étuves, Richelieu, Massanes, Hôtel-du-Midi et Cauvas (a).

2. Les filles publiques de la ville, qui seront

—

(a) C'est à l'occasion des travaux que la ville a fait exécuter pour l'embellissement de la place de la Comédie et des rues adjacentes, que les filles publiques ont été expulsées de ce quartier.

trouvées logeant dans ces rues en contravention à
la prohibition ci-dessus, seront traduites devant le
Tribunal de simple police, pour y être punies des
peines prononcées par l'art. 471 du Code pénal
et 474 du même Code, le cas y échéant, comme
contrevenant à un arrêté de l'Autorité municipale.
Celles qui ne seront pas de la ville seront conduites à leur domicile par la gendarmerie. *(Arrêté du* 13 *novembre* 1834*).*

SECTION III.

FILLES PUBLIQUES AU SPECTACLE.

—

Le Commissaire de police de service au spectacle
portera une attention particulière sur les femmes
de mauvaise vie, et s'assurera qu'elles occupent
les places qui leur ont été constamment assignées.
— Toute femme mentionnée au présent article
qui, dans quelque place que ce soit, aura, dans
l'intérêt du bon ordre, reçu du Commissaire de
police réquisition de se retirer, sera tenue d'ob-
tempérer à cette réquisition, sous peine d'être
traduite devant les Tribunaux compétens. *(Art.* 31
de l'Arrêté du 14 *mai* 1828, *approuvé par le
Préfet le* 15 *du même mois).*

—

CHAPITRE VII.

INSPECTION DES COMESTIBLES. — HALLES
ET MARCHÉS. — BOULANGERIE. — BOU-
CHERIE. — POIDS PUBLIC.

SECTION I.

INSPECTEUR DES COMESTIBLES.

1. L'Inspection des comestibles qui se vendent
dans les marchés, sur la voie publique, même dans
les boutiques, étant dans les attributions des
Maires, aux termes des lois des 24 août 1790 et
22 juillet 1791, l'agent chargé de ce service doit
assurer l'exécution de toutes les lois et règlemens
locaux de police en cette matière.

2. Sont compris dans l'expression générique de
comestibles, 1° les grains ; 2° la viande de boucherie ou de charcuterie ; 3° les volailles et le
gibier de toute espèce ; 4° les œufs, le beurre et
le fromage ; 5° le poisson, les coquillages et molus-
ques ; 6° les fruits ; 7° les légumes et herbages.

3. La surveillance de la boucherie est une des
parties les plus importantes du service de l'inspecteur des comestibles. Il doit y aller au moins deux
fois par jour, pour assurer l'exécution des règlemens de police relatifs à cet établissement, comme
aussi pour veiller à ce que le fermier des fumiers

remplisse les conditions de son bail, et pour inspecter les viandes des animaux abattus ou égorgés.

4. L'inspecteur des comestibles doit visiter chaque jour tous les débits de viande établis, soit à la halle-neuve, soit dans les avenues des marchés, soit dans les autres quartiers de la ville, pour assurer l'exécution des règlemens de police relatifs à ce commerce, et empêcher qu'on ne vende de la viande malsaine ou gâtée

5. Il doit aussi exercer une surveillance rigoureuse sur le débit du poisson, qui ne peut être vendu que dans la poissonnerie ou devant la porte de cet édifice, en cas d'insuffisance de l'emplacement intérieur. L'inspecteur tiendra la main à l'exécution des règlemens sur la halle au poisson et sur la vente du poisson. Il veillera à ce que le fermier se conforme aux conditions du cahier des charges, surtout en ce qui concerne les mesures de propreté qui lui sont imposées. Enfin, il surveillera particulièrement le débit du poisson, pour qu'on n'en vende aucune espèce malfaisante, et pour que tout le poisson mis en vente soit frais et marchand.

6. Pendant la saison des fruits, l'inspecteur devra chaque matin se rendre au marché pour en surveiller la vente et empêcher qu'on n'en vende aucuns qui ne seraient pas dans un état suffisant de maturité.

7. Le jour du marché aux grains, l'inspecteur des comestibles devra s'y rendre pour vérifier tous les grains exposés en vente, afin de s'assurer qu'ils sont sains et marchands.

8. Il devra enfin surveiller la vente des bestiaux au marché, pour empêcher qu'on n'y expose des bestiaux atteints de maladie, et faire exécuter les règlemens de police.

9. Conformément aux lois des 24 août 1790, 22 juillet 1791, et à l'arrêté du 5 brumaire an 9, les comestibles gâtés, corrompus ou nuisibles, de quelque nature qu'ils soient, qui sont mis en vente, doivent être saisis par MM. les Commissaires de police. En conséquence, l'inspecteur devra désigner à ces Messieurs, ou à leurs agens, les comestibles qu'il jugera de nature à être saisis; et, afin que MM. les Commissaires de police puissent poursuivre les délinquans devant les Tribunaux compétens, les contraventions de ce genre seront constatées par un rapport de l'inspecteur.

10. Toutes les autres contraventions aux règlemens dont l'inspecteur des comestibles est chargé d'assurer l'exécution, seront dénoncées au Maire, par le rapport que devra lui remettre chaque jour l'inspecteur des comestibles. *(Arrêté du 7 février 1834).*

11. L'inspecteur des comestibles est placé sous la direction des Commissaires de police et sous la surveillance du chef de police municipale. *(Arrêté du 2 juin 1836).*

SECTION II.

HALLES ET MARCHÉS.

Lois des 16-24 août 1790, art. 3, § 1 et 3, titre XI; et 22 juillet 1791, titre Ier, art. 13.

---

§ 1. HALLE-NEUVE.

1. Les boutiques de la Halle-Neuve seront exclusivement affectées à la vente de la viande de boucherie, charcuterie, et à celle du gibier, œufs et volaille. Aucun autre établissement n'y sera toléré.

Le *ciel-ouvert* intérieur de ladite halle sera également affecté, comme par le passé et d'une manière exclusive, à la vente des têtes, cervelles, pieds, gras-doubles, boyaux et autres abattis de ce genre. Le fermier sera tenu d'en ouvrir les portes au point du jour et de les fermer à l'entrée de la nuit.

Le *pourtour ou trottoir* de ladite halle demeurera affecté, savoir: du côté de la fontaine, à la revente des fruits verts et secs, et du côté opposé, à la vente du gibier (a), œufs, volaille, beurre et

---

(a) Un Arrêté du 11 juin 1825, approuvé par le Préfet le 13 du même mois, dispose que « toute espèce de gibier » qui sera porté dans la ville du 15 mars au 15 septembre, » soit pour être vendu ou autrement, sera saisi et confis- » qué au profit des hospices, et le porteur poursuivi *comme* » *coupable de contravention aux lois, règlemens et arrêtés con-* » *cernant la chasse.* »

Les motifs de cet arrêté nous apprennent que cette pro-

fromage de toute espèce. *(Art.* 1er *de l'Arrêté du* 21 *mars* 1832, *approuvé par le Préfet le* 24 *du même mois).*

2. La galerie circulaire, les escaliers et les passages ou communications intérieures devront toujours être libres. *(Art.* 2 *idem).*

3. L'étalage des boutiques ne pourra en dépasser l'ouverture. Ceux des étaux extérieurs ne devront empiéter ni sur la voie publique, ni sur la galerie. *(Art.* 3 *idem).*

4. Il est expressément défendu d'établir des étaux sur la place dite de l'Ancienne-Bourse, ni sur la place des Licornes; cette dernière demeurant affectée à la vente des herbes sauvages dites médicinales. A l'égard des étaux adossés au mur de façade des maisons situées sur lesdites places, et de celles existant autour de la Halle-Neuve, le Maire se réserve le droit de tolérer le maintien de ceux qui seraient reconnus ne porter aucun obstacle à la libre circulation, comme aussi à ordonner la suppression de ceux dont le maintien présenterait des

---

hibition fut prise à la fois dans l'intérêt de la conservation du gibier et pour prévenir les dévastations des récoltes. Sous ce double point de vue, on ne peut s'empêcher de reconnaître que ces dispositions ont été le fruit d'une pensée louable.

Toutefois cet arrêté, qui, sous plus d'un rapport, nous paraît susceptible d'une juste critique, est tombé de lui-même dans l'oubli, et rien n'indique que l'Autorité actuelle veuille le faire revivre.

inconvéniens , et de traduire les contrevenans devant le Tribunal de simple police. *(Art. 4 idem)*.

§ 2. HALLE AU POISSON.

1. L'intérieur de la Halle au Poisson aura, comme par le passé, la destination que sa dénomination indique. En conséquence, la vente du poisson frais et salé , celle des coquillages de toute espèce n'aura lieu que dans cette halle : néanmoins , en cas d'insuffisance de l'intérieur de ladite halle , les marchands et revendeurs seront autorisés à se placer devant la Poissonnerie , du côté de la place des Cévenols, sur un ou plusieurs rangs , suivant qu'il y aura lieu. *(Art. 5 idem)*.

2. Il est défendu à toute personne de se placer entre les deux portes de la halle , dont l'entrée doit toujours être libre. *(Art. 6 idem)*.

3. Les étaux situés dans l'intérieur de la halle seront nettoyés tous les jours. Le fermier sera responsable de la négligence qu'on pourrait apporter dans l'exécution de cette mesure , et il sera tenu lui-même de faire arroser et nettoyer le sol intérieur de ladite halle trois fois par jour, savoir : le matin avant l'ouverture , à midi , et deux heures avant la fermeture dudit local , et ce , afin de prévenir tout encombrement et mauvaises odeurs. *(Art. 7 idem)*.

4. Il est expressément défendu de faire des ordures , tant dans l'intérieur qu'à l'extérieur de ladite halle. Les contrevenans à cette disposition

seront sévèrement punis, conformément aux lois.
(Art. 8 idem).

5. Il est défendu aux revendeurs et à toutes personnes de se porter aux avenues de la ville pour acheter le poisson ; la vente de ce comestible ne pouvant avoir lieu qu'à la Poissonnerie. *(Art. 1er de l'Arrêté du 22 juillet 1825, approuvé par le Préfet le 23 du même mois).*

6. Les marchands de poisson, après s'être conformés aux dispositions de l'ordonnance royale du 4 décembre 1816 (a), sont tenus d'arriver directement à la Poissonnerie, où, après avoir acquitté le droit d'octroi, et pris un emplacement dans la halle, ils en feront eux-mêmes, ou par un agent reconnu, le détail au public, jusqu'à neuf heures du matin ; néanmoins, les poissonniers qui reçoivent directement le poisson de Cette, Pérols, Villeneuve, Bouzigues, etc., pourront en faire eux-mêmes la vente en détail au public, sans pouvoir le revendre aux revendeuses avant l'heure précitée ; et dans le cas où l'abondance de poisson serait telle qu'il ne pourrait être contenu dans un étau, les poissonnières pourraient prendre pour ce jour-là un autre étau ou place de terrage, et faire vendre leur poisson en détail par une personne qui aurait leur confiance (b), qu'elles seront tenues de désigner

---

(a) C'est-à-dire au règlement de l'octroi.

(b) Les poissonnières pourront prendre des aides dans les proportions du tarif ci-joint : 1° toute poissonnière qui recevra une quantité inférieure à 80 kilog. de poisson, sera tenue de le vendre elle-même, avec faculté de se

aux employés surveillans , sans toutefois , dans aucun cas , pouvoir livrer le poisson aux revendeuses avant neuf heures du matin. *(Art. 2 idem).*

7. Toute espèce de poisson, qui arriverait à la halle, après neuf heures du matin , ne pourra être vendu aux détaillantes qu'après avoir été exposé en vente au public , au moins pendant une heure. *(Art. 3 idem).*

8. Les détaillans et revendeuses de poisson, qui s'immisceraient dans la vente publique , avant l'heure prescrite , soit en cherchant à faire élever le prix du poisson , soit en cherchant à s'entendre avec les marchands , seront poursuivis devant les Tribunaux compétens comme faisant le monopole du poisson , et punis conformément à l'article 419 du Code pénal. *(Art. 4 idem).*

9. Défenses expresses sont faites aux détaillans et revendeuses de paraître à la Halle au Poisson et dans les rues adjacentes avant neuf heures du matin. *(Art. 5 idem).*

10. Les agens de police et les préposés de l'octroi sont expressément chargés de vérifier tous les

---

faire remplacer par un agent reconnu ; 2° de 80 kilog. à 160 kilog., elle pourra prendre un aide ; 3° de 160 kilog. à 240 kilog., deux aides ; 4° de 240 kilog. à 320 kilog. , trois aides ; et successivement dans la même proportion d'un aide par 80 kilog. de poisson ; 5° chaque poissonnière qui recevra des balles d'huîtres pourra prendre en sus un aide affecté à la vente de ce coquillage. *(Arrêté du 27 août 1825).*

jours les étaux, afin de s'assurer si la qualité du poisson n'a souffert aucune altération qui pût nuire à la santé publique. Dans ce cas, le poisson sera saisi pour être enfoui immédiatement, sans préjudice des poursuites à exercer contre les débitans du poisson ainsi détérioré. *(Art. 6 idem)*.

§ 3. PLACE-VERTE. — EXTÉRIEUR DE LA HALLE AU POISSON.

1. La Place-Verte est destinée à la vente des herbages et légumes frais. Il en est de même des étaux situés autour de la Halle au Poisson. Les revendeuses de morue et de fromage pourront y être maintenues comme par le passé. *(Art. 9 de l'Arrêté du 21 mars 1832, approuvé par le Préfet le 24 du même mois)*.

2. Il est expressément défendu d'étaler, tant sur ladite place que sur les étaux situés autour de la Poissonnerie, aucune espèce de viande. *(Art. 10 idem)*.

3. La position des étaux de la Place-Verte et leur surface étant déterminées par le cahier des charges de l'adjudication de ladite place, le fermier et les locataires devront s'y conformer ; en conséquence, lesdits étaux devront être établis de manière à ce que la voie publique n'en soit point rétrécie, et que le public puisse circuler sur ladite place. *(Art. 11 idem)*.

4. Les étaux existans dans la rue de la Loge, et ceux établis sur la place de la Poissonnerie, autres

que ceux affectés à la vente du poisson et coquillages , lorsqu'il y a insuffisance de local dans
l'intérieur de la halle, seront supprimés ; il en sera
de même de tous ceux apposés le long des façades
des maisons situées autour de la halle et aux rues
adjacentes, sauf le droit réservé au Maire d'autoriser le maintien de ceux qui ne porteraient aucune
atteinte à la libre circulation, comme il a été dit
ci-dessus article 4 (a). *(Art.* 12 *idem)*.

5. Les jours de fête et les dimanches, les revendeuses d'herbes, de légumes frais et autres
jardinages, ne pourront rester sur la Place-Verte, ni
sur tous les autres emplacemens affectés à la vente
des herbages, après dix heures du matin. *(Arrêté
du* 14 *mai* 1836*)*.

§ 4. PLACES DU PETIT-SCEL ET DE LA CHAPELLE-NEUVE.

Les places du Petit-Scel et de la Chapelle-Neuve,
n'ayant encore reçu aucune destination particulière par l'usage, il pourra y être vendu toute
espèce de denrées et marchandises , sauf les droits
du fermier vis-à-vis des marchands ou revendeurs.

Néanmoins, il ne pourra être vendu sur lesdites
places les divers comestibles , à la vente desquels
certains établissemens sont exclusivement affectés,
tels que poisson et viande fraîche. *(Art.* 13 *de
l'Arrêté du* 21 *mars* 1832 *précité)*.

§ 5. MARCHÉ AUX FLEURS ET AUX FRUITS.

1. La vente des fleurs et arbustes ne pourra avoir

(a) Voyez art. 4 , § 1er de la présente section.

lieu, de la part des jardiniers-fleuristes et marchands, que sur la place ci-devant *des Capucins*, aujourd'hui Marché-aux-Fleurs. — En conséquence, les jardiniers-fleuristes devront faire transporter sur ladite place toutes les productions de ce genre qu'ils voudront vendre. — Les revendeurs sur étau ne pourront revendre les fleurs et arbustes ailleurs que sur ladite place. — Les revendeurs de fleurs à la main pourront circuler dans les rues et autres places de la ville. *(Art. 14 idem).*

2. La vente des fruits verts aura également lieu, de la part des propriétaires et marchands, sur ladite place. En conséquence, les fruits de toute espèce (a) destinés à la consommation de la ville devront être apportés directement sur cette place, soit par les étrangers, soit par les habitans eux-mêmes, et y être exposés en vente (b) *(Art. 15 id.)*

(a) Par cette expression générique, il faut entendre les raisins, cerises, pommes, abricots, poires, prunes, pêches, noix et autres fruits verts indigènes, ainsi que les pommes de terre. *(Art. 4 du cahier des charges du bail à ferme du Marché-aux-Fleurs, en date du 3 avril 1834).*

(b) Sont exceptés de cette obligation : 1° les propriétaires, habitans de cette ville, qui ont le droit de vendre leurs denrées dans leurs jardins, enclos et maisons, mais aux particuliers seulement et non aux revendeurs, qui ne peuvent faire leurs approvisionnemens que sur ladite place ; 2° les marchands patentés ayant des magasins, toutes les fois que les fruits arrivant sous leur destination seront accompagnés d'une lettre de voiture régulière ; 3° les conducteurs et marchands dont les fruits seront destinés aux hospices ou à quelque corps de la garnison. *(Art. 4 du même cahier des charges).*

3. Les revendeurs ne pourront acheter les fruits qu'audit marché et aux heures indiquées par l'Administration (a). *(Art.* 16 *idem)*.

4. Il est défendu aux revendeuses et charieuses de fruits d'entrer dans la place affectée au marché aux fruits, ni de s'immiscer dans l'achat ou vente d'aucune espèce de marchandise, avant neuf heures du matin. *(Arrêté du* 18 *novembre* 1830*)*.

5. Il est expressément défendu aux revendeurs d'acheter des fruits sur les chemins et avenues, ainsi que dans les rues, dans les hôtelleries, maisons particulières, ni ailleurs que sur ladite place. *(Art.* 17 *de l'Arr. du* 21 *mars* 1832*, approuvé le* 24 *du même mois)*.

6. Défenses sont également faites aux hôtes, cabaretiers et autres habitans, de permettre chez eux l'entrepôt et la vente des fruits destinés à l'approvisionnement de la ville. *(Art.* 18 *idem)*.

7. Sont exceptés, des dispositions ci-dessus, les fruits destinés à la consommation des hospices et de la garnison. *(Art.* 19 *idem)*.

8. Jusqu'à ce qu'il en soit autrement disposé, les pailles de maïs, légumes secs, vaisselle, poterie et autres marchandises pourront être vendues, comme par le passé, sur ladite place. *(Art.* 20 *id.)*

9. Les marchandises, fruits et denrées qui seront déposés sur ladite place, seront disposés de manière à ce que la circulation puisse avoir lieu. Les marchands et revendeurs seront tenus de se con-

---

(a) Neuf heures du matin ; *voyez l'article suivant.*

former aux injonctions de l'agent préposé à la
police dudit marché. *(Art. 21 idem).*

10. L'agent chargé de la police du marché aux
fleurs et aux fruits surveillera la vente de tous les
comestibles qui seront apportés sur ladite place,
et fera provisoirement saisir tous ceux qui ne seraient pas en état de maturité et ceux qui seraient
reconnus gâtés ou corrompus. Les marchands seront
en outre traduits devant le Tribunal de simple police. *(Art. 22 idem).*

11. Les noix et les châtaignes fraîches seront
achetées et vendues à la mesure et non au poids. —
Il est expressément défendu aux revendeuses de
les arroser, sous peine de saisie, et d'être poursuivies devant le Tribunal de simple police. — Les
revendeuses, faisant le débit des noix et châtaignes
fraîches, sont tenues de se pourvoir de nouvelles
mesures de capacité. Toutes autres mesures seront
saisies, et les personnes chez qui elles seront trouvées, seront poursuivies conformément à la loi.
(Arrêté du 27 novembre 1806).

12. Tous les champignons destinés à l'approvisionnement de cette ville seront portés, visités et
vendus sur la place Louis XVI (Marché-aux-Fleurs).
— Il est défendu de crier, vendre et colporter des
champignons sur la voie publique et dans les maisons. *(Arrêté du 9 novembre 1824, approuvé par
le Préfet le même jour).*

13. Les fruits destinés à la consommation de la
ville ne pourront y être introduits avant le jour.
(Art. 1er de l'Arrêté du 3 août 1832).

14. Tous les fruits qui, au mépris de cette prohibition, seraient introduits dans l'intérieur de la ville ou des faubourgs, seront provisoirement saisis pour être vérifiés par un des agens préposés à l'inspection des comestibles, le tout sans préjudice des poursuites de simple police envers les contrevenans. (*Art.* 2 *idem*).

15. Les préposés de l'octroi sont spécialement chargés de veiller à l'exécution des dispositions cidessus ; ils sont autorisés, en conséquence, à empêcher que les fruits destinés à la consommation locale soient introduits dans la ville avant l'heure ci-dessus fixée. (*Art.* 3 *idem*).

§ 6. MARCHÉ AU BOIS A BRULER ET AU CHARBON.

La vente du bois à brûler, des souches, sarmens, racines, fagots et charbon, apportés sur charrette, ne pourra avoir lieu que sur la place dite de la *Saunerie*. — En conséquence, tous conducteurs de voitures chargées de bois à brûler et autres combustibles destinés à l'approvisionnement de la ville seront tenus, à leur arrivée, de stationner sur ladite place, jusqu'à la vente, et il leur est expressément défendu de circuler dans l'intérieur de la ville avec leurs charrettes, si ce n'est pour se rendre au domicile de l'acheteur, qu'ils seront tenus de désigner sur la réquisition de tout agent de police ou préposé de l'Administration. Il est entendu que, si avant d'arriver au marché le bois était vendu, il pourrait être conduit directement au domicile de l'acheteur, sauf l'obligation de le désigner. (*Art. 23 de l'Arrêté du 21 mars 1832,* *approuvé par le Préfet le 24 du même mois*).

§ 7. MARCHÉ AUX BESTIAUX.

1. Le Marché aux Bestiaux, autorisé par décision de M. le Ministre de l'intérieur, en date du 20 novembre 1826, se tiendra le lundi de chaque semaine, depuis huit heures du matin jusqu'à deux heures de l'après-midi en été, et depuis dix heures du matin jusqu'à trois heures de l'après-midi en hiver. — L'ouverture et la clôture du marché seront annoncées par le son d'une cloche.

2. Les bestiaux amenés au marché, soit de somme ou de boucherie, devront se rendre par les boulevards au champ de M. Barthelemy, situé entre la boucherie et le Verdanson, lieu désigné pour la tenue du marché; il est expressément défendu aux conducteurs de dévier leurs bestiaux de cette route, et surtout de traverser la ville.

3. Au fur et à mesure de l'arrivée des bestiaux sur le lieu du marché, les conducteurs les rangeront de manière à ne pas gêner la libre circulation du chemin de Salicate ; ils ménageront même un espace entre chaque contingent ou bande de bestiaux, pour faciliter la circulation des acheteurs.

4. En arrivant au marché, les conducteurs feront au préposé la déclaration du nombre de bêtes qu'ils amènent, et lui exhiberont le passe-debout pris au bureau d'entrée. Ledit passe-debout sera vérifié et porté sur un registre.

5. Pour éviter tout désordre, il est interdit d'amener des taureaux dans l'intérieur du marché.

6. Conformément au règlement de police relatif à la resserre, à la vente et à l'abattage des porcs, les porcs vivans amenés au marché seront resserrés et vendus dans les locaux indiqués par ce règlement.

7. Les bestiaux amenés au marché seront visités avant d'y être introduits, afin de s'assurer s'ils ne sont atteints d'aucune maladie contagieuse et s'ils peuvent être livrés à la consommation. Toute bête jugée malade sera de suite éloignée, marquée de la lettre M, et signalée au Maire de la commune d'où elle aura été conduite (a).

8. Les bestiaux et porcs sortant du marché seront revêtus d'une marque d'achat ou de renvoi.

9. Après la clôture du marché, les propriétaires des bestiaux et porcs auront soin de se pourvoir auprès du préposé du marché, soit de la quittance des droits sur la quantité des bêtes vendues pour

---

(a) L'inspecteur des comestibles assistera audit marché, afin de s'assurer que tous les bestiaux qui y seront amenés soient bien sains. Il désignera tous ceux qu'il reconnaîtra atteints de quelque maladie; et, sur cette indication, MM. les Commissaires de police, après avoir fait marquer les animaux malades de la lettre M, les feront éloigner du marché et conduire devant le Maire de la commune d'où ils auront été amenés, s'ils sont susceptibles de guérison; dans le cas contraire, ils seront égorgés et enfouis. (*Art.* 25 *de l'Arrêté du* 21 *mars* 1832, *approuvé le* 24 *du même mois*).

la consommation intérieure, soit d'un passe-debout de sortie et de destination pour la quantité de bêtes qui devront être conduites hors du rayon de l'octroi.

10. Il est défendu d'allumer du feu dans l'intérieur et au pourtour du marché. *(Arrêté du 25 juin 1827, approuvé par le Ministre de l'intérieur, le 13 juillet même année).*

§ 8. MARCHÉ AUX GRAINS (a).

Loi du 24 août 1790, art. 3., n° 1, 3 et 4 du tit. XI. — Loi du 22 juillet 1791, art. 46, tit. 1.

1. Le marché aux grains aura lieu, comme par le passé, le mercredi de chaque semaine sur la place St-Côme.

2. Ce jour-là les grains de toute espèce, qui seront portés en ville par les propriétaires ou autres pour être mis en vente au marché, ne pourront être achetés par les commissionnaires, courtiers, marchands ou boulangers, avant qu'ils n'aient été déposés sur la place St-Côme. En conséquence, il est expressément défendu à ces derniers d'acheter des grains destinés à l'approvisionnement du marché, sur les chemins et avenues de la ville, ainsi que dans les rues, dans les hôtelleries, ni ailleurs que sur ladite place.

(a) Le Marché aux Grains a été établi par un arrêté du Maire, en date du 22 mai 1812.

3. Les commissionnaires, courtiers, marchands et boulangers ne pourront faire aucun achat de grains, audit marché, avant midi.

4. Il y aura toujours au marché aux grains des mesureurs, agens ou préposés du fermier des poids et mesurages publics. Il est enjoint à ce dernier de prendre les mesures convenables, pour que le nombre de ces agens ou préposés soit toujours suffisant aux besoins du marché.

5. Le fermier des poids et mesurages publics, ses agens ou préposés, ne pourront exiger d'autre rétribution que celle qui est fixée par le tarif voté par le Conseil municipal, le 30 août 1830, approuvé par décision du Ministre de l'intérieur, en date du 1er octobre suivant ; savoir :

Pour le pesage des grains de toute espèce, par 50 kilogrammes...................... 5c.

Pour le mesurage *idem*, par hectolitre.... 10c.

6. Il est défendu aux voituriers de stationner avec leurs charrettes, soit sur la place St-Côme, soit dans les rues adjacentes et les avenues de ladite place. Les voituriers devront remiser leurs charrettes immédiatement après qu'elles auront été déchargées, et sous aucun prétexte il ne leur sera permis de les laisser sur cette place pendant la tenue du marché.

7. Durant la tenue du marché aux grains, il y aura toujours un Commissaire de police pour faire exécuter le présent arrêté, et toutes les dispositions des lois et règlemens relatifs à la vente des grains. Il surveillera notamment l'exactitude des poids et

mesures employés au marché, et la fidélité des pesages et mesurages des grains. Il dressera procès-verbal de toutes contraventions qui pourront être commises envers ces lois, règlemens et arrêtés, et les contrevenans seront punis des peines portées par les lois.

8. Le présent arrêté sera publié et affiché dans tous les lieux accoutumés de la ville ; un exemplaire restera toujours placardé dans la Halle aux Grains. *(Arrêté du* 19 *juillet* 1833*).*

§ 9. DISPOSITIONS GÉNÉRALES SUR LES HALLES ET MARCHÉS.

1. L'obligation imposée aux marchands et propriétaires de porter directement leurs denrées et marchandises destinées à l'approvisionnement de la ville, sur telles places désignées, aura lieu, sous la réserve du droit qui leur appartient de vendre dans leurs propres magasins, jardins, enclos et maisons, mais aux particuliers seulement et non aux revendeurs, qui n'auront la faculté d'acheter que sur les marchés et aux heures déterminées. *(Art.* 27 *de l'Arrêté du* 21 *mars* 1832, *approuvé par le Préfet le* 24 *du même mois).*

2. La vente sur étau ne pourra généralement avoir lieu que sur les places et marchés, et il est expressément défendu d'en établir aucun dans les rues de la ville, même devant les façades des maisons, sans en avoir reçu l'autorisation écrite du Maire, qui ne l'accordera qu'autant que la circula-

tion n'en sera point gênée, et que les besoins des habitans pourront l'exiger. *(Art. 28 idem)*.

3. Le prix de la location des étaux et emplacemens sur les places et marchés et dans les halles, sera fixé de gré à gré entre les locataires et les fermiers, et en cas d'abus de la part de ces derniers, suivant les clauses des cahiers des charges relatifs à la ferme desdites halles, places et marchés (a). *(Art. 29 idem)*.

(a) *Halle-Neuve.* Le fermier est autorisé à traiter de gré a gré pour la location des boutiques, ainsi que pour la location des étaux. Le prix de chaque place autour de la halle pour les paysans ou autres qui portent au marché du gibier, de la volaille, des œufs, du beurre ou du fromage, demeure fixé au maximum de 10 c. A l'égard de ceux qui porteront et exposeront en vente les comestibles de cette nature dans des corbeilles, le fermier aura le droit de percevoir 20 c. pour chaque corbeille. *(Art. 9 du cahier des charges du bail à ferme de la Halle-Neuve, du 20 novembre 1835).*

Halle au Poisson. Le fermier ne pourra exiger des marchandes et revendeuses de poisson, que les droits de location fixés ainsi qu'il suit ; savoir : prix des huit grands étaux, par année, 210 f. — Prix des plus petits étaux, par année, 190 f. — Prix des places de terrage, par jour, 70 c. ; la surface de chacune de ces places demeure fixée à un mètre carré. *(Art. 8 idem de la Halle au Poisson, du 1er novembre 1835).*

Place-Verte, étaux à jardinage. Le fermier ne pourra dans la location des étaux, excéder les prix auxquels ils étaient affermés par le précédent fermier. *(Art. 9 id. des étaux à jardinage, en date du 17 novembre 1831).*

Marché aux Fleurs. Le fermier se conformera pour le prix de location des places au tarif suivant : 1o Pour les fruits

4. L'inspecteur des comestibles surveillera, par de fréquentes visites, soit à la Halle-Neuve, soit à la Halle au Poisson, et à toutes les boutiques établies dans l'intérieur de la ville et des faubourgs, la vente de la viande de boucherie et de charcuterie, ainsi que celle du poisson et des coquillages de toute espèce, afin de s'assurer que tous les comestibles de cette nature mis en vente sont frais et sains ; il fera connaître à MM. les Commissaires de police, par un rapport écrit et motivé, tous ceux qu'il reconnaîtrait gâtés ou malsains, afin que ceux-ci puissent poursuivre les délinquans, suivant les lois relatives à la salubrité des comestibles. *(Art.* 30 *id.)*

5. Les dispositions du présent arrêté auront leur

---

de toute espèce, le plus petit espace sera de deux mètres carrés, et le droit de location pour chaque mètre carré sera de 10 ᶜ· par jour, c'est-à-dire de 20 ᶜ pour ces deux mètres carrés par jour. Chaque mètre carré en sus loué à la même personne, sera payé 10 ᶜ· par jour. 2º Pour les denrées autres que les fruits, telles que poterie, paniers, pailles de maïs, etc.; le plus petit espace sera pour chaque place de 4 mètres carrés, et le prix de location sera de 5 ᶜ· par mètre carré par jour, c'est-à-dire 20 ᶜ· pour les quatre mètres carrés par jour. On payera 5 ᶜ pour chaque mètre carré de plus. 3º Un espace considérable étant nécessaire aux acheteurs pour choisir et faire peser les sacs de noix et autres fruits, et les corbeilles de pommes apportées sur la place, chaque sac et corbeille sera considéré comme occupant une surface d'un mètre carré et payera 10 ᶜ· Les tonneaux de pommes seront censés occuper quatre mètres carrés et payeront 40 ᶜ· *(Art.* 6 *idem du Marché aux Fleurs, en date du 3 avril* 1834*).*

effet à compter du 1er avril prochain, sauf les droits conférés aux fermiers actuels des halles et marchés, qui leur demeurent réservés jusqu'à l'expiration de leurs baux respectifs. *(Art.* 32 *id.)*

6. Tous règlemens et arrêtés antérieurs sont et demeurent abrogés, en tout ce qu'ils auraient de contraire au présent. *(Art.* 33 *id.)*

SECTION III.

BOULANGERIE.

—

Nº 1. BOULANGERS.

§ 1. RÈGLES SUR L'EXERCICE DE LA PROFESSION DE BOULANGER.

1. A l'avenir, nul ne pourra exercer dans la ville de Montpellier, département de l'Hérault, la profession de boulanger, sans une permission spéciale du Maire. Elle ne sera accordée qu'à ceux qui seront de bonne vie et mœurs, et qui justifieront avoir fait leur apprentissage et connaître les bons procédés de l'art. — Ceux qui exercent actuellement la profession de boulanger dans la ville de Montpellier, seront maintenus dans l'exercice de leur profession; mais ils devront se munir, à peine de déchéance, de la permission du Maire, dans un mois pour tout délai, à compter de la publication de la présente ordonnance.

2. Cette permission ne sera accordée que sous les conditions suivantes : chaque Boulanger se soumettra à avoir constamment en réserve dans son magasin un approvisionnement de blé de première qualité. Cet approvisionnement sera, savoir : de 120 hectolitres au moins pour les boulangers de première classe. De 80 hectolitres au moins pour les boulangers de seconde classe. De 40 hectolitres au moins pour les boulangers de troisième classe.

3. La permission délivrée par le Maire constatera la soumission souscrite par le boulanger, pour la quotité de son approvisionnement de réserve, et elle énoncera le quartier dans lequel chaque boulanger devra exercer sa profession.

4. Le Maire s'assurera par lui-même, ou par l'un de ses adjoints, si les boulangers ont constamment en magasin et en réserve la quantité de blé pour laquelle chacun d'eux aura fait sa soumission ; il en enverra tous les mois l'état certifié par lui au Préfet.

5. Le Maire réunira auprès de lui quinze boulangers pris parmi ceux qui exercent leur profession depuis long-temps. Ces quinze boulangers procéderont, en présence du Maire, à la nomination d'un syndic et de quatre adjoints. Le syndic et les adjoints seront renouvelés tous les ans, au mois de janvier : ils pourront être réélus ; mais après un exercice de trois ans, le syndic et les adjoints devront nécessairement être renouvelés.

6. Le syndic et les adjoints procéderont, en présence du Maire, au classement des boulangers,

conformément aux dispositions énoncées en l'art. 2. Ils régleront pareillement le nombre des fournées auquel chaque boulanger devra être au moins astreint, suivant les différentes saisons de l'année.

7. Le syndic et les adjoints seront chargés de la surveillance de l'approvisionnement de réserve des boulangers, et de constater la nature et la qualité des denrées dudit approvisionnement, sans préjudice des autres mesures de surveillance qui devront être prises par le Maire.

8. Aucun boulanger ne pourra quitter sa profession que six mois après la déclaration qu'il en devra faire au Maire.

9. Nul boulanger ne pourra restreindre le nombre de ses fournées sans l'autorisation du Maire.

10. Tout boulanger sera tenu de peser le pain, s'il en est requis par l'acheteur; il devra, à cet effet, avoir, dans le lieu le plus apparent de sa boutique, des balances et un assortiment de poids métriques dûment poinçonnés.

11. Tout boulanger qui quittera sa profession, sans y être autorisé par le Maire, ou qui sera définitivement interdit, perdra son approvisionnement de réserve, qui sera vendu à la halle, à la diligence du Maire, et le produit en sera versé à la caisse des hospices. — Dans le cas où le boulanger aurait fait disparaître son approvisionnement de réserve, et où l'interdiction absolue aurait été prononcée par le Maire, il gardera prison jusqu'à ce qu'il l'ait représenté ou qu'il en ait versé la valeur à la caisse des hospices.

12. Il est défendu, sous peine de confiscation, d'établir des *regrats* de pain, en quelque lieu public que ce soit ; En conséquence, les traiteurs, aubergistes, cabaretiers et tous autres qui font métier de donner à manger, ne pourront, sous peine de confiscation, tenir d'autre pain chez eux que celui nécessaire à leur propre consommation et à celle de leurs hôtes.

13. Le fonds d'approvisionnement de réserve deviendra libre sur une autorisation du Maire pour tout boulanger qui, en conformité de l'article 8, aura déclaré, six mois d'avance, vouloir quitter sa profession. La veuve ou les héritiers du boulanger décédé pourront être pareillement autorisés à disposer de leur approvisionnement de réserve.

14. Les boulangers et débitans forains, quoique étrangers à la boulangerie de Montpellier, seront admis concurremment avec les boulangers de la ville, à vendre ou faire vendre du pain sur les marchés et lieux publics qui seront désignés par le Maire, en se conformant aux règlemens.

15. Le Préfet de l'Hérault, sur la proposition du Maire et de l'avis du Sous-Préfet, pourra, avec l'autorisation de notre Ministre Secrétaire-d'État de l'intérieur, faire les règlemens locaux nécessaires pour l'exercice de la profession de boulanger, sur la nature, la qualité, la marque et le poids du pain en usage à Montpellier, sur les boulangers et débitans forains qui ont coutume d'approvisionner le marché, et sur la ration des différentes espèces de pain.

16. En cas de contravention aux articles 2 et 9
de la présente ordonnance, il sera procédé contre
les contrevenans, par le Maire, qui, suivant les
circonstances, pourra prononcer, par voie administrative, une interdiction momentanée ou absolue
de leur profession, sauf le recours au Préfet et à
notre Ministre Secrétaire-d'État de l'intérieur. Les
autres contraventions à la présente ordonnance,
ainsi qu'aux règlemens locaux qui seront faits en
vertu de l'article précédent, seront poursuivies et
réprimées par le Tribunal de police municipale, qui
pourra prononcer l'impression et l'affiche du jugement aux frais des contrevenans.

17. Les règlemens antérieurs continueront à être
exécutés en tout ce qui n'est pas contraire à la
présente ordonnance.

18. Nos Ministres Secrétaires-d'État aux dépar-
temens de la justice et de l'intérieur, chacun en
ce qui le concerne, sont chargés de l'exécution de
la présente ordonnance. *(Ordonnance du Roi du
28 décembre 1815).*

§ 2. **FABRICATION, POIDS ET PRIX DU PAIN** (a).

1. Les citoyens exerçant la profession de boulan-

(a) Par arrêt du ci-devant Parlement de Toulouse, en
date du 18 août 1771, rendu contradictoirement entre
la Commune de Montpellier et les boulangers et fourniers
de la même ville, il fut ordonné « que les boulangers
» seraient tenus de faire du pain de toute qualité, qu'ils

gers, sont tenus de fabriquer du pain blanc du poids
de deux hectogrammes et demi ou onces nouvelles,
de cinq hectogrammes ; d'un kilogramme ou livre

» feraient du pain blanc du poids de huit, de seize, de
» trente-deux et quarante-huit onces, et que du pain
» rousset, ils en feraient de deux, de trois et de quatre
» livres, lesquels pains auraient un prix fixe, et ne pour-
» raient jamais diminuer de poids quoique le blé aug-
» mentât, sauf à augmenter le prix du pain ; que lesdits
» boulangers seraient tenus de détailler le pain bis à la livre,
» dont le prix serait fixé sur la valeur des grains, etc. »

Pour l'exécution de cet arrêt, le bureau de police de
Montpellier rendit une ordonnance le 13 janvier 1772 qui
autorisa le tarif dressé par les membres composant la
société des Sciences de cette ville, et ordonna que le prix
du pain continuerait d'être donné aux boulangers sur les
fourleaux de Pézenas et Béziers, ou de Montpellier, au
choix du bureau de police, sur les trois différentes qualités de blé, combinées conformément au susdit arrêt.
Cette ordonnance régla en même temps les frais de main-
d'œuvre et de manutention à accorder aux boulangers,
pour la fabrication des susdites qualités de pain.

Cependant, l'arrêt du Parlement de Toulouse et l'ordonnance du 13 janvier 1772 étaient tombés en désuétude, par
l'effet des circonstances politiques, lorsqu'en l'an XI, l'Administration crut devoir les remettre en vigueur.

Le nouveau système des poids et mesures ayant fait naître
des difficultés sur l'application du tarif dressé en 1772, il
fallut s'occuper d'établir des bases nouvelles pour la fixation du prix du pain. A cet effet, une commission fut
nommée par le Maire, et par arrêté de ce magistrat, en date
du 1er nivôse an XI, conforme à celui que prit le Préfet
le 25 frimaire même année, le tarif proposé par cette
commission fut approuvé et rendu exécutoire.

nouvelle, et d'un kilogramme et demi. — De fabriquer de pain rousset du poids d'un kilogramme ou
livre nouvelle, d'un kilogramme et demi et de deux

Plus tard, et le 25 septembre 1820, les boulangers ayant
réclamé contre le tarif dressé en l'an XI, il intervint, le
31 octobre de la même année, une décision ministérielle,
en exécution de laquelle le Maire de Montpellier fit procéder, contradictoirement entre les représentans des boulangers et les délégués de la Mairie, à de nouveaux essais, et
d'après le résultat de ces nouvelles opérations, il fut dressé
un nouveau tarif pour servir à fixer le prix du pain. Ce
tarif fut adopté par arrêté du Maire en date du 26 juillet
1821, et approuvé par le Préfet, le 28 avril 1822, conformément à une décision du Ministre de l'intérieur, en date
du 13 du même mois.

Nous publions le tarif dressé en 1821. Nous rapportons
aussi les dispositions de l'arrêté du 1er nivôse an XI, qui
ont pour objet la fabrication, le poids et le mode d'établir
le prix du pain. Elles trouvent naturellement leur application, relativement au tarif dont les prix seuls ont été
changés ; le système précédemment adopté étant resté
le même. Nous avons retranché les articles de cet arrêté,
aussi bien que ceux de l'arrêté du 30 pluviôse suivant,
qui réglaient les conditions imposées aux personnes qui
voulaient exercer la profession de boulanger, ainsi que les
dispositions de ces deux arrêtés, qui avaient pour objet la
vente et le débit du pain, l'ordonnance royale du 28
décembre 1815 et les arrêtés plus récens, ayant statué
sur ces divers objets.

Par là, nous avons été amenés à ne reproduire que les
dispositions de l'arrêté du 1er nivôse an XI, qui sont restées en vigueur, en présence de cette ordonnance royale
et des règlemens postérieurs que nous rapportons.

kilogrammes.— Ils fabriqueront également du pain
bis qui sera vendu par eux au kilogramme ou livre
nouvelle. *(Art. 2 de l'arrêté du* 1er *nivôse an XI).*

2. Le prix du pain sera donné aux boulangers
sur les fourleaux de Pézenas et de Béziers, ou de
Montpellier, au choix de la Mairie, sur les trois
différentes qualités de pain combinées, conformément au tarif qui en a été dressé et qui sera joint
au présent (a). Enjoint auxdits boulangers de n'employer dans la fabrication du pain blanc, et du
poids ci-dessus déterminé, que la même quantité
de pâte faite avec la seule fleur de farine, ainsi
qu'ils l'ont fabriqué ou dû fabriquer jusqu'à ce
jour ; ordonne que dans le pain rousset il ne sera
employé que la seconde qualité de farine, qu'il
sera du poids ci-dessus fixé, et fabriqué de la
même forme, façon et cuisson que lesdits boulangers ont fabriqué ou dû fabriquer ledit pain
rousset ; et à l'égard du pain bis, qu'il sera vendu
au kilogramme ou livre nouvelle, qu'il sera fabriqué
avec la troisième farine, et en la même forme,
manière, façon et cuisson que ledit pain bis a été
ou dû être par eux fait. *(Art. 3 idem).*

3. Les frais de main-d'œuvre et de manutention
seront accordés aux boulangers pour les différens
prix de l'hectolitre de blé, en suivant le tableau

(a) Voyez le nouveau tarif dressé en 1821, qui remplace
celui de l'an XI.

qui en a été dressé et qui sera joint au présent (a).
(Art. 4 idem).

4. Il ne pourra être fabriqué par les boulangers
que des pains des poids déterminés par l'article 2
du présent arrêté et des trois qualités qui y sont
exprimées ; le pain bis sera vendu au kilogramme
ou livre nouvelle. Fait très-expresses inhibitions et
défenses auxdits boulangers d'employer , dans la
fabrication d'aucun des susdits pains, aucune partie
de son ou petit son ; leur permet néanmoins de

(a) Tableau des frais de main-d'œuvre et de manutention,
accordés pour les différens prix de l'hectolitre de blé.

PRIX de l'hectolitre.	FRAIS.		PRIX de l'hectolitre.	FRAIS.		PRIX de l'hectolitre.	FRAIS.	
fr.	*fr.*	*c.*	*fr.*	*fr.*	*c.*	*fr.*	*fr.*	*c.*
à 20	4	50	à 30	5	50	à 40	6	50
21	4	60	31	5	60	41	6	60
22	4	70	32	5	70	42	6	70
23	4	80	33	5	80	43	6	80
24	4	90	34	5	90	44	6	90
25	5	»	35	6	»	45	7	»
26	5	10	36	6	10	46	7	10
27	5	20	37	6	20	47	7	20
28	5	30	38	6	30	48	7	30
29	5	40	39	6	40			

Ce tableau est extrait du rapport fait par la Commission
chargée par la Mairie de la formation d'un nouveau tarif
pour le prix du pain. Ce rapport, en date du 22 frimaire
an XI , est transcrit sur le registre des arrêtés de la Mairie,
à suite de l'arrêté du 1er nivôse , dont nous rapportons le
texte.

faire reposer le pain dans la table avant la cuisson, sur une légère couche de petit son ; enjoint en outre auxdits boulangers de tenir leurs boutiques suffisamment garnies des trois qualités de pain ci-dessus énoncées, afin que les citoyens puissent s'en pourvoir, comme aussi de se conformer aux arrêts, ordonnances et règlemens faits, tant pour la mouture des grains, fabrication et cuisson du pain, que pour toutes les autres règles de la bou-langerie, avec défenses d'y contrevenir, sous les peines portées par lesdits arrêts, ordonnances et règlemens. *(Art.* 9 *idem)*.

TARIF

Pour servir à fixer la taxe des trois qualités de Pain en usage dans Montpellier, calculé sur un hectolitre de blé, sur les frais de manutention et bénéfices du boulanger, et sur la progression d'un franc ; ledit tarif arrêté par le Maire de cette ville, le 26 juillet 1821, et approuvé par le Préfet, le 28 avril 1822, en vertu d'une décision ministérielle du 13 du même mois.

PAIN DE 1re QUALITÉ, DIT *PAIN BLANC* (a).

PRIX DU BLÉ par hectolitre.	LE PAIN BLANC doit être vendu, SAVOIR :			
	CELUI de 25 décagr.	CELUI de 5 hectogr.	CELUI d'un kilogram.	CELUI d'un kilogr. et demi.
fr.	*fr.* c.	*fr.* c.	*fr.* c.	*fr.* c.
à 20	» 8	» 16	» 33	» 49
21	» 8 1/2	» 17	» 34	» 52
22	» 9	» 18	» 36	» 54
23	» 9 1/2	» 19	» 37	» 56
24	» 9 1/2	» 19	» 39	» 58
25	» 10	» 20	» 40	» 61
26	» 10 1/2	» 21	» 42	» 63
27	» 11	» 22	» 43	» 65
28	» 11	» 22	» 45	» 67
29	» 11 1/2	» 23	» 46	» 69
30	» 12	» 24	» 48	» 72
31	» 12 1/2	» 25	» 49	» 74
32	» 12 1/2	» 25	» 51	» 76
33	» 13	» 26	» 52	» 78
34	» 13 1/2	» 27	» 54	» 81
35	» 14	» 28	» 55	» 83
36	» 14	» 28	» 57	» 85
37	» 14 1/2	» 29	» 58	» 87
38	» 15	» 30	» 60	» 89
39	» 15 1/2	» 31	» 61	» 92
40	» 15 1/2	» 31	» 63	» 94
41	» 16	» 32	» 64	» 96
42	» 16 1/2	» 33	» 66	» 98
43	» 17	» 34	» 67	1 01
44	» 17	» 34	» 69	1 03
45	» 17 1/2	» 35	» 70	1 05
46	» 18	» 36	» 71	1 07
47	» 18	» 36	» 73	1 09
48	» 18 1/2	» 37	» 74	1 12

(a) Pour fixer le prix du pain blanc *façonné*, on ajoute 2 centimes en sus du chiffre porté au tarif. Cette augmentation est accordée au boulanger, pour l'indemniser du déchet que le pain éprouve dans la fabrication, lorsqu'il est *façonné*. Elle est basée sur le rapport de la Commission qui dressa le tarif de l'an XI.

PAIN DE 2e QUALITÉ , DIT *PAIN ROUSSET*.

PAIN DE 3e QUALITÉ, DIT *PAIN BIS*.

PRIX DU BLÉ par hectolitre.	LE PAIN ROUSSET doit être vendu, SAVOIR :			PRIX DU BLÉ par hectolitre.	LE kilogramme de PAIN BIS doit être vendu.	
	CELUI d'un kilogr.	CELUI d'un kilogr. et demi.	CELUI de 2 kilogr.			
fr.	*fr.* *c.*	*fr.* *c.*	*fr.* *c.*	*fr.*	*fr.* *c.*	
à 20	» 29	« 43	» 57	à 20	» 24	
21	» 30	« 45	» 60	21	» 25	
22	» 31	« 47	» 62	22	» 26	
23	» 32	» 49	» 65	23	» 27	
24	» 34	» 51	» 67	24	» 29	
25	» 35	» 52	» 70	25	» 30	
26	» 36	» 54	» 73	26	» 31	
27	» 38	» 56	» 75	27	» 32	
28	» 39	» 58	» 78	28	» 33	
29	» 40	» 60	» 80	29	» 34	
30	» 41	» 62	» 83	30	» 35	
31	» 43	» 64	» 85	31	» 36	
32	» 44	» 66	» 88	32	» 37	
33	» 45	» 68	» 91	33	» 38	
34	» 47	» 70	» 93	34	» 39	
35	» 48	» 72	» 96	35	» 40	
36	» 49	« 74	» 98	36	« 42	
37	» 50	» 76	1 01	37	» 43	
38	» 52	» 78	1 03	38	» 44	
39	» 53	» 79	1 06	39	» 45	
40	» 54	» 81	1 08	40	» 46	
41	» 56	» 83	1 11	41	» 47	
42	» 57	» 85	1 14	42	» 48	
43	» 58	» 87	1 16	43	» 49	
44	» 59	» 89	1 19	44	» 50	
45	» 61	» 91	1 21	45	» 51	
46	» 62	» 93	1 24	46	» 52	
47	» 63	» 95	1 26	47	» 54	
48	» 65	» 97	1 29	48	» 55	

Nota. Ce tarif n'avait été fait que pour l'année 1821. C'est ce qui résulte de ses dispositions. Cependant, comme il n'en existe pas de plus récent, c'est d'après ses bases que le prix du pain a toujours été fixé depuis cette époque , et qu'il l'est encore aujourd'hui. Du reste , on trouvera dans les archives de la ville le compte rendu des opérations auxquelles donna lieu la confection de ce nouveau tarif. Ce document, dans lequel M. Prevost, alors Commissaire de police de cette ville, mit à profit les lumineuses observations de M. Augustin Coste , ancien adjoint, est de nature à rendre facile l'appréciation des moyens employés, en même temps qu'il permet de vérifier l'exactitude des résultats obtenus.

§ 3. **VENTE ET DÉBIT DU PAIN. — BOULANGERS ET DÉBITANS FORAINS.**

1. A dater de la publication du présent arrêté , la vente du pain est prohibée dans les rues et sur les places publiques de la ville, autres que celles ci-après désignées (a).

2. Elle ne pourra avoir lieu que sur la place St.-Côme, et le mercredi de chaque semaine, jour fixé pour le marché au blé.

3. Il ne sera exposé sur ledit marché que du pain de bonne qualité, bien cuit et du poids fixé par le tarif de la Mairie.

4. Le pain devra être apporté directement audit marché par les habitans forains qui sont dans l'usage d'en vendre dans la ville et devra y être vendu au prix établi par le dernier tarif de la Mairie (b).

5. Tout individu , s'il n'est boulanger autorisé par la Mairie , et ayant boutique , devra cesser de vendre du pain (c).

6. Il est défendu à toute personne de colporter du pain sur la voie publique ; les boulangers eux-

_____

(a) Cette disposition renouvelle la prohibition précédemment faite par les articles 8 de l'arrêté du 1er nivôse an XI et 3 de celui du 30 pluviôse même année.

(b) Voy. l'art. 14 de l'ordonnance royale ci-dessus rapportée , § 1er.

(c) L'art. 6 de l'arrêté du 1er nivôse an XI défendait aussi à ceux qui n'étaient point munis d'autorisation, de fabriquer, vendre ou débiter du pain.

mêmes, reconnus par la Mairie, ne pourront en vendre que dans leurs boutiques et sur le marché (a).

7. Il est également défendu de vendre du pain *au regrat*, dans quelque lieu que ce soit, et d'en former des dépôts. En conséquence, les traiteurs, · aubergistes, cabaretiers et tous autres qui font métier de donner à manger, ne pourront, à peine de confiscation, tenir d'autre pain chez eux que celui nécessaire à leur propre consommation et à celle de leurs hôtes (b).

8. Lorsque le syndic des boulangers ou ses adjoints auront connaissance d'une contravention aux dispositions du présent arrêté, ils en préviendront l'un de MM. les Commissaires de police, dont ils devront requérir le ministère et se transporter avec lui sur les lieux, à l'effet de provoquer la saisie du pain qui se trouvera dans ce cas.

9. Le Commissaire de police dressera procès-verbal de la contravention; il le fera signer par le syndic ou l'adjoint présent, et l'adressera à la Mairie.

10. Le pain vendu en contravention à l'une des dispositions ci-dessus, sera saisi et transporté au bureau de charité, ou à l'hospice d'humanité, pour être distribué aux pauvres.

(a) Les articles 8 de l'arrêté du 1er nivôse an XI et 3 de l'arrêté du 30 pluviôse même année, défendaient aussi de vendre du pain ailleurs que dans les boutiques.

(b) Voy. l'art. 12 de l'ordonnance royale ci-dessus rapportée, § 1er.

11

11. Outre la confiscation , il sera pris envers les contrevenans telles mesures de police administrative qu'il appartiendra , sans préjudice des poursuites à exercer contre eux devant les Tribunaux. *(Arrêté du 8 août* 1816*)*.

§ 4. MARQUE DU PAIN.

1. Chaque boulanger sera tenu , à compter de la publication du présent arrêté , d'imprimer sur tous les pains qu'il fabriquera de quelque qualité qu'ils soient (à l'exception cependant du pain blanc façonné) un numéro qui lui sera assigné et remis par la Mairie.

2. Les boulangers ne pourront, sous aucun prétexte , saupoudrer avec de la farine le pain blanc , soit de forme ronde, soit longue, soit façonnée , afin que l'acheteur ne puisse se méprendre sur les qualités , et pour empêcher, par ce moyen, que les difficultés qui se sont déjà élevées à ce sujet entre les consommateurs et les boulangers se renouvellent.

3. Le poids du pain donné dans les tarifs arrêtés par la Mairie ne peut être changé par les boulangers , sous quelque motif que ce soit.

4. Le particulier conserve toujours la faculté de faire peser le pain qu'il prend chez le boulanger pour s'assurer qu'il a le poids désigné dans le tarif (a). (*Arrêté du* 30 *mars* 1825 *, approuvé par le Préfet le 8 avril suivant*).

_____

(a) Voy. l'art. 10 de l'ordonnance royale du 28 décemb. 1815, § 1er de la présente section.

§ 5. APPROVISIONNEMENT EN PAIN DES BOULANGERS.

1. Il est enjoint à tous les boulangers de tenir en tout temps et à toute heure du jour, du pain préparé pour les besoins journaliers des habitans, et, à cet effet, de faire chaque jour le nombre de fournées auquel ils se sont eux-mêmes obligés par leur classement; comme aussi d'avoir constamment en réserve l'approvisionnement prescrit par la loi.

2. Les boulangers chez lesquels on n'aura point trouvé de pain, ou qui auront refusé de peser le pain acheté, pourront être dénoncés par les personnes auxquelles ils auront fait éprouver l'un ou l'autre refus, et leur destitution sera prononcée, sans préjudice de l'application des peines portées par l'article 16 de la susdite ordonnance royale.

3. Si plusieurs boulangers étaient à la fois dépourvus de pain ou d'approvisionnement, cette infraction pourrait être considérée comme la suite d'une coalition, et les délinquans seraient traduits devant les Tribunaux compétens. (*Arrêté du* 8 *novembre* 1827).

No 2. MEUNIERS.

1. Tous les meuniers tenant des moulins sur la rivière du Lez et sur le territoire de la Commune, se présenteront à la Mairie d'ici au 1er septembre prochain, à l'effet de se munir d'un permis d'exercer leur profession, et ce permis ne leur sera délivré que sur l'attestation de deux anciens boulangers,

portant qu'ils ont les connaissances nécessaires à leur état.

2. Les meuniers sont tenus de garnir leurs moulins d'une bonne meule entière et non rompue, autour de laquelle ils mettront un cercle de bois d'une rondeur égale, lequel sera couvert d'une corde ou *ais*, pour empêcher que la fleur de farine ne se perde.

3. L'archure, vulgairement appelée *l'arescle*, sera posée à la distance de 5 centimètres 50 millimètres (2 pouces, ancienne mesure) de la meule, dans toute sa circonférence, conformément à la matrice déposée à la Mairie, sans pouvoir être élargie desdits 5 centimètres 50 millimètres.

4. L'encastre sur lequel l'archure sera posée, sera fait avec du bois solide et uni, sans aucun creux ni poche.

5. L'archure sera posée sur l'encastre, et marquée avec un fer rouge, portant ces mots: *Police, Mairie de Montpellier*. Elle sera attachée par six chevilles en fer fixes et non mouvantes, de la grosseur de 6 centimètres 80 millimètres (un pouce et demi), en dehors joignant l'archure.

6. Il est défendu aux meuniers et à leurs domestiques de changer les grains des habitans, ni de prendre du blé, soit des sacs, soit de l'entremuid, pour se l'approprier au préjudice de l'habitant.

7. Il leur est expressément défendu de faire le commerce des grains et farines, sous peine de saisie desdits grains, et d'être poursuivis devant les Tribunaux compétens.

8. Les meuniers sont tenus d'aller prendre les grains chez l'habitant, ainsi que chez les boulangers, et de leur en rapporter la farine; ils ne pourront faire le transport des blés et farines que par les portes du Pila-Saint-Gély et de Lattes, où ils en feront reconnaître le poids aux bureaux qui y sont établis à cet effet.

9. Le poids de la farine devra être le même que celui du blé, à l'exception d'un kilogr. 6 hectogr. (4 livres une once poids ancien) accordés pour le déchet sur chaque quintal de blé, nouveau poids, (ou 240 livres ancien poids).

10. Le prix de la mouture est fixé comme ci-après, et jusqu'à ce qu'il en soit autrement ordonné, savoir :

Pour les boulangers, pour chaque quintal de blé, nouveau poids, ci.................... 1 f. » c.

Pour l'habitant, ci............... 1   40

Pour ledit, lorsqu'il portera lui-même son blé au moulin, et qu'il rapportera la farine, ci........................... »   90

11. Lorsque les meuniers ou leurs charretiers porteront du blé à leur moulin, et qu'ils en rapporteront la farine, ils seront tenus de faire l'avance du droit fixé pour la pesée, à moins qu'ils ne soient munis d'une déclaration de l'habitant à qui ledit blé appartient, dans laquelle il se sera engagé à en payer le droit, ou que cet habitant viendra déclarer lui-même au bureau qu'il n'entend pas le payer. *(Arrêté du 12 août 1806, approuvé par le Préfet, le 21 du même mois).*

SECTION IV.

BOUCHERIE.

---

§ 1. RÈGLEMENT DE L'ABATTOIR.

1. A dater du 15 avril jusqu'au 15 octobre de chaque année, l'abattage ou l'égorgement des bestiaux destinés à la consommation, aura lieu depuis cinq heures du matin jusqu'à huit heures. — Le pavé et le bas-côté des murs seront de suite lavés à grande eau. L'égorgement sera repris à midi et pourra continuer jusqu'à six heures et jusqu'à sept heures pour les veaux seulement. Le lavage sera répété et exécuté comme le matin.

2. Depuis le 15 octobre jusqu'au 15 avril, l'abattage aura lieu depuis sept heures du matin jusqu'à trois heures de l'après-midi. Immédiatement après trois heures, le local rendu libre sera lavé et nettoyé comme il est dit ci-dessus. Toutefois, en considération du plus grand nombre de veaux qu'on égorge le vendredi, il sera accordé, pour ce jour-là seulement, jusqu'à cinq heures du soir pour l'égorgement des veaux.

3. Pour donner à la chair et à la graisse le temps de se raffermir, et au sang celui de s'égoutter, la viande ne pourra être enlevée de la boucherie, qu'une heure après qu'elle aura été dépouillée, inspectée et marquée.

4. Pour faciliter les vérifications et prévenir les

inconvéniens qui pourraient résulter d'une maladie contagieuse, les animaux destinés à être abattus dans la journée, seront conduits à la boucherie, dès le matin pour être examinés. Ceux reconnus atteints de quelque vice qui pourrait en rendre la viande insalubre, seront séquestrés ou abattus pour être enfouis si leur état l'exige ; ceux qui excéderont le besoin des bouchers pourront être reconduits au dehors au moyen d'un passe-debout. — Dans le cas où les hospices ou tout autre établissement de bienfaisance, auraient besoin d'un supplément de viande dans l'intervalle des heures fixées pour l'abattage, le boucher, porteur de la demande, sera autorisé à la remplir, à la charge par lui d'approprier les lieux.

5. Il est défendu aux bouchers, tripiers et autres personnes de vider les intestins dans l'intérieur de l'égorgeoir. Cette opération devra se faire au bord du Verdanson, à cent mètres au moins de la boucherie et de toute autre maison habitée. — Il est également défendu à toute personne d'emporter le sang des bestiaux égorgés, à moins qu'il ne doive être employé dans quelque fabrique. — Le préposé surveillant de la boucherie exigera qu'il soit répandu dans les rigoles de l'abattoir et balayé.

6. Les immondices qui seront extraites soit de la boucherie, soit des locaux servant à la resserre des bestiaux, devront être transportées de suite en dehors du bâtiment et ne pourront pas même être provisoirement déposées dans les cours.

7. Le fermier des fumiers de la boucherie sera

tenu de recouvrir, avec de la paille fraîche, la litière des bergeries et autres lieux renfermant des bestiaux, tous les jours en été et aussi souvent que possible dans les autres saisons.

8. Le Commissaire de police du quartier, l'inspecteur des comestibles et le préposé aux recettes de la boucherie, sont chargés de l'exécution du présent arrêté, qui sera constamment affiché dans l'intérieur du bâtiment. *(Arrêté du 4 décemb. 1833).*

§ 2. DÉFENSE D'ABATTRE LES BESTIAUX AILLEURS QUE DANS L'ABATTOIR.

Lois du 24 août 1790, art. 3, n° 4, tit. XI. — 22 juillet 1791, art. 20, tit. Ier. — Arrêté du 5 brumaire an 9, art. 18.—Règlement de l'octroi, approuvé par ordonnance royale du 4 décembre 1816, art. 22.

1. L'exécution de l'article 22 du règlement de l'octroi municipal de la ville de Montpellier, ci-dessus transcrit (a), est de plus fort ordonnée. En conséquence, il est expressément défendu à toute personne, d'abattre ou d'égorger des bestiaux dans tout autre lieu que dans l'abattoir public et commun de la ville, sans en avoir obtenu l'autorisation écrite de la Mairie.

2. Les bestiaux abattus ou égorgés hors de l'a-

(a) Cet article était ainsi conçu : « L'abattage ou l'égor-
» gement des bestiaux destinés à la consommation locale,
» aura lieu dans la tuerie commune située à l'égorgeoir
» public. » (*Nota.* Cette disposition n'a point été reproduite dans le nouveau règlement de l'octroi).

battoir commun, seront saisis conformément à la
loi, et les contrevenans poursuivis devant les Tribunaux compétens, soit comme ne s'étant pas conformés aux dispositions du règlement de l'octroi,
soit pour inexécution des mesures de salubrité
prises par l'autorité locale dans les limites de ses
pouvoirs. *(Arrêté du 14 mai 1832).*

§ 3. ÉGORGEOIR ET VENTE DES PORCS.

RÈGLEMENT DE L'ÉGORGEOIR.

1. Tous propriétaires ou conducteurs de porcs
destinés à être vendus à Montpellier, seront tenus
de les conduire à l'entrepôt des porcs, situé à la
boucherie (a), sans qu'il leur soit permis de les
introduire ni faire remiser dans un local quelconque
de la ville ou de la banlieue. Néanmoins, les jours
de la tenue du marché aux bestiaux, les porcs
pourront être conduits directement sur ledit marché, pour y être mis en vente. Les particuliers qui
feront venir du dehors des porcs pour leur compte,
seront dispensés de les conduire à l'égorgeoir. Ils
devront les faire prendre en charge au bureau
central de l'octroi, conformément à l'article 34 du
règlement de l'octroi.

2. Les porcs ne pourront être invendus dans les
loges plus de trente-six heures. Ils devront sortir
de l'entrepôt et de la commune après ce délai, à

_____

(a) Le marché et l'égorgeoir public des cochons furent
établis dans ce local, par arrêté du 22 septembre 1810.

moins que l'Administration ne juge convenable dans
l'intérêt public, de les y laisser plus long-temps.
— Les porcs ne seront pesés qu'après avoir de-
meuré au moins six heures sans avoir pris de nour-
riture, sauf convention contraire entre le vendeur
et l'acquéreur.

3. Il est défendu aux revendeurs et revendeuses
de viande de porc, à leurs associés, et à toutes
personnes employées à la boucherie, de se coaliser
pour l'achat des porcs, de s'immiscer directement
ou indirectement dans la fixation du prix de ce bétail, et d'entraver, sous quelque prétexte que ce
soit, les ventes faites à autrui.

4. Les porcs destinés à la consommation de la
ville, ne pourront être abattus que dans l'égorgeoir
public. — Néanmoins, les particuliers pourront
être autorisés par le Maire à faire abattre chez eux
les porcs destinés à leur consommation personnelle.
Cette autorisation devra être demandée par écrit.

5. Tout porc destiné à être revendu dans la ville,
ne pourra être abattu et mis en vente qu'après avoir
été langueyé et marqué, dans le marché, par les
personnes à ce commises par le Maire.

Des Langueyeurs.

6. Il sera attaché à l'établissement des agens
appelés *Langueyeurs-tombeurs*, lesquels devront
vérifier si les porcs sont sains et point atteints de
ladrerie.

7. Ces *langueyeurs* devront attacher les porcs,
fournir les cordes nécessaires, et aider les peseurs
publics dans leurs opérations du pesage.

8. Tout porc reconnu *ladre* aura le bout de l'oreille coupé, et les langueyeurs seront tenus d'en donner immédiatement avis à l'inspecteur des comestibles, lequel, après examen, fera immédiatement, et s'il y a lieu, enfouir ledit porc en présence des employés de l'octroi. Les frais d'enfouissement et le coût de la chaux qui sera jetée sur le corps de l'animal, seront à la charge du propriétaire du porc.

9. Tout porc, quoique reconnu ladre, pourra cependant, sur l'avis du langueyeur, de l'inspecteur des comestibles, ou de tout autre expert désigné par le Maire, être vendu, si d'ailleurs, il est constaté qu'il ne peut en résulter aucun danger pour la santé publique. Dans ce cas même la viande du porc reconnu ladre ne pourra être exposée en vente que dans les étaux indiqués par l'Administration municipale.

10. Tout agent qui, dans l'intérêt de l'acquéreur, aura déclaré ladre un porc qui ne l'était pas, ou qui, dans l'intérêt du vendeur, aura déclaré sain un porc atteint de ladrerie, sera immédiatement révoqué et poursuivi, s'il y a lieu, devant les Tribunaux compétens.

11. Il sera payé aux *langueyeurs-tombeurs*, par les acheteurs, une somme de 40 c. par chaque porc, pour tout salaire de tombage, langueyage et tout travail quelconque à ce relatif.

12. Les *langueyeurs-tombeurs* seront nommés et commissionnés par le Maire. Ils ne pourront entrer en fonctions qu'après avoir prêté serment entre les

mains de ce Magistrat. — Le nombre des *lan-gueyeurs* ne pourra être au-dessus de cinq.

Des Égorgeurs.

13. Il sera attaché à cet établissement des agens appelés *égorgeurs*, lesquels auront la faculté de s'adjoindre tel nombre d'ouvriers qu'ils jugeront nécessaire. Ces ouvriers seront payés par les *égorgeurs*, et devront être agréés par le Maire, qui se réserve le droit de les renvoyer, s'il parvient contre eux quelque plainte à l'Administration. — Le nombre des égorgeurs ne pourra être au-dessus de cinq.

14. Dans le cas où le nombre d'ouvriers ne serait pas suffisant, le Maire aura la faculté de l'augmenter, et, dans ce cas, leur salaire sera à la charge des égorgeurs.

15. Les égorgeurs seront tenus, dès qu'un porc aura été ouvert, d'en extraire la ventrée; le sang sera enlevé immédiatement après que le porc aura été abattu, et sous aucun prétexte les chaudrons de l'échaudoir ne pourront être employés à faire chauffer le sang.

16. Les charcutiers auront la libre disposition des intestins des porcs qu'ils auront fait abattre, mais ils devront les faire enlever immédiatement, et il est expressément défendu de faire aucun dépôt de cette espèce dans l'égorgeoir.

17. Les égorgeurs seront tenus de nettoyer chaque jour les chaudrons et d'en renouveler l'eau. — Ils devront également tenir, dans un état constant de propreté, toutes les parties dudit égorgeoir qui sont occupées par eux. Ils ne pourront se retirer

le soir qu'après avoir entièrement éteint le feu des fourneaux.

18. Les égorgeurs devront fournir aux charcutiers les joncs nécessaires pour lier leurs viandes. Ils seront également tenus de faire porter les porcs abattus aux étaux et boutiques des acheteurs, en se conformant au mode de transport qui sera ultérieurement déterminé par le Maire.

19. Les charcutiers et particuliers paieront aux égorgeurs *un franc cinq centimes* par tête de porc abattu dans la boucherie, pour tous frais d'abat, de transport à domicile et de fourniture de joncs.

20. Moyennant la retribution d'*un franc cinq centimes* sus-mentionée, les égorgeurs devront en outre entretenir en bon état toutes les parties de l'égorgeoir dont ils auront été mis en possession, de tout quoi il sera dressé inventaire et récolement, lors de leur entrée en possession et à la fin de chaque campagne de porcs. — Les égorgeurs seront également chargés de l'entretien des fourneaux et chaudrons, ainsi que de toutes les réparations dont ils auront besoin; la Mairie ne devant s'engager à remplacer ou faire remplacer par l'Administration des Hospices, à laquelle la boucherie appartient, que les chaudrons reconnus hors de service.

21. Les soies ou crins des porcs appartiendront, selon l'usage, aux égorgeurs.

22. Les égorgeurs étant responsables des viandes des animaux qu'ils auront abattus, seront détenteurs de la clef de l'égorgeoir. La clef de la porte

d'entrée de l'établissement sera confiée au gardien de l'entrepôt, ainsi qu'il est dit en l'article 26 ci-après.

23. Les fumiers de l'égorgeoir, pendant tout le cours de l'année, appartiendront à la commune.

24. Les égorgeurs seront nommés et commissionnés par le Maire. Ils ne pourront entrer en fonctions avant d'avoir prêté serment entre les mains de ce Magistrat.

Du Gardien.

25. Il sera attaché à l'égorgeoir des porcs un agent communal, qui aura le titre de *Gardien de l'égorgeoir ;* il sera commissionné par le Maire (a).

26. Cet agent sera chargé des clefs du marché et de la porte d'entrée de l'égorgeoir. Il devra veiller à la bonne tenue de l'établissement, à la conservation des bâtimens, balayer ou faire balayer le marché, etc. — Lorsque les égorgeurs se retireront après leur journée, le gardien devra, en leur présence, s'assurer que le feu des fourneaux est éteint.

27. Le gardien de l'entrepôt sera salarié sur le budget de la Commune. Il sera logé dans l'établissement.

(a) Les nouvelles dispositions prises dans l'intérêt du service de la boucherie, pour qu'il n'y ait qu'une seule porte d'entrée et de sortie, ayant mis les préposés de l'octroi à même d'exercer une entière surveillance sur toutes les dépendances de cet établissement, l'emploi de gardien de l'égorgeoir a été supprimé. *(Arrêté du 24 février* 1836*).*

Dispositions générales.

28. Sur les observations qui ont été faites à l'Administration, que les abats opérés pendant la nuit ont toujours lieu sans la moindre surveillance ; que dès-lors l'intérêt de l'octroi, celui de la santé publique et celui de l'acheteur sont gravement compromis, il est expressément déclaré que l'égorgeoir des porcs sera ouvert et fermé aux mêmes heures que la grande boucherie, conformément au règlement de l'octroi.

29. Tout langueyeur-tombeur, égorgeur ou journalier quelconque, attaché à l'établissement, convaincu d'avoir soustrait de la viande ou de la graisse des porcs abattus, de troubler l'ordre, d'insulter les porchers, revendeuses ou particuliers, de s'opposer au libre exercice des fonctions des employés et agens communaux, sera, sur l'ordre du Maire, immédiatement expulsé de l'établissement.

30. Il ne sera perçu aucun droit de resserre et d'occupation sur les porcs amenés à l'entrepôt et qui sortiront invendus.

31. Pour rembourser la ville des frais de location et d'entretien de l'égorgeoir, il sera perçu au profit de la commune, sur chaque porc introduit à l'entrepôt et abattu, un droit de *trente-cinq centimes* (a). Ce droit sera perçu en même temps que le droit d'octroi (immédiatement après que les porcs auront été vendus et pesés) par le receveur

(a) La perception de ce droit de 35 ᶜ a été approuvée par délibération du Conseil municipal, en date du **13** novembre 1835.

du bureau de la boucherie , lequel délivrera des quittances d'un registre qui sera établi à cet effet. — Cette recette sera vérifiée et arrêtée par un des contrôleurs de l'octroi, et sera versée dans la caisse municipale aux époques qui seront ultérieurement déterminées. Les versemens seront justifiés par des bordereaux certifiés par le receveur du droit d'abat et par le contrôleur.

32. MM. les Commissaires et agens de police , l'inspecteur des comestibles , les employés de l'octroi attachés au bureau de la boucherie , l'employé de l'octroi attaché à l'entrepôt des porcs et le gardien de l'établissement sont chargés de l'exécution du présent arrêté.

33. Le présent règlement sera joint au budget de 1836, pour être soumis à la sanction de l'autorité supérieure(a), et, jusqu'à cette approbation, il sera provisoirement exécuté , à partir du 22 septembre courant, jour où la ville prendra possession de l'égorgeoir (b). *(Arrêté du 15 septembre 1835 (c).*

(a) Cette sanction n'a point encore été donnée par l'Autorité supérieure.

(b) Précédemment , l'égorgeoir public était tenu par un entrepreneur , qui percevait les droits d'abattage établis sur les porcs. Par délibération du Conseil municipal, en date du 13 juillet 1835 , l'Administration municipale fut autorisée à prendre à loyer cet établissement à compter du 22 septembre, jour de l'expiration du bail du fermier. Dès ce moment, les droits ont été perçus au profit de la ville , conformément aux délibérations dudit Conseil , des 21 août et 13 novembre 1835.

(c) Les dispositions réglementaires de cet arrêté , et

DISPOSITIONS DIVERSES RELATIVES A LA VENTE
DES PORCS.

1. Il est défendu à tous les habitans de la
ville et des faubourgs qui font le commerce des
cochons , d'aller ni de se tenir sur les avenues ou
chemins par où les cochons sont conduits dans la
ville , pour les acheter , ni de les acheter dans la
distance de quatre lieues , et à cet effet , ils sont
tenus de rapporter un certificat du Maire du lieu
où ils auront acheté , ainsi que du peseur public du
même endroit. *(Art. 1er de l'Arr. du 12 févr. 1816)*.

2. Il est défendu aux revendeuses de cochons ,
à leurs associés et à leurs parens , d'aller ni d'en-
voyer sous aucun prétexte dans le Quercy , ni aux
foires et marchés des lieux circonvoisins ni sur les
avenues , pour acheter des cochons pour leur

---

la perception des droits qu'il autorise , soit au profit des
langueyeurs et égorgeurs , soit au profit de la Commune ,
ne sont pas nouvelles ; il existe à cet égard un arrêté du
7 août 1821 , approuvé par le Préfet le 21 septembre suivant. Toutefois , plusieurs dispositions de cet arrêté ont été
modifiées par le nouveau règlement , la quotité des droits
n'est plus la même. Le précédent règlement n'accordait
en effet que 30 c· aux langueyeurs et 1 f· aux égorgeurs ,
tandis qu'aujourd'hui cette rétribution est de 40 c· pour
les premiers , et de 1 f· 05 c. pour les seconds. Quant au
droit que le nouvel arrêté a établi au profit de la ville ,
il est resté le même ; l'art. 8 du règlement du 7 août
1821 accordait en effet une indemnité de 35 c· à l'entrepreneur ou locataire de l'égorgeoir par tête de porc
vendu.

compte pour les vendre en gros et en détail. *(Art. 2 idem)*.

3. Tous les cochons conduits à l'égorgeoir public, à qui qu'ils appartiennent, devront être mis au sort et partagés entre les revendeuses. *(Art. 3 idem)*.

4. Toute revendeuse de cochons qui achétera un cochon sur le territoire de Montpellier, autre que ceux de voyage, perdra la moitié du sort ; si elle en achète deux, elle perdra le sort entier. *(Art. 1er de l'Arrêté du 14 novembre 1815)*.

5. Toute revendeuse qui aura vendu dans sa boutique du cochon qui n'aura pas paru au marché et qui n'aura pas été égorgé à l'égorgeoir public, perdra le permis de vendre. *(Art. 3 idem)*.

§ 4. DÉBITS DE VIANDE DE BOUCHERIE.

Lois des 24 août 1790, art. 3, § 4, titre XI; et 22 juillet 1791, art. 46. — Code pénal, art. 471, n° 15.

1. Toute personne qui voudra entreprendre ou continuer la profession de débitant de viande, et qui ne serait pas pourvue d'autorisation, devra en faire la déclaration au Secrétariat de la Mairie, où il lui sera délivré un permis d'exercer cette profession. *(Art. 1er de l'Arrêté du 14 mai 1834)* (a).

(a) Aux termes des articles 7 et 8 d'un arrêté du 8 octobre 1825, les débitans de viande étaient tenus de fournir un cautionnement de 400 f. — Sur ce point, l'arrêté du 8 octobre 1825 a été abrogé par le nouveau règlement du 14 mai 1834.

2. Les déclarans devront indiquer la situation de la boutique où ils voudront faire leur débit, comme aussi la nature et l'espèce de viande qu'ils seront dans l'intention de mettre en vente. *(Art. 2 idem)*.

3. Les débitans ne pourront, sous aucun prétexte, vendre aucune espèce de viande que celles mentionnées dans l'autorisation dont ils devront être munis. *(Art. 3 idem)*.

4. Ils ne pourront vendre et débiter simultanément dans la même boutique du bœuf et de la vache, du mouton et de la brebis, du bœuf et de la brebis, de la vache et du mouton. *(Art. 4 id.)*

5. Les débitans devront faire placer au-dessus de la porte de leur boutique une inscription en caractères neufs, gros et lisibles, indiquant l'espèce de viande qu'ils débitent et le n° d'ordre de leur autorisation. *(Art. 5 idem)*.

6. Conformément à l'art. 4, il ne pourra y avoir d'autres débits, et par conséquent d'autres inscriptions (a), que celles ci-après indiquées, savoir :

Débit de Bœuf. — Débit de Vache. — Débit de Mouton. — Débit de Brebis. — Débit de Bœuf et de Mouton. — Débit de Vache et de Brebis. *(Art. 6 idem)*.

7. L'inspecteur des comestibles devra veiller à ce que chaque espèce de viande soit portée dans

---

(a) Ce qui n'exclut point les débits de Cochon, de Veau, de Chevreau, qui peuvent être établis moyennant autorisation préalable, et qui sont soumis aux règles générales sur la vente et le débit de la viande de boucherie.

les boutiques où le débit en aura été autorisé. En conséquence, il devra surveiller lui-même et faire surveiller par les agens qui lui seront désignés à cet effet, les transports qui en seront faits de la boucherie dans les boutiques, et exiger des débitans que les bestiaux égorgés ou abattus ne soient dénaturés dans les boutiques qu'après vérification par lui faite de leur espèce et qualité. *(Art. 8 id.)*

8. Nonobstant ces mesures, pour l'exécution desquelles la plus grande vigilance est exigée de la part de l'inspecteur des comestibles, cet employé devra par des visites journalières, soit à l'abattoir, soit dans les boutiques, s'assurer que les dispositions ci-dessus prescrites sont exactement suivies dans le débit des viandes. Il devra, en cas de contravention, faire connaître les délinquans aux Commissaires de police, qui feront les poursuites de droit. (*Art. 9 idem*).

9. Tout débitant de viande qui, contrairement aux dispositions de notre arrêté du 18 mai 1834, aura tenu dans la même boutique du bœuf et de la vache, ou qui, de toute autre manière, aura vendu ou simplement mis en vente de la vache pour du bœuf, sera privé, soit pour un temps limité, soit pour toujours, suivant les circonstances, de l'autorisation d'exercer la profession de débitant de viande. En conséquence, le permis qui lui aurait été précédemment accordé par l'Administration municipale, lui sera retiré ; le tout sans préjudice des poursuites de droit devant les Tribunaux compétens. (*Art. 3 de l'Arrêté du 3 novembre* 1835).

10. Pour faciliter aux employés les moyens de surveillance qui leur sont confiés, et pour éviter que les consommateurs ne puissent être trompés par les débitans, la viande de boucherie ne pourra être vendue que dans des boutiques. En conséquence, il est défendu d'en vendre par la ville, dans des corbeilles, ou sur des étaux extérieurs. — Toute espèce de viande qui sera exposée en vente de cette manière, dans les rues et places de la ville et des faubourgs, sera considérée comme gâtée ou nuisible, et comme telle, saisie conformément à l'art. 20, tit. 1er de la loi du 20 juillet 1791 et à l'art. 18 de l'arrêté du 5 brumaire an 9 (27 octobre 1800). (*Art. 10 de l'Arrêté du 14 mai 1834*).

11. Les étaux seront suffisamment et constamment garnis de viandes saines et de bonne qualité. Elles seront exposées en vue, et toutes celles qui seraient de mauvaise qualité ou cachées quelque part, et sous quelque prétexte que ce soit, seront saisies et confisquées, sans préjudice des autres poursuites. (*Art. 3 de l'Arrêté du 8 octobre 1825*).

12. La vente des têtes, issues, fressures et abattis, ne pourra se faire que dans l'enceinte de la Halle-Neuve. En conséquence, il est défendu à toute personne de vendre et de colporter dans les rues de la ville et des faubourgs, aucunes têtes, issues, fressures ou abattis (a). (*Art. 6 idem.*

(a) Voyez sect. 2 du présent chap., § 1er *Halle-Neuve.*

§ 5. MARQUES DE LA VIANDE.

Lois citées au précédent § et art. 42 et 43 du règlement de l'octroi.

1. Toute viande de boucherie sera revêtue d'une marque au noir, indiquant sa nature comme suit :

Bœuf, par la lettre **B.**   Brebis, par la lettre **BB.**
Vache, *id......* **V.**   Agneau, *id.....* **A.**
Veau, *id......* **W.**   Chevreau, *id.....* **C.**
Mouton, *id......* **M.**   Porc, *id.....* **P.**

Cette marque sera appliquée sur les quatre quartiers et sur les deux côtés de l'animal. Elle sera apposée par l'inspecteur des comestibles, qui se rendra à cet effet à l'abattoir aux heures indiquées pour l'abattage et l'égorgement des bestiaux. *(Art 7 de l'Arrêté du 14 mai 1834).*

2. A l'avenir, il ne sera apposé qu'une seule marque **V** sur chaque vache abattue, afin d'en constater la bonne qualité. Quant aux bœufs, la marque **B** sera apposée non-seulement sur les quatre quartiers et sur les deux côtés, ainsi que le prescrit notre arrêté précité, mais encore sur toutes autres parties, afin que les acheteurs puissent reconnaître eux-mêmes dans les boutiques la nature de la viande mise en vente. *(Art. 1er de l'Arrêté du 3 novembre 1835).*

3. Il est expressément défendu aux bouchers et débitans de viande, d'enlever ou d'altérer les marques apposées sur la viande de boucherie. Les contrevenans seront poursuivis devant les Tribunaux compétens et punis des peines portées par les lois. *(Art. 2 idem).*

4. A l'avenir, le payement des droits d'octroi auxquels sont soumises les viandes de boucherie, sera constaté par une marque en timbre humide et au noir, laquelle sera apposée sur les quatre quartiers de l'animal abattu ou égorgé, et sur toutes les autres parties de l'animal, sur lesquelles l'apposition de la marque sera reconnue nécessaire pour prévenir la fraude. *(Art.* 11 *de l'Arrêté du* 14 *mai* 1834*)*.

5. La marque de l'octroi sera l'empreinte d'une fleur ou de tout autre dessin. Afin d'éviter les contrefaçons, l'employé de l'octroi préposé à ce service aura soin de changer fréquemment la marque. A cet effet, il lui sera remis l'assortiment de cachets nécessaires. *(Art.* 12 *idem)*.

6. Il y aura des marques de deux dimensions. Les plus grandes seront apposées aux bœufs, vaches et veaux; les plus petites serviront à marquer les moutons, brebis, chevreaux, agneaux et porcs. *(Art.* 13 *idem)*.

7. Nulle viande de boucherie ne pourra être portée hors de l'abattoir, sans qu'au préalable elle ait été revêtue de la marque de l'octroi et du cachet de la police, ainsi qu'il a été dit ci-dessus. *(Art.* 14 *idem)*.

8. Toute viande de boucherie qui serait trouvée non revêtue des marques prescrites, sera saisie comme n'ayant pas acquitté les droits d'octroi, ou comme n'ayant pas été soumise à l'inspecteur des comestibles, suivant que l'une ou l'autre de ces formalités n'aura pas été observée. *(Art.* 15 *id.)*

§ 6. PRIX DE LA VIANDE.

Loi du 22 juillet 1791, art. 30.

1. Le prix des viandes de bœuf, de vache, de mouton et de veau , qui sont exposées en vente dans cette ville , sera désormais fixé d'après les mercuriales. Le Maire se réservant d'établir sur les mêmes bases un semblable tarif sur les autres viandes, lorsqu'il le jugera convenable dans l'intérêt des habitans. *(Art.* 1er *de l'Arrêté du* 8 *octobre* 1825*)*.

2. La réjouissance, dite charge, ne pourra être de plus de deux onces par chaque demi-kilogramme de mouton, sans qu'il puisse en être mis sur la viande des côtes basses et des extrémités de l'épaule, des bœufs, vaches, veaux et moutons. Il ne pourra non plus être donné pour charge, ni têtes, ni fressures, ni os des pieds des bêtes exposées en vente. *(Art.* 2 *id.)*

3. Le tarif de la viande qui aura été arrêté, sera et demeura affiché ostensiblement dans la boutique de chaque boucher et débitant, de manière que le consommateur puisse en prendre connaissance. Tous les bouchers et débitans de viande seront tenus de se conformer audit tarif. *(Art.* 4 *et* 5 *id.)*

4. A dater du mercredi 16 du présent mois, la viande de cochon frais sera comprise au nombre de celles assujetties à la taxe dans toute l'étendue de cette commune. *(Art.* 1er *de l'Arrêté du* 14 *novembre* 1825*)*.

5. D'après les observations parvenues à l'Admi-

nistration depuis la publication de l'arrêté du 8 octobre 1825, il est expliqué que la taxe n'établit qu'un seul et même prix pour chaque demi-kilogr. ou livre usuelle de la même viande, quelles que soient les parties de l'animal livrées à la consommation. Il n'est excepté que les têtes, oreilles, jarrets, pieds, os décharnés, fressures et autres issues et abattis, qu'il est d'usage de vendre à la pièce ou au poids, et dont le prix peut être débattu et réglé de gré à gré entre l'acheteur et le vendeur. (*Art.* 2 *idem*).

6. Le présent arrêté sera publié et affiché aux lieux accoutumés. — Il en sera adressé des exemplaires, ainsi que de celui précité du 8 octobre 1825, à chaque boucher et débitant de viande individuellement, avec injonction, sous les peines portées par les lois, de les tenir constamment affichés, l'un et l'autre, à côté du tarif de la viande, en un lieu apparent de leur boutique ou étal, afin que le public puisse en prendre connaissance. (*Art.* 3 *et* 4 *idem*).

SECTION V.

POIDS PUBLIC.

—

§ 1. DISPOSITIONS GÉNÉRALES.

Le poids public est facultatif pour les habitans en général. Il est obligatoire pour les boulangers (a).

—

(a) Voyez ci-après *Hangards.*

(Art. 3 du cahier des charges du bail à ferme du poids public, en date du 16 décemb. 1833, approuvé par le Préfet le 24 du même mois).

Aucune personne autre que le fermier ne pourra exercer la profession de peseur ou de mesureur, dans l'enceinte des marchés, halles et ports de la ville, à peine de confiscation des instrumens de pesag e et de mesurage, conformément à l'art. 3 de l'arrêté du 7 brumaire an IX. *(Art. 14 id.)*

§ 2. BUREAU DU POIDS PUBLIC.

Le bureau du poids public sera établi, autant que possible, au centre de la ville : il sera indiqué par une enseigne ou inscription.

Il sera ouvert à cinq heures du matin, depuis le 1er avril jusqu'au 1er octobre, et à six heures pendant les autres six mois. Il ne sera fermé qu'à sept heures du soir en toute saison. *(Art. 12 et 13 idem)*.

§ 3. TARIF DES DROITS DE PESAGE ET MESURAGE.

Le droit de pesage tant à la romaine qu'à la balance à bascule et de mesurage, sera perçu par le fermier, conformément au tarif voté par le Conseil municipal, dans sa séance du 23 août 1830, lequel tarif, dont la teneur suit, a été approuvé par décision du Ministre de l'intérieur, en date du 1er octobre suivant.

Pesage à la Romaine.

Pailles, fourrages, charbon de bois, fruits, légumes

verts et secs, et autres menus comestibles, par
50 kilogrammes, dix centimes, ci.... »^{f}· 10^c·

Charbon de terre, par 50 kilogrammes,
cinq centimes....................... » 05

Bois de chauffage et autre, par 50 kilogr.
dix centimes, ci.................... » 10

Poisson frais et salé, coquillages, par 50
kilogrammes, dix centimes, ci....... » 10

Poivre, café, chocolat, sucre, cassonade,
riz, merluche, savon et généralement
tous les articles d'épicerie et droguerie,
par 50 kilog., vingt-cinq centimes, ci. » 25

Nota. La gaude, quoique réputée droguerie, ne payera que dix centimes par 50
kilogrammes, ci.................... » 10

Grains et farines de toute espèce, par 50
kilogrammes, cinq centimes, ci...... » 05

Cochons par tête, quelque soit leur poids,
quarante centimes, ci.............. » 40

Veaux par tête, *idem,* trente cent., ci.. » 30

Pesage aux Ponts à Bascule.

Pour les charrettes dont le chargement sera
de 50 quintaux métriques et au-dessous,
cinquante centimes, ci............. » 50

Celles de 51 à 80 quintaux inclusivement,
soixante-quinze centimes, ci........ » 75

Au-dessus de 80 quintaux, un franc, ci.. 1 »

Mesurage.

Mesurage des grains au marché, par hectolitre, dix centimes, ci............. » 10

Mesurage de l'huile, par décalitre, dix

centimes......................... »f· 10ᶜ·

(*Art.* 4 *id.*)

§ 4. BALANCES OU PONTS A BASCULE.

1. Les employés des bureaux des Balances à bascule apporteront la plus grande attention dans le pesage des différentes voitures qui leur seront présentées. Le fermier sera responsable des erreurs ou différences qu'ils commettront. Ils constateront tous les pesages par des enregistremens sur le registre à souche. La série des numéros desdits registres continuera sans interruption, du 1ᵉʳ janvier au 31 décembre de chaque année , quelque soit le nombre des registres ouverts dans chaque bureau. Les quittances seront toujours datées.

2. Il est défendu aux employés de recevoir des présens de la part des conducteurs, vendeurs ou acheteurs des denrées et autres objets présentés au pesage.

3. Il leur est également défendu de donner , soit aux conducteurs des chargemens , soit à toute autre personne , la note de la réduction du poids des chargemens, de kilogrammes en livres anciennes.

4. Les contrôleurs de l'octroi sont chargés de la surveillance des bureaux à bascule ; ils alterneront entre eux tous les trois mois ; ils veilleront strictement à ce que la perception se fasse conformément au tarif ; ils s'assureront fréquemment par eux-mêmes de l'exactitude des pesages faits par les employés , et constateront le résultat de chaque

vérification, par une annotation mise en marge de l'article contrôlé. En cas de différence dans le poids, ou de perception plus élevée, ils en référeront immédiatement au Maire, qui, outre le renvoi des employés, qu'il exigera du fermier, fera poursuivre en justice ces mêmes préposés comme concussionnaires.

5. La perception des bureaux à bascule sera arrêtée tous les trois mois par les contrôleurs, et plus souvent si l'Administration le juge convenable. A la fin de tous les trimestres, ceux-ci fourniront au Secrétariat de la Mairie un relevé des recettes, divisé suivant la force des chargemens, et remettront un rapport contenant les observations que leur surveillance leur aura suggérées. Ils tiendront la main à ce que le dépôt des registres soit fait à la fin de toutes les années, dans les archives de la ville, conformément au cahier des charges.

6. L'Administration pourra, si elle le juge convenable et si elle reconnaît quelques abus, exiger que les charrettes soient pesées à vide, toutes les fois qu'elles auront été pesées chargées.

7. Les bureaux à bascule seront ouverts tous les jours; savoir: Pendant les mois de janvier, février, novembre et décembre, depuis sept heures du matin jusqu'à six heures du soir. — Pendant les mois de mars, avril, septembre et octobre, depuis six heures du matin jusqu'à sept du soir. — Pendant les mois de mai, juin, juillet et août, depuis cinq heures du matin jusqu'à huit heures du soir. — Les dimanches et les fêtes, ils ne resteront ouverts que jusqu'à midi.

8. Tout employé qui ne se conformera pas aux ordres que l'Administration lui fera transmettre par l'organe des contrôleurs de l'octroi, sera, sur la demande du Maire, renvoyé par le fermier.

9. Un exemplaire du tarif et du présent arrêté sera constamment affiché dans l'endroit le plus apparent des deux bureaux.

10. Une expédition du présent, du cahier des charges et de l'adjudication du poids public, sera transmise aux contrôleurs de l'octroi, qui demeurent chargés de l'exécution du présent arrêté. *(Arrêté du 24 décembre 1831).*

§ 5. HANGARDS POUR LE PESAGE DES GRAINS ET FARINES.

1. Le poids public est obligatoire pour les boulangers, ceux-ci ayant, dans leur propre intérêt, demandé la conservation des hangards, et s'étant soumis au payement d'un droit de dix centimes par quintal métrique, pour le pesage des blés qu'ils envoyent aux moulins, et de cinq centimes par quintal métrique, pour les farines qu'ils reçoivent du dehors (a), et ce pour le terme de cinq années, ainsi qu'il résulte de l'engagement par eux souscrit devant la Commission du Conseil municipal nommée à cet effet; laquelle soumission du mois de décembre 1833, demeurera jointe au pré-

_____

(a) *Ou qu'ils achètent en ville.* — C'est ainsi qu'il faut entendre et que s'exécute cette disposition.

sent (a). *(Art. 3 du cahier des charges de la ferme
du poids public précité).*

2. Le fermier s'entendra avec le syndic de la
boulangerie, ou à défaut avec un de ses adjoints,
pour fixer, sauf l'approbation de M. le Maire,
l'heure à laquelle les hangards devront être ouverts
et fermés en toute saison. *(Art. 8 id.)*

3. Les particuliers qui voudront jouir de la
faculté de faire peser leurs blés ou farines (aux
hangards), ne payeront que 10 cent. pour chaque
100 kilogr. (b). *(Art. 13 de l'Arr. du 12 août 1806,
approuvé par le Préfet le 21 du même mois).*

4. Les employés aux bureaux établis pour la
pesée des blés et farines, veilleront à ce que les
meuniers, leurs garçons ou tous autres particuliers

(a) Le montant des droits que les boulangers doivent
payer au fermier du poids public, est déterminé, pour les
blés, par la quantité qu'ils font peser aux hangards ; ce
qui est établi par les bulletins de pesage : quant aux
farines, il est réglé entre les syndics et le fermier, suivant
la consommation relative de chaque boulanger.

Quelques boulangers, en 1833, ayant refusé de payer
les droits de pesage des grains et farines, ainsi qu'ils s'y
étaient précédemment engagés ; il y eût procès entre eux
et la ville prenant fait et cause du fermier. Un jugement
rendu le 6 juin 1834, par le Juge-de-paix de la première
section, condamna ce refus. A cette occasion les droits
furent diminués, et les boulangers renouvelèrent leur
soumission. Voyez les délibérations qui furent prises à ce
sujet, notamment celle du 25 mars 1834.

(b) Conforme au nouveau tarif des droits de pesage.
Voyez ci-dessus.

charriant du blé aux moulins, ne fassent lesdits charrois que par les portes du Pila-St-Gély et de Lattes. Ils sont autorisés à dresser procès-verbaux contre ceux qui prendraient tout autre chemin. *(Art.* 15 *id.)*

5. Quoique les habitans ne soient pas assujettis à faire peser leurs blés et farines, ils sont tenus de passer par les portes désignées en l'article précédent, et de déclarer au bureau devant lequel ils passeront, qu'ils n'entendent pas faire peser leurs blés. *(Art.* 16 *id.)*

CHAPITRE VIII.

PETITE VOIRIE.

SECTION I.

RÉGLEMENT DE LA PETITE VOIRIE.

Lois des 24 août 1790, 22 juillet et 6 octobre 1791. — Art. 471, nos 5 et 15 du Code pénal.

§ 1. DISPOSITIONS GÉNÉRALES.

1. Il est expressément défendu de faire aucune construction, réparation, embellissement, ni ouvrage quelconque, avec ou sans saillie, aux bâtimens, murs et clôtures de quelque espèce qu'elles soient, attenans aux rues, ruelles, impasses, places et chemins communaux actuellement existans ou projetés dans le plan général d'alignement de la ville et des faubourgs, sans en avoir préalablement

obtenu l'autorisation par écrit du Maire ou de l'un de ses Adjoints spécialement délégué. — Les autorisations seront accordées, conformément au plan général d'alignement, lorsqu'il sera devenu exécutoire après l'approbation des autorités supérieures. — Provisoirement et jusqu'à cette époque, les alignemens seront donnés par le Maire ou l'Adjoint délégué, et les autorisations de construire, réparer ou embellir, seront conformes aux alignemens qui sont proposés audit plan général, soumis en ce moment à la délibération du Conseil municipal de Montpellier. — Les travaux autorisés en conformité des dispositions précédentes, seront exécutés dans le délai fixé par l'autorisation, lequel ne pourra néanmoins excéder une année, faute de quoi les autorisations seront considérées comme non avenues. *(Art.* 1er *du Règlement du* 15 *février* 1834 *, approuvé par le Préfet le* 18 *du même mois).*

2. Les autorisations de construire avec saillie sur la voie publique, ou d'y établir des étaux, bancs, échoppes, auvents, barraques, piliers, colonnes, etc., ne seront considérées que comme une simple tolérance temporaire de la part de l'Administration, et ne conféreront aux propriétaires ou autres concessionnaires, aucun droit irrévocable. — En conséquence, le Maire pourra toujours révoquer les autorisations concédées, et ordonner la suppression des saillies et autres ouvrages exécutés sur la voie publique, lorsqu'ils seront jugés nuisibles, incommodes ou contraires à l'exercice des droits des habitans. *(Art.* 2 *id.)*

13

3. Toute autorisation de réparer ou de construire aura son effet, sans préjudice des droits des tiers, sauf à eux à se pourvoir devant qui de droit, et sans que les propriétaires ou autres habitans, à qui les autorisations auront été accordées ou les concessions faites, aient aucun recours à exercer contre la Commune par suite des droits des tiers; l'exécution des travaux autorisés étant toujours aux risques et périls de ceux qui auront demandé les autorisations. *(Art. 3 id.)*

4. Aucune des autorisations stipulées au présent arrêté pour établissement de *pas, marches, bornes, balcons, constructions légères provisoires, échoppes, auvents, saillies, contre-murs et caves,* ne pourront s'appliquer aux maisons, édifices et dépendances soumis au reculement par le plan d'alignement. Toutefois il pourra être permis, selon les besoins de la circulation, d'établir aux constructions, maisons, édifices et dépendances, sujets ou non au reculement, des *soubassemens d'aplomb* en dalles de pierre n'excédant pas cinq centimètres de saillie haut et bas, dans les rues d'une largeur moindre de six mètres, et de huit centimètres de saillie, dans les rues d'une largeur plus considérable et sur les places principales. Ces soubassemens seront adossés et fixés avec crampons en fer sans aucun autre scellement. *(Art. additionnel dudit Règlement).*

§ 2. **BANCS.**

Il est défendu de placer aucun banc au-devant

des maisons , ni de faire aucune réparation à ceux qui existent actuellement, et ce, sous peine de démolition. Ceux qui sont en état de vétusté et même de simple dégradation , seront immédiatement démolis et enlevés. La Mairie se réserve d'ordonner l'enlèvement de ceux qui, bien qu'en état, gênent la circulation. *(Art. 4 id.)*

§ 3. PAS, MARCHES, PERRONS, PONCEAUX.

1. Il est défendu de construire des perrons en saillie sur la voie publique. Les perrons actuellement existans seront supprimés, autant que faire se pourra, lorsqu'ils auront besoin de réparations. *(Art. 5 id.)*

2. Il ne sera accordé de permission de poser des pas ou marches sur la voie publique, qu'autant qu'il serait bien reconnu par l'Administration que, vu l'emplacement et la localité, la circulation n'en éprouverait aucun préjudice. —Ces pas ou marches ne pourront, dans aucun cas, dépasser l'alignement de la base des bornes. *(Art. 6 id.)*

3. Il est défendu de construire des ponts ou ponceaux dans les rues de la ville et des faubourgs. Ceux qui existent seront immédiatement démolis, si leur existence est nuisible à l'écoulement des eaux. Dans tous les cas , ils seront enlevés, autant que faire se pourra , lorsqu'ils auront besoin de réparations. *(Art. 7 id.)*

§ 4. BORNES.

Il pourra être permis d'établir des bornes , soit aux angles saillans des maisons formant encoignure de rue, soit même devant les façades des maisons, lorsque la nécessité en sera démontrée, et qu'il sera également reconnu que leur établissement ne sera pas un obstacle à la libre circulation.

La saillie des bornes appuyées contre le mur ou isolées (l'isolement compris) ne pourra dépasser les dimensions suivantes ; savoir :

0, 32$^{c.}$ dans les rues au-dessous de 3$^{m.}$ 25$^{c.}$

0, 41$^{c.}$ dans celles de 3$^{m.}$ 25$^{c.}$ à 6$^{m.}$ 50$^{c.}$

0, 50$^{c.}$ dans celles de 6$^{m.}$ 50$^{c.}$ à 9$^{m.}$ 75$^{c.}$

0, 80$^{c.}$ dans celles de 9$^{m.}$ 75$^{c.}$ et au-dessus.

Dans le cas où, en vertu de l'art. 6 du présent règlement, il sera permis de poser des marches sur la voie publique, le propriétaire pourra être autorisé à établir des bornes au-devant de ces marches pour les protéger. La saillie de ces bornes ne pourra dépasser dix centimètres, à partir du parement de la première marche. (*Art.* 8 *id. modifié par l'art.* 1er *de l'arrêté du* 12 *octobre* 1835, *approuvé par le Préfet, le* 4 *novembre suivant.*)

§ 5. BALCONS.

1. Les permissions d'établir des balcons en saillie sur la voie publique, ne pourront être accordées qu'après une enquête *de commodo et incommodo*. Le délai de l'enquête sera de trois jours, à partir de la publication et de l'affiche qui sera apposée tant à la porte principale de l'Hôtel de ville, que sur la façade de la maison en construction ou en réparation.

S'il n'y a point d'opposition, les permissions seront délivrées. En cas d'opposition, le Maire statuera, sauf recours devant qui de droit. (*Art. 9 modifié id.*)

2. En principe, les balcons en saillie ne pourront être établis à moins de quatre mètres de hauteur au-dessus du sol de la voie publique, quelle que soit d'ailleurs la largeur de la rue.

Cette hauteur sera toujours exigée pour les maisons construites à neuf.

Elle pourra être modifiée et réduite, lorsqu'il s'agira d'établissemens de ce genre, à des maisons existantes, et dont la façade sera simplement reconstruite en tout ou en partie. A cet égard, l'Administration se réservant de prendre en considération l'impossibilité qu'il y aurait de trouver, dans la hauteur des planchers existans, la mesure prescrite, alors qu'il serait d'ailleurs constaté que la circulation ne pourrait en souffrir. (*Art.* 10 *id. modifié id.*)

3. La saillie des balcons autorisés en vertu des articles précédens, ne pourra excéder les dimensions suivantes ; savoir :

0, 16ᶜ· dans les rues au-dessous de 5ᵐ· de largeur.

0, 32ᶜ· dans les rues de 5ᵐ· et au-dessus.

0, 50ᶜ· sur les places et carrefours.

(*Art.* 11 *id. modifié id.*)

§ 6. CONSTRUCTIONS PROVISOIRES, ÉCHOPPES.

1. Il pourra être permis de masquer par des constructions légères, les angles rentrans formés par le retrait d'une ou de plusieurs maisons, mais à la charge par les propriétaires de les supprimer, dès que la maison attenante aura subi retranchement et

que l'alignement aura été opéré, ou lorsque l'Autorité municipale en aura jugé le maintien nuisible
ou incommode, et en aura ordonné la suppression.

Ces constructions ne pourront, dans aucun cas,
excéder la hauteur du rez-de-chaussée. *(Art.* 12 *du
Règlement du* 15 *février* 1834 *précité).*

2. Il est expressément défendu d'établir des échoppes ou constructions en bois, dans les rues ou sur
les places de la ville. Il ne pourra en être établi
dans les angles et renfoncemens hors de l'alignement des rues et places, qu'avec l'autorisation
expresse de la Mairie; ces autorisations ne seront
accordées que dans le cas seulement où il serait
reconnu que l'établissement provisoire des constructions de ce genre ne peut nuire à la circulation,
et que leur aspect ne serait nullement désagréable.

Ces autorisations seront, d'ailleurs, toujours
provisoires et sujettes à retrait de la part de l'Administration. *(Art.* 13 *id.)*

3. Toutes les échoppes et constructions provisoires
qui existent en contravention aux dispositions ci-
dessus, seront immédiatement supprimées, sur
l'avis qui en sera donné au propriétaire. *(Art.* 14 *id.)*

§ 7. **AUVENTS.**

Il est défendu de placer aucun auvent ou abat
jour au-dessus des boutiques ou magasins, avec
saillie sur la voie publique.

Ceux qui existent ne pourront être réparés. Ils
seront enlevés lorsqu'ils auront besoin de réparations. *(Art.* 15 *id.*)

§ 8. ENSEIGNES ET ÉTALAGES.

1. Les enseignes qui seront placées avec l'autorisation de la Mairie, devront toujours être appliquées en forme de tableau contre le mur, à trois mètres trente-deux centimètres de hauteur. Les dimensions de la saillie des enseignes seront déterminées par l'arrêté spécial, portant autorisation, sans que cette saillie puisse, dans aucun cas, excéder vingt-cinq centimètres à la partie la plus élevée.

Les enseignes devront être attachées avec des crampons en fer, et non simplement accrochées ou suspendues.

Les enseignes ou tableaux formant angles avec les façades, sont rigoureusement interdits ; ceux qui existent actuellement seront immédiatement supprimés, sur une seule sommation de MM. les Commissaires de police. (*Art.* 16 *id.*)

2. Tout étalage d'étoffes, de marchandises ou effets quelconques, dans les rues de la ville, est prohibé. Il ne pourra en être toléré d'aucune espèce, si ce n'est sur les places et marchés, sauf aux marchands, revendeurs ou autres, à se conformer aux prescriptions spéciales que nous nous réservons de leur donner (a). (*Art.* 17 *id.*)

§ 9. TUYAUX DE POÊLE ET DE CHEMINÉE.

1. Les tuyaux de poêle faisant saillie sur la voie publique, et dont la cheminée ne s'élève pas au-

_____

(a) Voy. *Étaux. Étalages.* Chap. IV, sect. II, § 4, pag. 89 et suivantes.

dessus du faîte des maisons , sont rigoureusement prohibés. La même prohibition s'applique aux tuyaux de poêle qui , sans être en saillie sur la voie publique, débouchent en dessous de la hauteur des maisons.

Toutes autorisations en vertu desquelles de pareils établissemens auraient été faits, sont et demeurent révoquées ; en conséquence , tous les tuyaux de poêle actuellement existans en contravention aux prohibitions ci-dessus, seront immédiatement supprimés.

Il pourra être permis de placer en saillie sur la voie publique des tuyaux de poêle dont la hauteur dépasserait celle des maisons ; mais de semblables autorisations ne seront accordées par l'Administration, qu'autant qu'il sera reconnu par elle que les voisins ne peuvent en souffrir ni en être incommodés. *(Art.* 18 *idem).*

2. Il est défendu de construire des tuyaux de cheminée en saillie sur la voie publique. Ceux qui existent seront démolis et supprimés , lorsqu'ils seront en mauvais état, ou lorsque le propriétaire voudra faire de grosses réparations aux bâtimens auxquels ils sont adossés.

En conséquence , toutes demandes en autorisation de réparer des constructions de cette nature seront rejetées. (*Art.* 19 *idem).*

§ 10. ÉVIERS.

Il est défendu de construire des éviers ou conduits d'éviers en saillie sur la voie publique. Ceux qui existent seront démolis et supprimés lorsqu'ils seront en mauvais état, ou lorsque les propriétaires voudront faire de grosses réparations aux bâtimens auxquels ils sont adossés. En conséquence, il ne sera accordé aucune permission de réparer de telles constructions.

Les conduits intérieurs pour l'écoulement des eaux ménagères seront permis, à la charge par le propriétaire de faire déverser les eaux dans l'aqueduc souterrain, s'il en existe dans la rue. (*Art.* 20 *idem*).

§ 11. GOUTTIÈRES SAILLANTES, FORAJETS.

1. Il est défendu de placer des gouttières saillantes ou jets de volée aux maisons. L'écoulement des eaux pluviales devra s'effectuer au moyen de cheneaux en fer blanc, qui seront attachés aux forajets, et de tuyaux de descente placés le long du mur jusqu'au niveau du pavé.

L'exécution de l'arrêté du 4 février 1829, qui prescrit la suppression des gouttières saillantes, est de plus fort ordonnée. Toutefois, un nouveau délai de six mois, à compter de la publication du présent arrêté, est accordé aux propriétaires pour s'y conformer. Ceux qui, à cette époque, n'auront pas exécuté cette mesure, seront rigoureusement poursuivis conformément aux lois.

En attendant l'expiration de ce délai, qui est de rigueur, il ne sera accordé aucune autorisation de réparer les vieilles gouttières saillantes. Elles devront être enlevées et remplacées dans les formes ci-dessus prescrites, dès la sommation qui sera faite par l'autorité, de réparer et de refaire celles dont l'état de vétusté serait jugé nuisible ou incommode. (*Art.* 21 *id.*)

2. Les forajets ou toits en saillie ne pourront dépasser de trente-deux centimètres le mur de face, dans les rues dont la largeur est de six mètres et au-delà, et de vingt-cinq centimètres dans les rues dont la largeur est de moins de six mètres. (*Art.* 22 *id. modifié par l'art.* 1er *de l'arrêté du* 12 *octobre* 1835).

§ 12. DEVANTURES DE BOUTIQUES.

Dans les localités où la voie publique aura une largeur de cinq mètres et au-dessus, les couronnemens des devantures de boutiques, reliefs et attributs fixes en bois, toute espèce d'ornemens compris, ne pourront avoir une saillie de plus de 16 centimètres.

Dans les rues dont la largeur sera au-dessous de cinq mètres, ces saillies ne pourront excéder douze centimètres.

Dans tous les cas, ces saillies ne seront permises qu'à la hauteur de trois mètres au-dessus du sol.

Les ouvrages de ce genre qui excèdent les dimensions ci-dessus, seront réduits lorsqu'il y sera fait quelques réparations.

Si l'intérêt de la circulation l'exige, il ne sera accordé aucune espèce de saillie pour ces sortes d'ouvrages, quelle que soit d'ailleurs la largeur de la rue. (*Art.* 23 *id. modifié id.*)

§ 13. FERMETURES DE BOUTIQUES ET AUTRES.

1. Les fermetures des maisons, telles que portes, contre-portes, portes à vent, en toiles ou vitrages, fenêtres, etc., seront établies de manière à s'ouvrir en dedans, ou à se replier dans l'épaisseur du mur.

Les portes et fenêtres qui s'ouvrent en dehors, ne pourront être réparées; elles devront être remplacées suivant le mode prescrit ci-dessus, au fur et à mesure qu'elles auront besoin de réparations.

En attendant le remplacement de ces anciennes fermetures, les propriétaires auront soin de les faire fixer contre le mur par des crochets en fer, afin qu'elles ne puissent empêcher la liberté des rues, et prendre les précautions convenables pour éviter que leur ouverture ne donne lieu à aucun accident. (*Art.* 24 *de l'arrêté du* 15 *février* 1834).

2. Pour la construction des fermetures à coulisse ou autres de boutiques ou magasins, il ne pourra être accordé d'autre saillie, sur le sol de la voie publique, que celle-ci après, savoir :

Dans les rues dont la largeur sera de cinq mètres et au-dessus, quatorze centimètres; et dans les rues dont la largeur sera au-dessous de cinq mètres, douze centimètres.

Cette saillie sera toujours prise du nu du mur à un mètre au-dessus du sol de la rue, quel que soit le surplomb du mur de façade à la partie supérieure à la fermeture.

Néanmoins, si la localité ne permet aucun rétrécissement de la voie publique, sans nuire à la liberté de la circulation, il ne sera accordé aucune espèce de saillie pour la construction des fermetures de boutiques à coulisse ou autres.

En permettant les constructions de toutes nouvelles fermetures de boutiques, magasins ou autres, la Mairie exigera toujours des propriétaires le délaissement à la voie publique de la portion du sol couvert par l'ancienne saillie, s'il en existe une. *(Art.* 25 *idem, modifié par l'art.* 1er *de l'arrêté du* 12 *octobre* 1835*).*

§ 14. CORNICHES, ENTABLEMENS, SAILLIES D'ORNEMENS, COLONNES ET PILASTRES.

1. Dans les rues de cinq mètres et au-dessus, la saillie des corniches supérieures ou entablemens pratiqués au haut des façades des maisons, ne pourra excéder quarante-huit centimètres, et elle ne pourra dépasser trente-trois centimètres dans les rues dont la largeur sera moindre de cinq mètr.

La saillie des corniches ou entablemens au-dessus des portes d'entrée, ne pourra excéder seize centimètres, et celles des corniches ou entablemens au-dessus des fenêtres, douze centimètres.

La saillie des cordons qui forment séparation entre divers étages des maisons, ne pourra excéder huit centimètres *(Art.* 26 *idem, modifié idem).*

2. La saillie des sculptures, ornemens ou autres ouvrages, tels que colonnes, pilastres des maisons, ne pourra, dans aucun cas, excéder quatre centimètres dans les rues de cinq mètres et au-dessus ; et trois centimètres dans celles d'une largeur au-

dessous. Il ne sera accordé aucune espèce de saillie au-dessous de la hauteur de trois mètres trente-deux centimètres, à partir du sol, dans les rues où le rétrécissement de la voie publique ne pourrait s'opérer sans inconvénient pour la circulation. *(Art. 27 du règlement du 15 février 1834).*

§ 15. ANGLES DES MAISONS.

A l'avenir, et à toutes les maisons de construction nouvelle, les angles seront arrondis ou construits en *pan coupé;* le propriétaire devra se conformer, à cet égard, aux prescriptions qui lui seront données par l'arrêté d'autorisation, et suivre les dimensions qui y seront indiquées. *(Art. 28 idem).*

§ 16. CONTRE-MURS.

En principe, il est défendu d'adosser aucun contre-mur aux façades des maisons; ceux qui ont été construits antérieurement au présent arrêté, et qui sont ou seront en état de vétusté ou de simple dégradation, ne pourront être réparés, et seront immédiatement démolis ou enlevés.

La Mairie se réserve aussi d'ordonner l'enlèvement de ceux qui, bien qu'en état, gênent la circulation.

Il ne sera jamais permis d'adosser des contre-murs aux constructions nouvelles; quant aux anciennes maisons, lorsque l'intérêt du propriétaire l'exigera, il pourra être permis d'en établir, pourvu toutefois que la circulation n'en souffre point. En ce cas, les contre-murs ne pourront dépasser les dimensions suivantes :

Dans les rues dont la largeur sera de cinq mètres et au-dessus, quatorze centimètres à la base et sept centimètres au sommet;

Et dans les rues dont la largeur sera au-dessous de cinq mètres, douze centimètres à la base et six centimètres au sommet.

Les contre-murs exceptionnellement autorisés devront être construits en dalles de pierre de taille de Vendargues. Ils ne pourront s'élever au-dessus de quatre-vingt-trois centimètres du sol. *(Art.* 29 *idem, modifié par l'article* 1er *de l'arrêté du* 12 *octobre* 1835*).*

§ 17. CAVES, JOURS.

Il est défendu de construire aucune cave sous les rues et places de la ville. Il est également défendu de pratiquer aucun jour ou ouverture de cave horizontalement sur la voie publique. Ces jours ou ouvertures devront être pratiqués verticalement dans l'épaisseur des murs de face des maisons ; ils devront être fermés par des barres en fer de deux centimètres carrés, distantes l'une de l'autre de quinze centimètres au plus.

Toute permission de réparer les ouvertures des caves pratiquées horizontalement sur la voie publique sera refusée, et dans le cas où ces anciennes constructions seraient reconnues en état de vétusté, elles devront être refaites suivant les prescriptions ci-dessus. *(Art.* 30 *du règlement du* 15 *fév.* 1834*).*

§ 18. HAUTEUR DES MAISONS (a).

À l'avenir, les maisons ne pourront être élevées qu'à la hauteur ci-après déterminée ; savoir :

16 ᵐ· dans les rues au-dessous de 5 ᵐ·

18 ᵐ· dans les rues de 5 ᵐ· et au-dessus.

(a) Les maisons situées sous la place du Peyrou et celles qui existent le long de l'Esplanade, étant grevées de servitude au profit de la ville, nous croyons devoir faire connaître les titres sur lesquels les droits de la commune sont établis.

1º *Des maisons situées sous le Peyrou.* Par un premier arrêt du Conseil d'état, en date du 4 février 1775, rendu sur la requête présentée au Roi, par le Syndic général de la province de Languedoc, il avait été ordonné que tous les bâtimens qui seraient construits à l'avenir au-dessous et aux environs de la place royale du Peyrou, ne pourraient être élevés qu'à *la hauteur du cordon de soutenement* DE LA PROMENADE HAUTE ; mais, par un second arrêt rendu par le Roi en son Conseil, le 31 octobre 1779, sur une nouvelle requête présentée par le Syndic de la province, et d'après l'avis des commissaires nommés par les États, pour la direction des travaux publics du Languedoc, il fut ordonné que ces maisons ne pourraient être élevées *au-dessus de la banquette et du parapet des* PROMENADES BASSES. Voici le texte de ce dernier arrêt. « Le Roi, étant en son Conseil, a
» ordonné et ordonne que les bâtimens qui seront cons-
» truits dans l'alignement des rues et des terrains qui sont
» au-dessous des promenades basses de la place du Peyrou,
» ne pourront être élevés au-dessus de la banquette ou
» parapet desdites promenades basses, comme faisant
» partie de ladite place, pour leur conserver tout l'agré-
» ment et l'ornement dont elles sont susceptibles, déro-

La hauteur sera mesurée à partir du pavé de la rue, au moyen d'une perpendiculaire prise au

---

» geant à cet effet Sa Majesté à l'arrêt de son Conseil, du
» 4 février 1775, qui pour le surplus sera exécuté selon
» sa forme et teneur. Fait, en conséquence, défenses
» expresses à tous particuliers de porter à une plus grande
» élévation les toits ou couvertures de leurs bâtimens, à
» peine d'être démolis aux frais et dépens des proprié-
» taires. Permet, Sa Majesté, aux États de faire réduire
» à la même hauteur de la banquette ou parapet des murs
» des promenades basses, les bâtimens anciennement
» construits dans l'alignement des rues et terrains dont il
» s'agit, qui, se trouvant au-dessus dudit repaire, peu-
» vent nuire à la vue desdites promenades ; à la charge
» néanmoins par les États d'indemniser les propriétaires
» des frais et dommages que pourrait leur causer la réduc-
» tion de la hauteur desdits bâtimens, en convenant de
» gré à gré, si faire se peut, de ladite indemnité, avec
» lesdits propriétaires, si non, suivant l'estimation qui en
» sera faite par l'un des directeurs des travaux publics
» de la province, et sauf, en cas de réclamation, de la
» part desdits particuliers, de l'évaluation faite par ledit
» directeur, à se pourvoir au Conseil de Sa Majesté. »

2° *Des maisons situées le long de l'Esplanade.* Les propriétaires des maisons longeant la promenade de l'Esplanade,
ayant inféodé les terrains où étaient ci-devant les fossés,
12 pans et murailles de la ville, depuis la porte de Lattes
jusqu'à celle du Pila-St-Gély ; il intervint, le 12 septembre
1690, un arrêt du Conseil d'état, par lequel ces propriétaires furent maintenus en la propriété et jouissance de ces
terrains, et ce, moyennant le payement d'une redevance
annuelle de 50 liv. —

Plus tard, ces propriétaires ou leurs représentans ayant
voulu faire clore de murs ces mêmes terrains, sur lesquels

milieu de la façade. *(Art. 2 de l'arrêté du 12 octob.*
1835, approuvé par le Préfet le 4 nov. suivant).

---

ils avaient pratiqué des jardins, furent assujettis, pour
l'embellissement de l'Esplanade, à construire une façade
de murs de hauteur et d'architecture uniformes, sur
l'alignement donné.

Cependant plusieurs d'entr'eux ayant fait difficulté d'exécuter ce projet, dans la crainte qu'on ne les dépossédât
un jour des portions de terrain dont ils profitaient par
l'effet de cet alignement ; il intervint, le 18 janvier 1724,
un nouvel arrêt du Conseil d'état, confirmé par lettres-
patentes du même jour, enregistrés ensemble à la cour
des aides de Montpellier, le 17 février suivant, par lequel :
« *Sa Majesté désirant que les ouvrages commencez à l'Espla-*
» *nade, soient promptement achevez, suivant le plan et devis*
» *du sieur Senés, ingénieur ;* et voulant traiter favorable-
» ment lesdits propriétaires : Vû aussi l'avis du sieur de
» Bernage, conseiller d'état, intendant de ladite province
» de Languedoc : Oüi le rapport du sieur Dodun, conseiller
» ordinaire au conseil royal, controlleur général des finan-
» ces. Sa Majesté estant en son conseil, a fait don aux-
» dits propriétaires dudit terrain, chacun à proportion de
» l'étendue de leurs possessions, pour être uni et incor-
» poré à leurs dites possessions, sans qu'ils en puissent
» être dépossédez à l'avenir, sous quelque prétexte que
» ce soit, ni que pour raison dudit terrain, ils soient
» tenus de payer une augmentation d'albergue ; mais seu-
» lement les lods et ventes, et autres droits seigneuriaux
» aux mutations, suivant la coutume, *à la charge par*
» *lesdits propriétaires, dans un mois du jour de la publication*
» *du présent arrêt, de faire construire les murs d'architec-*
» *ture, conformément audit devis, si non et à faute de ce faire*
» *dans ledit temps, et icelui passé, en vertu dudit arrêt, et*
» *sans qu'il en soit besoin d'autres ; ordonne Sa Majesté, que*

14

§ 19. **TOURS.**

Il est défendu de construire des tours sur les paremens extérieurs des maisons. Ces constructions ne pourront avoir lieu qu'intérieurement, et qu'après une procédure d'enquête *de commodo et incommodo. (Art. 3 id.)*

§ 20. **DES SAILLIES EN GÉNÉRAL.**

1. Les saillies autorisées par le présent règlement, sur les murs des façades des maisons de la ville, ne pourront, dans aucun cas, excéder les dimensions déterminées par le présent règlement ; mais elles pourront être restreintes suivant la localité, et même entièrement prohibées, si l'Administration le juge nécessaire.

» *lesdites parties de terrain , qui se trouveront vis-à-vis les* » *jardins desdits propriétaires qui n'auront pas satisfait, seront* » *inféodez par ledit sieur de Bernage , au plus offrant et dernier* » *enchérisseur, pour y faire bâtir suivant le même ordre d'ar-* » *chitecture , des logemens ou boutiques ,* à la charge par les » acquereurs qui ne pourront aussi être dépossédez à » l'avenir, de payer les lods, ventes et autres droits » seigneuriaux aux mutations ; à l'effet de quoi, toutes » lettres-patentes seront expédiées. »

Le plan, qui dut être dressé par l'ingénieur Senés, pour l'exécution de cet arrêt, ne se trouve pas dans les archives de la ville. Toutefois, il existe le long de l'Esplanade un assez grand nombre de maisons qui , à cause de leur uniformité , paraissent avoir été construites sur ce plan ; ainsi, l'absence de ce document ne serait point un obstacle à l'exécution de l'arrêt du Conseil du 18 janvier 1724.

Toute saillie sera comptée à partir du nu du mur au-dessus de la retraite. *(Art.* 31 *du règlem. du* 15 *février* 1834*).*

2. Les règles tracées par le présent arrêté seront appliquées (dans les cas analogues) à toutes constructions ou ouvrages en bois, pierre ou autres matériaux, qui ne sont point spécialement mentionnés dans les articles ci-dessus. *(Art.* 32 *id.)*

§ 21. PÉNALITÉ DES INFRACTIONS.

Tout contrevenant à l'une des dispositions générales ou particulières du présent arrêté, sera traduit devant le Tribunal de simple police, pour y être puni des peines portées par la loi, et pour voir ordonner que les constructions, réparations, bâtimens et ouvrages quelconques, exécutés ou entrepris en contravention, seront, dans le délai fixé, détruits, enlevés ou refaits, suivant les règles prescrites, sinon que l'Administration sera autorisée à faire lesdites destructions, enlèvemens ou réparations, aux frais des contrevenans. *(Art.* 33 *id.)*

SECTION II.

RÉPARATIONS AUX BATIMENS SUJETS A ALIGNEMENT.

1. Il est défendu de faire aucun ouvrage de confortation ou de consolidation aux maisons, murs et autres édifices qui, suivant le plan d'alignement de la ville, doivent être retranchés, reculés ou avancés.

Cette défense ne se borne pas au mur de face; elle s'étend aussi aux bâtimens intérieurs dans toute la partie qui fait saillie sur le nouvel alignement.

Toute autorisation de faire des réparations auxdits bâtimens, dans la partie des fondemens et du rez-de-chaussée, jusqu'au dessus du plancher haut, sera refusée, de quelque nature que soient lesdites réparations.

Il pourra être permis de faire au mur de face du rez-de-chaussée, de simples ouvrages de peinture et ornemens en bois qui seraient seulement appliqués.

Dans les parties supérieures, il pourra être permis en outre des ouvrages, tels que ravalemens à chaux et à sable et badigeons.

2. L'Architecte de la ville se conformera aux prescriptions ci-dessus, dans les avis qu'il sera appelé à donner sur les demandes des propriétaires; il nous dénoncera toutes les contraventions qui pourraient être commises en cette matière, afin que l'Administration puisse ordonner les poursuites de droit envers les contrevenans.

Le Commissaire-voyer, chargé de veiller à l'exécution des règlemens relatifs à la petite voirie, exercera une surveillance particulière sur les bâtimens sujets à retranchement, reculement ou avancement, afin qu'il n'y soit fait d'autres ouvrages que ceux autorisés en vertu du présent arrêté. (*Arrêté du* 31 *octobre* 1835, *approuvé par le Préfet le* 19 *novembre suivant.*)

CHAPITRE IX.

PROMENADES. — FONTAINES. — PAVÉ.

SECTION I.

PROMENADES.

§ 1. RÈGLEMENT DE SERVICE POUR LES GARDES DES PROMENADES.

1. Les gardes des promenades doivent veiller à leur conservation. En conséquence, ils doivent empêcher toute dégradation des monumens, sculptures, bancs, banquettes, bassins, piliers, arbres et généralement de tout ce qui fait partie des promenades ou qui en dépend. —Ils doivent empêcher qu'on n'y fasse des ordures, et veiller à ce que les enfans ne jettent des pierres ou autres objets dans les bassins.

2. Il doivent faire chaque matin une visite générale des allées, pour enlever les pierres qui peuvent s'y trouver, et faire enlever par le balayeur de service les feuilles mortes et ordures. Ces feuilles seront enlevées au moyen d'un rateau; il est défendu aux balayeurs d'employer le balai à cet usage.

3. Les gardes surveilleront les travaux en cours d'exécution sur les promenades, sans néanmoins qu'ils puissent donner aucun ordre, ni faire aucune observation aux ouvriers. Seulement, s'ils remarquent quelque défectuosité dans les travaux, ils

doivent en prévenir M. le Maire , ou l'Architecte
de la ville. Ils doivent surveiller aussi la culture , la
taille et l'arrosage des arbres , et prévenir l'Administration s'ils s'aperçoivent que ces travaux sont
mal faits.

4. Ils doivent empêcher les chevaux et voitures
de pénétrer dans les promenades.

5. Chaque lundi, les gardes des promenades
doivent faire un rapport écrit au Maire , sur les
résultats de leur surveillance. Ils sont placés sous
les ordres de l'Architecte de la ville , et doivent
déférer à ceux qu'ils reçoivent du surveillant des
eaux , en ce qui concerne ce dernier service.

6. Dans l'exercice de leurs fonctions , les gardes
ont le costume de sergent de ville. Ils sont commissionnés en cette qualité, et exercent en conséquence les fonctions de police dans les lieux soumis
à leur surveillance, et, au besoin, partout où ils sont
appelés par l'autorité. — En ce qui concerne ces
dernières attributions, les gardes demeurent placés
sous l'autorité des agens supérieurs de la police (a).

Règles particulières sur le Peyrou.

7. Le garde du Peyrou doit tenir constamment balayés et dans un état de propreté les marches , escaliers, perrons et terrasses. — Il doit,
au moins deux fois par mois, huiler les pivots,

(a) Cette dernière disposition, prise le 11 décembre 1833,
fait l'objet d'un article additionnel au règlement de service
des gardes des promenades.

gonds, écrous et serrures des portes, et autres fermetures qui sont dans le Peyrou.

8. Les portes du Peyrou seront ouvertes et fermées, suivant les époques de l'année, aux heures ci-après indiquées; savoir :

Pendant les mois de décembre, janvier et février, elles seront ouvertes à six heures et demie du matin, et fermées à huit heures du soir.

Pendant les mois de mars, avril et mai, elles seront ouvertes à cinq heures du matin, et fermées à dix heures et demie du soir.

Pendant les mois de juin, juillet et août, elles seront ouvertes à quatre heures du matin, et fermées à onze heures du soir.

Pendant le mois de septembre, elles seront ouvertes à cinq heures du matin, et fermées à dix heures et demie du soir.

Pendant les mois d'octobre et novembre, elles seront ouvertes à six heures du matin, et fermées à neuf heures du soir.

Avant la fermeture des portes, le garde sonnera la cloche, tant dans l'allée supérieure que dans les promenades basses, et ne fermera que cinq minutes après avoir cessé de sonner.

9. Les clefs des portes de l'aqueduc seront déposées dans le local du bassin central. Une clef de ce local est confiée au garde qui, sous aucun prétexte, ne peut s'immiscer dans la distribution des eaux.

10. Les étrangers ou autres personnes qui sont admis à visiter les bassins, réservoirs ou l'aque-

duc, seront toujours accompagnés par le garde.

11. Le garde veillera à ce que les troupes de la garnison ne viennent pas faire leurs exercices dans le Peyrou. Dans le cas où ces troupes y seront amenées, il se bornera à en prévenir immédiatement l'Administration.

RÈGLES PARTICULIÈRES SUR L'ESPLANADE.

12. Le garde s'opposera à ce que personne ne puise de l'eau dans les bassins, à moins d'une permission par écrit du Maire. Les permissions données à cet effet ne sont valables que pour un an.

13. Le garde veillera à ce que les troupes de la garnison ne fassent leurs exercices, ailleurs que sur le champ de Mars ou sur les deux allées qui en sont les plus rapprochées ; l'Administration étant convenue avec M. le Commandant de la place, que les exercices militaires n'auront lieu que sur ces deux dernières allées.

(Extrait du règlement du 6 décembre 1833, modifié par l'Arrêté du 24 février 1835).

§ 2. TARIF DES DROITS DE LOCATION DES CHAISES SUR LES PROMENADES.

Par délibération du Conseil municipal, en date du 3 novembre 1834, le prix de location de chaque chaise sur les promenades de la ville, a été fixé, savoir :

Pour les jours ouvriers, à........... 05^c.

Pour les dimanches et fêtes publiques ou religieuses, à...................... 10^c.

Ce tarif a été approuvé par décision ministérielle du 29 décembre 1834.

SECTION II.

FONTAINES.

———

§ 1. RÈGLEMENT DE SERVICE POUR LE GARDE DES FONTAINES ET DE L'AQUEDUC.

1. Cet employé doit exercer une surveillance constante sur les fontaines, et veiller à leur conservation. Il est particulièrement chargé de dénoncer à MM. les Commissaires de police , toutes contraventions aux règlemens relatifs à l'usage et à la propreté des fontaines et de leurs abords. Il doit aussi signaler à M. l'Architecte de la ville et au surveillant des eaux , tous les accidens qui peuvent survenir dans le service des eaux , de quelque nature qu'ils soient.

2. Le garde fontaines doit veiller à ce que les bassins soient nétoyés régulièrement chaque samedi par l'entrepreneur, conformément au cahier des charges de son entreprise. — Il assistera toujours à cette opération.

3. En cas d'incendie , le garde fontaines se rendra aussitôt auprès du surveillant des eaux pour prendre ses ordres, et aviser aux moyens d'assurer le service des pompes, s'il y a lieu.

4. Le garde fontaines doit se présenter régulièrement une fois par jour , à trois heures après midi, à la Mairie, pour rendre compte à l'Administration du résultat de sa surveillance.

5. Cet employé doit visiter l'aqueduc Sᵗ-Clément,

dans tout son cours jusqu'à la source , et ce, les mardi et vendredi. Il fera par écrit à l'Administration, un rapport particulier de chaque visite. — La moitié du jour seulement sera employée par cet agent à la visite de l'aqueduc.

6. Le garde fontaines et aqueduc est placé sous les ordres de M. l'Architecte de la ville et du surveillant des eaux. *(Arrêté du 6 mai 1836)*.

§ 2. MESURES DE POLICE SUR L'USAGE , LA PROPRETÉ ET LA CONSERVATION DES FONTAINES.

Lois des 16-24 août 1790, titre XI, art. 3; 19-22 juillet 1791, art. 46. — Code pénal, art. 471, nº 15.

1. Il est expressément défendu à toute personne et notamment aux boulangers, aux maçons , plâtriers et autres entrepreneurs de bâtimens, de prendre de l'eau avec des cornues ou comportes, aux fontaines publiques de la ville qui n'ont qu'un seul tuyau.

On ne pourra user de cette faculté qu'aux fontaines qui ont plusieurs jets, et sous les modifications et réserves énoncées dans les articles suivans.

2. Quel que soit le nombre des tuyaux des fontaines , un seul pourra être occupé pour remplir les cornues ou comportes ; les autres tuyaux devant, dans tous les cas, rester libres pour l'usage des habitans.

3. Quant aux fontaines *jumelles* ayant chacune un tuyau (par exemple: celles de la Saunerie, de la porte St-Guilhen), on pourra prendre de l'eau avec des comportes ou cornues à un des deux tuyaux.

4. Il est défendu de prendre l'eau aux fontaines publiques avec des cornues ou comportes, depuis onze heures du matin jusqu'à une heure après-midi, et depuis cinq heures jusqu'à sept heures du soir; les habitans étant plus particulièrement dans l'habitude d'aller puiser de l'eau pour leurs usages aux heures ci-dessus indiquées.

5. Les maçons, plâtriers et autres personnes qui auront besoin d'une grande quantité d'eau pour l'exercice de leur industrie, (par exemple : pour éteindre de la chaux), ne pourront la prendre aux fontaines publiques que passé dix heures du soir jusques à quatre heures du matin, et après en avoir obtenu l'autorisation écrite de l'Administration municipale.

6. Dans aucun cas, les cornues ou comportes, qui seront employées pour prendre de l'eau aux fontaines publiques, ne pourront être posées sur la fontaine; elles devront être placées sur le pavé de la rue, et l'eau devra y être amenée au moyen d'une conduite en fer-blanc, qui sera adaptée au tuyau de la fontaine.

7. Lorsque les entrepreneurs auront reçu de la Mairie la permission de faire verser l'eau des fontaines dans la rue pour la conduire jusqu'à leurs chantiers, ils devront toujours placer une personne près de la fontaine pour avertir les passans.

8. Il est défendu à toute personne de faire aucun barrage dans les rues, pour arrêter les eaux provenant de l'écoulement des fontaines. On ne pourra le faire qu'après en avoir obtenu l'autorisation écrite de la Mairie.

9. Il est défendu de laver du linge, des hardes et autres objets quelconques, soit dans les bassins, soit aux abords des fontaines, comme aussi dans les rues et sur les places de la ville ; il est également défendu d'y rincer des tonneaux, des bouteilles et d'y laver des voitures.

10. Il est défendu de rien jeter dans les bassins des fontaines. Quiconque se permettrait d'en salir ou d'en corrompre les eaux, serait rigoureusement poursuivi devant les Tribunaux compétens, pour se voir condamner aux peines portées par les lois.

11. Défenses sont également faites de faire boire les chevaux, bestiaux et autres animaux, dans les bassins des fontaines publiques, d'y faire baigner les chiens, de déposer auprès desdites fontaines aucune ordure, d'y faire aucun amas de matériaux ou immondices, et, en un mot, d'en embarrasser les abords d'une manière quelconque.

12. Il est défendu de faire jaillir les fontaines-bornes, si ce n'est pour y puiser de l'eau, et, sous aucun prétexte, on ne pourra tenir le tuyau desdites fontaines ouvert, au moyen de pierres ou autres objets posés sur le piston.

Les personnes qui laveront leurs cruches ou autres vases aux fontaines-bornes, ne pourront répandre l'eau sur le pavé ; elles devront la verser dans la cuvette. (*Arrêté du* 13 *juillet* 1836 *).*

SECTION III.

PAVÉ.

MESURES RELATIVES A LA CONSERVATION DU PAVÉ.

Poids des charrettes. 1. Les chargemens trop considérables, qui sont introduits dans l'intérieur de la ville sur des charrettes, ayant l'inconvénient de dégrader le pavé des rues, les conduites des fontaines et les égouts de la ville; il importe de déterminer le poids dont pourront être chargées ces charrettes. En conséquence, à compter de ce jour, aucune charrette ou voiture de roulage quelconque, ne pourra entrer ni circuler dans l'intérieur de la ville, si elle est chargée de plus de 1653 kilogrammes. (*Art.* 10 *de l'arrêté du* 13 *juin* 1833).

2. Un exemplaire du présent sera affiché à chaque bureau d'octroi, afin que les préposés en donnent connaissance aux rouliers et charretiers, dont les chargemens auront leur destination dans l'intérieur de la ville. (*Art.* 12 *id.*)

3. Les conducteurs des charrettes attelées de plus d'un collier, seront tenus de suivre la route de la grande voirie pour se rendre à leur destination. Défense leur est expressément faite de passer dans les rues qui conduisent du Cours des Casernes aux Boulevards, et notamment dans les rues des Casernes, jeu de Paume et Castilhon. (*Arrêté du* 12 *juillet* 1832).

Réparations et constructions. 1. Toutes les fois que , par suite de dépôts faits sur la voie publique de matériaux provenant de démolitions ou destinés aux constructions , d'établissemens d'échaffaudages , ou que par toute autre cause , le pavé des rues aura été dégradé à l'occasion de travaux de construction, le propriétaire sera tenu de faire réparer le pavé à ses frais. — A cet effet , l'inspecteur des travaux de la ville , surveillant du pavé , devra visiter ces emplacemens, aussitôt que les matériaux déposés sur la voie publique auront été enlevés , et en faire son rapport à l'Administration, afin qu'elle puisse engager les propriétaires à faire les réparations devenues nécessaires.

2. Désormais, toute autorisation relative aux constructions ou travaux des particuliers , ne sera accordée par l'Administration, qu'à la charge par eux de réparer le pavé dont ces travaux pourraient occasioner la dégradation , et les propriétaires seront soumis à cette obligation, alors même qu'elle ne serait point explicitement énoncée dans le permis de l'Administration.

3. Faute par les propriétaires de faire réparer le pavé qui aurait été dégradé à l'occasion de leurs travaux, ils seront traduits devant le Tribunal de simple police , pour y être punis conformément aux lois , et pour voir ordonner que ces réparations seront faites à leurs frais par l'Administration. (*Arrêté du 25 avril* 1836).

TITRE III.

INSTITUTIONS ET ÉTABLISSEMENS

MUNICIPAUX

D'INSTRUCTION PUBLIQUE (a).

CHAPITRE UNIQUE.

—

SECTION I.

MUSÉE-FABRE.

—

§ 1. MUSÉE.

1. Le Musée-Fabre est ouvert au public tous les dimanches et jours de fête, depuis onze heures du matin jusqu'à trois heures de l'après-midi.

(a) Sous ce titre, nous comprenons seulement les institutions et les établissemens qui sont entièrement municipaux, et, comme tels, sous la dépendance exclusive de l'Administration municipale. Ainsi, nous avons, à dessein, retranché de notre cadre les réglemens des écoles primaires, supérieure et élémentaire, ceux des écoles chrétiennes, en un mot, tous les règlemens des écoles qui participent à la fois de l'Autorité municipale et du pouvoir Universitaire.

2. On devra déposer à la porte d'entrée les manteaux, les cannes, les parapluies et autres objets
de cette nature.

3. On ne laissera point entrer les enfans qui ont
besoin d'être portés, ni ceux au-dessous de l'àge
de douze ans qui ne seraient pas avec leurs parens.

4. Les étrangers de passage en cette ville, seront
admis tous les jours, depuis neuf heures du matin
jusques à quatre heures de l'après-midi.

5. Il est expressément défendu de toucher à
aucun des objets qui sont exposés dans les salles
du musée. Les gardiens sont chargés de faire respecter le présent arrêté ; ils sont même autorisés à
faire sortir du musée les personnes qui, après en
avoir été prévenues, refuseraient de s'y soumettre.

6. Les artistes, natifs de Montpellier ou domiciliés
depuis long-temps, qui désireront étudier dans le
musée, devront en demander par écrit l'autorisation à M. le Directeur, en déclarant quel est l'objet
qu'ils veulent copier. Cette demande sera renouvelée chaque fois qu'ils voudront commencer un
ouvrage.

7. Les artistes étrangers seront soumis à la même
règle, mais ils devront être recommandés par M. le
Préfet ou M. le Maire, ou par une des personnes
notables de la ville.

8. Aucun tableau ou dessin ne sera déplacé, sous
quelque prétexte que ce soit.

9. Il est défendu de calquer aucun tableau, soit
avec du papier végétal ou verni, avec un voile ou
de toute autre manière, comme aussi de prendre

des mesures sur les tableaux avec 'un compas ou avec un instrument quelconque.

10. Il est également défendu de passer sur les tableaux de l'huile, du vernis, de l'essence de térébenthine, ou enfin aucune espèce de liquide.

11. On recommande aux personnes qui travailleront dans le musée, le silence et la plus grande propreté.

12. Les gardiens ont ordre de faire le rapport de tout ce qui se passera de contraire au présent règlement à M. le Directeur, qui, selon la circonstance, en rendra compte à M. le Maire, pour faire exclure du musée temporairement ou à perpétuité, selon la gravité des faits, ceux qui l'auraient mérité. (*Règlement du Musée-Fabre, en date du* 29 *juin* 1829).

§ 2. **BIBLIOTHÈQUE DE LA VILLE.**

1. La bibliothèque est ouverte au public tous les jours, depuis dix heures du matin jusqu'à deux heures de l'après-midi, excepté les jeudi, dimanche, les jours de fête et le mois d'octobre; la durée des vacances demeurant ainsi fixée à un mois. — On devra déposer à la porte les manteaux, les cannes et les parapluies; le portier en sera responsable.

2. Les livres ne seront confiés qu'aux personnes qui auront une place à la table de lecture, et on ne pourra les lire qu'étant assis à cette table.

3. Les jeunes gens au-dessous de seize ans ne seront point admis à la table de lecture, à moins qu'ils ne soient accompagnés d'une personne d'un

15

âge mûr , qui les surveille et qui réponde de leur
conduite.

4. On devra demander au bibliothécaire ou à
son adjoint, le livre que l'on désire; il donnera
l'ordre à l'un des sous-bibliothécaires ou des gardiens de le prendre lui-même , et de le délivrer à
la personne qui l'aura demandé : à la fin de la lecture, le livre sera restitué au bibliothécaire, qui le
fera remettre tout de suite à sa place.

5. Il n'est point permis d'apporter des livres du
dehors, sous prétexte de les confronter avec ceux
de la bibliothèque ou pour toute autre raison, sans
une permission expresse du bibliothécaire, qui aura
soin de les faire sortir après l'usage qu'on aura
voulu en faire.

6. On ne donnera à la fois que deux volumes au
plus, et il n'en sera remis qu'un seul lorsque l'ouvrage ne sera que de deux volumes , surtout s'ils
sont *in*-8° ou *in*-12.

7. On ne pourra se servir ni d'encre ordinaire,
ni d'aucune espèce de liquide, pour prendre des
notes ; on ne permettra que l'usage des crayons de
mine de plomb.

8. On ne pourra ni faire des croquis, ni calquer
les gravures qui existent dans divers ouvrages ,
sans l'autorisation du bibliothécaire ou même du
directeur du musée , suivant la nature des estam-
pes ; on devra toujours se servir de papier transpa-
rent végétal et de crayon de mine de plomb.

9. Dans aucun cas et sous aucun prétexte que
ce soit , aucun livre ne pourra sortir de l'enceinte

de la bibliothèque. C'est particulièrement sur l'exécution de cet article que la surveillance du bibliothécaire devra être la plus active.

10. On recommande le plus grand soin pour les livres qui seront confiés. On ne doit point les tenir trop ouverts, ni tracer des notes sur les marges ou souligner des phrases, ni faire des plis aux coins des feuillets, etc., etc. — Les grands *in-folio* ne pourront être examinés que posés sur les pupitres destinés à cet usage.

11. Les personnes qui se trouveront dans les salles de la bibliothèque, sont invitées à parler bas, et à se contenir de manière à ne point troubler la lecture ou le travail des autres. Elles devront se conformer en tout au présent arrêté.

Le Maire réserve expressément à la direction du musée le droit et même le devoir de faire sortir les personnes qui s'obstineraient à troubler l'ordre public dans cet établissement, et même d'en faire interdire l'entrée à celles dont la conduite aurait été ou serait trop répréhensible. — D'un autre côté, le Directeur du musée reste chargé de réprimander et même de faire punir les employés sous ses ordres, qui n'auraient pas, pour le public, tous les égards compatibles avec leurs devoirs.

(*Règlement de la Bibliothèque du Musée-Fabre, en date du 12 novembre 1829, modifié par arrêté du 9 août 1833*).

SECTION II.

ÉCOLES COMMUNALES (a).

—

§ 1. ÉCOLE GRATUITE DE PEINTURE ET DE DESSIN.

Les leçons ont lieu tous les jours , les fêtes et dimanches exceptés , depuis neuf heures du matin jusqu'à midi , et de deux heures à cinq heures de l'après-midi , pendant les mois de juin , juillet et août , et jusques à quatre heures pendant les autres mois de l'année.

Le modèle vivant pose tous les jours , les fêtes et dimanches exceptés , de onze heures du matin à trois heures de l'après-midi.

Les élèves sont admis à cette école sur une carte d'entrée , délivrée par le Maire. Le Maire ne délivre de cartes d'entrée , que sur l'avis du Directeur du musée ou du Professeur de l'école.

§ 2. ÉCOLE GRATUITE D'ARCHITECTURE.

Les leçons ont lieu tous les jours , les fêtes, jeudi et dimanche exceptés , de trois heures à cinq heures de l'après-midi. — Les élèves sont admis sur une carte d'entrée délivrée par le Maire. — Le Maire ne délivre de cartes d'entrée , que sur l'avis du Directeur ou du Professeur de l'école.

(a) A défaut de dispositions réglementaires sur plusieurs de ces écoles , nous rapporterons les règles qui y sont relatives et que l'usage a consacrées.

§ 3. ÉCOLE GRATUITE DE DESSIN INDUSTRIEL.

1. L'ouverture de l'école aura lieu tous les ans, le 1er novembre. — Elle sera annoncée par une affiche, dans laquelle on rappellera les heures de l'entrée, la durée des exercices, l'objet des études et les principales obligations contractées par les élèves, tant sous le rapport de l'exactitude à se rendre, que sous celui de la police intérieure. L'admission aura lieu sur la présentation d'une carte, délivrée par le Maire sur un bon du Directeur. Les cours se fermeront le 30 août.

2. L'entrée et la sortie des classes sera annoncée par un signal fait par le portier, en présence des Professeurs. Chaque élève prendra sa place avec ordre, suivant son rang. Il devra observer le silence et conserver une tenue décente. Sa coiffure sera accrochée à une cheville portant son numéro. Les places non remplies pourront suppléer à l'appel nominal, pour constater les absences.

3. La liste des élèves admis sera dressée avec soin, et MM. les Professeurs en auront un double sur un registre destiné à mentionner les inexactitudes, fautes de discipline, etc., et les observations auxquelles elles donneront lieu.

4. Le choix des modèles, ainsi que leur pose, appartient exclusivement aux Professeurs. Sous aucun prétexte, les élèves ne devront y toucher. Toutes les fois qu'on en changera, leur intégrité sera constatée.

5. MM. les Professeurs devront faire au moins

deux tournées par heure, pour l'examen et la correction des travaux.

6. Le passage d'une classe inférieure à une classe supérieure aura lieu, sur la proposition du Professeur, à l'époque des inspections trimestrielles faites par MM. les Directeur et Inspecteurs.

7. MM. les Professeurs pourront prononcer l'exclusion de l'école, depuis trois jours jusqu'à six jours, contre tout élève qui se mettra en contravention aux divers articles du présent règlement. Si la gravité du cas exige une punition plus forte, il sera soumis aux membres du comité, qui pourront prolonger indéfiniment la peine. Toute exclusion sera annoncée par le portier aux parens de l'élève, et affichée dans la classe.

8. A la fin de chaque année scolaire, il sera ouvert un concours pour les élèves qui seront jugés capables d'y prendre part. Après la distribution des prix, il y aura exposition publique des ouvrages des artistes, élèves ou amateurs, qui pourraient fixer l'attention du public et exciter l'émulation.

9. Le présent règlement sera affiché dans chaque salle, et lu aux élèves réunis à l'ouverture des cours. *(Règlement du* 1er *avril* 1834*)*.

§ 4. ÉCOLE GRATUITE DE GÉOMÉTRIE APPLIQUÉE AUX ARTS.

Les leçons ont lieu les lundi, mercredi et vendredi, à sept heures du soir, dans une des salles de l'Hôtel de ville. L'ouverture du cours a lieu chaque année au mois de novembre : elle est annoncée par une affiche.

§ 5. ÉCOLE GRATUITE DE MUSIQUE.

1. L'école de musique de Montpellier n'aura qu'une seule classe de solfége et de vocalisation, qui sera dirigée par un seul Professeur.

2. L'ouverture de l'école aura lieu chaque année, dans la première quinzaine de novembre, et la clôture le 31 août.

3. Le cours aura lieu tous les jours, excepté les dimanche et jeudi, et les fêtes observées. Le Professeur donnera deux heures de classe par jour.

4. L'école sera dirigée et surveillée par une commmission composée de trois membres (a), nommés par le Maire. En outre, un Conseiller municipal, nommé par le conseil, fera partie de cette commission.

5. Les sujets seront admis à l'école de musique sur une carte, délivrée par le Maire sur l'avis de la commission, qui jugera, s'il y a lieu, d'admettre ou de refuser l'élève. La commission pourra, si elle le juge nécessaire, faire examiner préalablement le candidat par le Professeur de l'école de musique.

6. Aucun élève ne peut être reçu à l'école avant l'âge de huit ans accomplis.

7. Le nombre des élèves demeure fixé, pour

(a) Deux nouveaux membres ont été adjoints à cette commission, par arrêté du 13 février 1835.

la première année, à 20 (a). Sur la demande du Professeur, la commission sera invitée à s'assembler pour prononcer sur l'exclusion des élèves, qui, quoique reçus, ne donneraient pas d'espérances, ou se feraient remarquer par leur inconduite.

8. Les élèves, ou leurs parens pour eux, s'engageront à suivre assidûment les cours de l'école, et à participer aux concerts et autres exercices, toutes les fois qu'ils en seront requis. Sur l'avis de la commission et d'après la force des élèves, il sera mis à l'étude tels morceaux qu'elle indiquera.

9. Le tableau des élèves devra toujours être affiché dans la classe. Une distribution de prix aux élèves, aura lieu à la fin de l'année. La commission et le professeur, juges naturels du concours, prendront en considération, dans la distribution de ces prix, l'assiduité des élèves, leur bonne conduite dans l'école et leurs progrès.

10. Le Professeur tiendra note, jour par jour, des élèves présens et de leurs absences, et donnera tous les mois un bulletin nominatif, sur lequel il annotera ses observations sur la conduite des élèves et leurs progrès. A la fin de l'année scolaire, le professeur dressera un tableau général et nominatif, présentant, en résumé, le résultat des notes qu'il aura recueillies durant le cours de l'année sur cha-

---

(a) Depuis la création de cette école, les élèves ont été classés en deux sections. La première section est composée des élèves de quinze ans et au-dessus. Les élèves de l'âge de dix à quinze ans forment la seconde section. Le nombre total des élèves est de soixante.

que élève. Ce tableau sera soumis à la Commission.

11. Les élèves ne pourront chanter en public, pendant tout le cours de leurs études, qu'après en avoir obtenu la permission du Professeur.

12. Lorsque le Professeur se trouvera indisposé, il devra se faire remplacer par un artiste capable. A défaut d'exécution de cette obligation, le Professeur sera censé démissionnaire, et, après deux avertissemens, le Maire pourvoira à son remplacement par la voie du concours.

13. Le traitement du Professeur sera déterminé par la commission, qui devra, dans la fixation des dépenses relatives à l'école de musique, se renfermer dans les limites du crédit alloué au budget.

14. Le présent règlement demeurera constamment affiché dans le local destiné à l'école de musique. Jusqu'à nouvelle détermination, le Professeur sera tenu de recevoir les élèves chez lui (a).

(Règlement délibéré par le Conseil municipal, dans sa séance du 4 février 1835).

SECTION III.

BOURSES COMMUNALES.

—

§ 1. BOURSES COMMUNALES AU COLLÉGE ROYAL.

1. La ville de Montpellier entretiendra des bourses au collége royal.

(a) Les leçons ont lieu actuellement dans la petite salle de Concert.

2. Il y aura des bourses entières de pensionnaires internes, et des bourses d'élèves externes.

3. Le nombre sera fixé chaque année dans la session du mois de mai, sans néanmoins qu'il puisse s'élever au-delà de quatre bourses entières d'internes, et de vingt bourses d'externes.

4. Le vote des fonds affectés à cet objet ne deviendra définitif qu'autant que les bourses seront occupées ; les sommes portées au budget ne seront ordonnancées et payées que sur des mandats nominatifs, et sur un certificat de vie et de présence de l'élève boursier.

5. Les bourses seront données, suivant le vœu des parens et la destination ultérieure des enfans, soit pour les études classiques ordinaires, soit pour les cours spéciaux désignés sous le nom d'école préparatoire.

6. La nomination aux bourses sera faite par le Conseil municipal, dans la session du mois d'août, sur la proposition du Maire ou d'un membre du Conseil, et sur le rapport d'une commission spéciale prise dans le sein du Conseil, et nommée à la session du mois de mai.

7. Les bourses ne seront données qu'à des enfans dont les parens seront domiciliés depuis cinq ans à Montpellier.

8. Dans l'intervalle de la session de mai à celle d'août, le Maire prendra des mesures pour rendre public le nombre des bourses d'internes et externes, qui seront disponibles au commencement de la prochaine année scolaire, et pour inviter les aspirans à produire leurs titres.

9. Les demandes des aspirans et les propositions que le Maire ou les membres du Conseil voudront faire, seront aussi, dans cet intervalle, communiquées à la commission spéciale nommée , ainsi qu'il a été dit ci-dessus , art. 6. — La commission vérifiera et s'assurera de la position de fortune des candidats, s'ils remplissent les conditions exigées par l'art. 7, et s'ils ont une instruction suffisante pour entrer dans les classes analogues à leur âge ; elle en fera son rapport au Conseil, lors de la délibération pour les nominations aux bourses.

10. Dans le cas d'égalité de position des candidats, quant à la médiocrité de fortune ou aux besoins, la préférence sera accordée à la supériorité d'intelligence et de capacité.

11. Les bourses accordées pourront être retirées par délibération du Conseil, prise sur le rapport de la commission spéciale : 1º aux élèves dont les parens qui les ont à leur charge, ou qui par eux-mêmes auraient acquis, depuis la nomination, les moyens de pourvoir à leur éducation et instruction, ou que l'on reconnaîtrait positivement les avoir déjà eus auparavant et les avoir encore ; 2º à ceux qui, par défaut de conduite , seraient reconnus ne pouvoir pas suivre avec fruit le cours de leurs études.

12. Les bourses actuellement concédées sont maintenues, sauf leur réduction graduelle à mesure des vacances, juqu'au nombre fixé par l'article 3. *(Règlement délibéré par le Conseil municipal, le 14 avril 1834.)*

§ 2. BOURSES COMMUNALES A L'ÉCOLE DES ARTS ET MÉTIERS DE CHALONS.

1. Par délibération, en date du 26 août 1835, le Conseil municipal a voté la création, aux frais de la ville, de trois bourses entières à l'école des arts et métiers de Châlons. Le cours des études étant de trois années, les élèves boursiers seront nommés savoir : le premier, en 1836 ; le second, en 1837 ; le troisième, en 1838 ; ils seront successivement remplacés à l'expiration des trois années, depuis leur admission.

2. Suivant une seconde délibération, qui a été prise à ce sujet par le Conseil municipal, le 21 mai 1836, les candidats doivent être examinés par un jury composé de neuf membres, savoir : les six membres composant la commission du Conseil municipal, chargée de l'instruction publique, et trois autres personnes désignées par l'Administration.

3. Les examens doivent avoir lieu au mois d'août de chaque année ; en conséquence, les candidats doivent se présenter, avant cette époque, au Secrétariat de la Mairie, pour s'y faire inscrire et y déposer les pièces et certificats dont la production est exigée.

4. Pour être admis à concourir aux places d'élèves-boursiers communaux à l'école des arts et métiers de Châlons, il faut :

1° Être âgé de quatorze ans au moins, et de dix-sept ans au plus ;

2º Appartenir à des parens domiciliés à Mont-pellier depuis cinq années au moins ;

3º Être de bonne constitution, avoir eu la petite vérole ou avoir été vacciné ;

4º Savoir lire et écrire ;

5º Savoir l'orthographe, les élémens de la langue française, l'arithmétique et le dessin linéaire ;

6º On tiendra compte des connaissances que les candidats auront en géométrie ;

7º Les candidats aux bourses communales doi-vent avoir fait, pendant six mois, l'apprentissage d'un des arts et métiers analogues à ceux qui sont enseignés à l'école de Châlons.

(Avis du 24 juin 1836).

§ 3. BOURSES COMMUNALES AUX ÉCOLES DE SOURDS-MUETS.

Sous le titre de secours aux parens des sourds-muets, la ville entretient des élèves-boursiers aux écoles de Bordeaux, de Toulouse ou de Rodez, au choix des parens.

Ces secours sont votés chaque année, lors de la formation du budget de la ville, par le Conseil municipal, qui est appelé à apprécier les titres des candidats proposés par l'Administration, et les droits que leurs parens peuvent avoir à obtenir de tels secours.

TITRE IV.

CHARGES COMMUNALES.

CHAPITRE I.

OCTROI.

SECTION I.

RÈGLEMENT ET TARIF DE L'OCTROI.

N° 1. RÈGLEMENT DE L'OCTROI,

APPROUVÉ PAR ORDONNANCE ROYALE DU 31 OCTOBRE 1833.

---

§ 1. DE LA PERCEPTION EN GÉNÉRAL, DU RAYON ET DES BUREAUX DE L'OCTROI.

1. L'octroi municipal et de bienfaisance, établi dans la commune de Montpellier, département de l'Hérault, sera perçu conformément au Tarif ci-annexé, et d'après les dispositions du présent règlement.

La perception se fera sur tous les objets compris au tarif, et sur tous les consommateurs, sans aucune exception.

La surveillance immédiate de l'octroi appartient au Maire, sous l'autorité de l'Administration supérieure.

La surveillance générale sera exercée par la régie des contributions indirectes.

2. Le rayon de l'octroi comprendra les lignes d'enceinte ci-après désignées par des poteaux portant cette inscription : OCTROI DE MONTPELLIER. Ces poteaux seront placés : le premier, sur la seconde arche à droite du pont de Castelnau; le deuxième, à la Justice, au coin du champ de la campagne Vialars; la ligne de circonvallation suivra le chemin qui va à la campagne de M. Puech cadet, laissant celle de Charrolois sur la droite, et elle descendra ce chemin; le troisième au coin du jardin de M. Lafosse, en suivant sur la droite le chemin qui va à la Portalière; le quatrième, à la Portalière, la limite sera le chemin qui va à Fontcouverte, et pendant quelques pas celui de Ganges; le cinquième, au bout du champ de M. Miécam et celui de la campagne de M. Grasset, anciennement appelée Mas de *Comte*, en suivant sur la gauche le chemin qui est entre ces deux champs, et qui vient se joindre à celui de Grabels, au Pont au-dessous de la Gaillarde; à cet endroit sera placé le sixième : la ligne suivra le chemin qui passe sous cette campagne à droite et traverse le chemin qui conduit au

Nota. Le total la population assujettie à l'octroi, d'après la détermination des limites exprimées à l'article 2, est de 33,954 habitans.

Maubosc, et prend celui qui conduit aux campagnes
Boulabert et *Lacombe;* le septième sera placé à la
fontaine dite de *Finot*, et l'on suivra le chemin
jusqu'aux quatre coins où l'on trouvera le huitième
poteau : on parcourra ce chemin jusqu'à la route
de Gignac, avant d'arriver à la Piscine; le neuvième
sera placé près de la croix Sarbel : la ligne suivra
cette route vers la ville jusqu'en face de la pointe
de la campagne ci-devant du président Gros; elle
se prolongera sur le chemin en face, appelé de la
Figuerasse, aboutissant à celui qui va à la campagne de M. Brousse; à la jonction de ces deux
chemins sera placé le dixième poteau ; la ligne
d'enceinte passera devant la porte d'entrée de la
campagne Brousse, suivra jusqu'au chemin qui
conduit à celle dite *Estor;* le onzième, sera placé
à cet endroit ; la limite sera au milieu des champs,
en ligne directe, jusqu'au chemin de Pignan, au
pont du roc de Pézenas, à l'embranchement du
petit chemin qui va au Terrail, où sera placé le
douzième poteau ; on traversera également les
champs ; le treizième, sera placé à la fontaine dite
de *St-Barthélemy;* le quatorzième, en face du pont
de la Lironde, qui se trouve après le jardin du
Provençal, sur la route de Toulouse ; le ruisseau
sera pris pour limite; le quinzième, au coin et au
fond de l'enclos *Péridier,* campagne de *Lemasson;*
on suivra également le ruisseau; le seizième, au
pont dit de *Lentissargues,* sur le chemin de Montels, en longeant encore le ruisseau : laissant à
gauche la campagne des Prés-d'Arènes, la limite

traversera en ligne droite les champs jusqu'au chemin de Lattes ; le dix-septième sera à l'embranchement des quatre chemins, et la ligne d'enceinte suivra celui qui va au mas de *Couve ;* le dix-huitième, au coin du jardin dudit mas, sur le chemin des Écluses : la ligne sera tracée par le chemin qui conduit au Verdanson ; le dix-neuvième poteau sera près la pierre servant de but au jeu de mail, dite *la Tête de mort:* on suivra le Lez jusqu'au poteau N° 20, placé au-delà du Pont-Juvenal, chemin de Mauguio, d'où l'on suivra la rivière jusqu'au poteau N° 1, à droite du pont de Castelnau.

3. Les déclarations et la recette des droits se feront aux bureaux ci-après désignés, savoir :

1° Au pont de Castelnau; 2° à l'extrémité du faubourg de Boutonnet; 3° à Font-couverte; 4° à l'extrémité du faubourg St-Dominique ; 5° à l'extrémité du faubourg de Figuerolles ; 6° au pont à bascule, chemin de Toulouse ; 7° au-delà du pont Juvenal; 8° au port-Juvenal; 9° à la Poissonnerie; 10° à la Boucherie.

Il y aura de plus dix bureaux, postes d'observation: 1° au pont de la Boucherie; 2° au Séminaire; 3° au jardin Farel; 4° à la Pile; 5° à l'avenue du chemin qui aboutit au Carré du Roi; 6° au jardin Despous; 7° à l'avenue de la Paille; 8° en face de l'église St-Denis ; 9° à la Perruque; et 10° à la porte de Lattes.

Ces postes ne seront établis que pour le service particulier de la communication des routes aux chemins indirects et pour l'entrée seulement des

16

combustibles, fourrages et autres objets de peu de valeur et en petite quantité, à l'exclusion formelle des boissons et des bestiaux autres que ceux de pacage.

Ces bureaux seront indiqués par un tableau portant ces mots : *Bureau de l'Octroi*. Ils seront ouverts tous les jours, savoir : pendant les mois de janvier, février, novembre et décembre, depuis sept heures du matin jusqu'à six heures du soir ; pendant les mois de mars, avril, septembre et octobre, depuis six heures du matin jusqu'à sept heures du soir, et pendant les mois de mai, juin, juillet et août, depuis cinq heures du matin jusqu'à huit heures du soir.

Il y aura, en outre, pour le service de la perception dans l'intérieur, un bureau central, qui sera ouvert depuis neuf heures du matin jusques à quatre heures du soir.

Les présens tarif et règlement seront affichés dans l'intérieur et à l'extérieur desdits bureaux.

§ 2. DE LA PERCEPTION SUR LES OBJETS VENANT DE L'EXTÉRIEUR.

4. Tout porteur ou conducteur d'objets assujettis aux droits d'octroi sera tenu, avant de les introduire, d'en faire la déclaration au bureau, de produire les congés, acquits-à-caution, passavans, ainsi que les lettres de voiture, connaissemens, chartes-parties ou toutes expéditions qui les accompagnent, et d'acquitter les droits, si les objets sont destinés à la consommation du lieu, sous peine

d'une amende égale à la valeur de l'objet soumis aux droits.

Toute déclaration devra indiquer la nature, la quantité, le poids et le nombre des objets introduits.

5. Après la déclaration, les préposés pourront faire toutes les recherches, visites et vérifications nécessaires pour s'assurer de l'exactitude des déclarations; les conducteurs seront tenus de souffrir et même de faciliter toutes les opérations relatives auxdites vérifications.

Tout objet soumis à l'octroi, qui, nonobstant l'interpellation faite par les préposés, serait introduit sans avoir été déclaré, ou sous une déclaration fausse, sera saisi (a).

(a) L'article 9 de la loi des finances, du 24 mai 1834, ayant rendu applicables à toutes les communes du royaume, qui ont un octroi, les dispositions des articles 7, 8 et 9 de la loi du 29 mars 1832, relatives aux octrois de Paris, et par suite les articles 27, 46, 223, 224 et 225 de celle du 28 avril 1816, nous croyons utile d'annoter ici ces dispositions, parce qu'elles ont modifié, sur plusieurs points, la pénalité des contraventions en matière d'octroi.

1. Toutes denrées, marchandises ou boissons, sujettes aux droits d'octroi, qui seront introduites sans déclaration, seront, comme précédemment, saisies par les employés, et il en sera de même des voitures, chevaux et autres objets servant au transport, à défaut par le contrevenant de consigner le maximum de l'amende ou de donner caution solvable. (Articles 8 de la Loi du 29 mars 1832, et 27 de celle du 28 avril 1816).

2. Les contraventions en matière d'octroi seront punies, indépendamment de la confiscation des objets saisis, d'une

6. Il est défendu aux employés, sous peine de destitution et de tous dommages et intérêts, de faire

---

amende de 100 à 200 francs, suivant la gravité des cas. L'amende sera également de 100 à 200 francs pour la fraude dans les voitures particulières suspendues. *(Articles 8 de la Loi du 29 mars 1832, et 46 de celle du 28 avril 1816).*

3. Dans le cas de fraude par escalade, par souterrain ou à main armée, il sera infligé aux contrevenans une peine correctionnelle de six mois de prison ; outre l'amende et la confiscation. *(Idem).*

4. L'introduction ou la tentative d'introduction d'objets soumis aux droits d'octroi, à l'aide d'ustensiles préparés ou de moyens disposés pour la fraude, donnera lieu à l'application des articles 223, 224 et 225 de la loi du 28 avril 1816. *(Art. 9 de la loi du 29 mars 1832).*

En conséquence, 1° en procédant, en ce cas, à la saisie des objets soumis aux droits d'octroi, à celle des ustensiles et mécaniques prohibés, des chevaux, voitures, bateaux et autres objets servant au transport, les employés pourront constituer prisonniers les fraudeurs et colporteurs. *(Art. 223 de la loi du 28 avril 1816).*

2° Lorsque, conformément à l'article précité, les employés auront arrêté un colporteur ou fraudeur d'objets soumis aux droits d'octroi, ils seront tenus de le conduire, sur le champ, devant un officier de police judiciaire, ou de le remettre à la force armée, qui le conduira devant le juge compétent, lequel statuera de suite, par une décision motivée, sur son emprisonnement ou sa mise en liberté. *(Art. 224 de la loi précitée).*

3° Néanmoins, si le prévenu offre bonne et suffisante caution de se présenter en justice et d'acquitter l'amende encourue, ou s'il consigne lui-même le montant de ladite amende, il sera mis en liberté, s'il n'existe aucune autre charge contre lui. *(Idem).*

usage de la sonde dans la visite des malles, caisses et ballots annoncés contenir des étoffes, linges et autres objets susceptibles d'être endommagés.

Dans ce cas, comme dans tous ceux où le contenu des caisses et ballots serait inconnu et ne pourrait être vérifié immédiatement, la vérification en sera faite dans les emplacemens à ce destinés et déterminés par l'Autorité locale.

7. Les objets compris au tarif, dont l'introduction aura lieu par terre, ne pourront entrer dans le rayon de l'octroi que par les routes de Nismes, St-Hippolyte, Ganges, Lodève, Pignan, Toulouse et Mauguio. Ceux qui arriveront par la rivière du Lez, seront conduits directement au Port-Juvenal, auprès du bureau placé sur ce point; ils ne pourront être déchargés qu'après avoir été déclarés à ce bureau et vérifiés par les employés sur les bateaux mêmes.

Toute introduction d'objets soumis à l'octroi, qui aura lieu par d'autres points que ceux indiqués au présent règlement, sera considérée comme frauduleuse et punie comme telle.

8. Les préposés auront la faculté, en cas de

4° Tout individu condamné pour fait d'introduction ou de tentative d'introduction d'objets soumis aux droits d'octroi, à l'aide d'ustensiles préparés ou de moyens disposés pour la fraude, sera détenu jusqu'à ce qu'il ait acquitté le montant des condamnations prononcées contre lui : cependant le temps de la détention ne pourra excéder six mois, sauf le cas de récidive où le terme pourra être d'un an. *(Art. 225 de la même loi).*

soupçon de fraude, de déguster les boissons et les
liquides pour s'assurer de la sincérité de la déclaration ; mais ils ne pourront, sous peine de destitution, extraire des vases qui contiendront ces boissons et liquides, que les quantités rigoureusement
nécessaires pour en faire la vérification , avec obligation expresse de reverser dans les vases, toutes
les fois que la chose sera possible, le reste des
quantités qui auront servi à la vérification : lorsqu'il y aura impossibilité de reverser ce reste dans
les vases, il devra être toujours remis au propriétaire ou au conducteur, et ne pourra, sous aucun
prétexte et à peine de révocation des préposés,
être retenu par eux.

§ 3. DE LA PERCEPTION SUR LES OBJETS DE L'INTÉRIEUR.

9. Toute personne qui récolte, prépare ou fabrique, dans l'intérieur du rayon de l'octroi, des objets
compris au tarif, est tenue , sous peine d'une
amende égale à la valeur de l'objet soumis aux
droits, d'en faire la déclaration et d'acquitter immédiatement le droit, si elle ne réclame la faculté de
l'entrepôt.

Les préposés de l'octroi reconnaîtront à domicile
les quantités récoltées, préparées ou fabriquées,
et feront toutes les vérifications nécessaires pour
prévenir la fraude.

10. Les animaux destinés à être abattus seront ,
s'il y a lieu, marqués au feu au moment de leur
introduction. Ceux introduits morts ou abattus dans

l'intérieur des limites, seront marqués au noir sur
les extrémités des quartiers ; on ne pourra, dans
l'un et l'autre cas, se servir d'autres marques que
de celles déterminées par le Maire.

11. Les propriétaires ou fermiers des moulins à
huile, déclareront au bureau central le moment où
la fabrication devra commencer.

Les employés de l'octroi pourront assister à la
fabrication ; dans ce cas, les propriétaires susdits
seront tenus de leur fournir l'éclairage pendant la
nuit.

Pendant toute la durée de la fabrication et jusqu'à
l'enlèvement des huiles fabriquées, les auges et
les fosses resteront sous la garde des préposés ; à
cet effet, l'Administration de l'octroi fournira les
cadenas nécessaires pour la fermeture des auges ;
l'ouverture en sera faite par les employés au moment
de l'enlèvement des huiles. Les fosses pourront
également être fermées aux frais de l'Administration de l'octroi.

Dans le cas contraire, les exploitans remettront
les clefs desdites fosses aux employés, qui en de-
meureront dépositaires jusqu'à l'enlèvement des
huiles fabriquées. Néanmoins, ces exploitans demeurent responsables des huiles qui seraient enlevées
sans acquit préalable des droits, ou prise d'un
passe-debout, nonobstant la saisie qui pourrait
s'effectuer.

12. Les huiles destinées à la préparation des
produits commerciaux, qui pourraient être fabri-
qués dans le rayon de l'octroi, tels que savons,

couvertures de laine, teinture de coton en rouge, taffetas cirés, etc., sont affranchies du droit du tarif, à la charge et condition expresse que lesdites huiles seront dénaturées par les préposés, (en présence et aux frais des propriétaires) au moment de l'introduction dans le rayon de l'octroi ou à la sortie de l'entrepôt. Après cette opération, lesdites huiles ne pourront être conduites que dans les fabriques indiquées, sous peine de saisie.

Les substances désignées pour l'altération des huiles, seront achetées par les préposés.

13. Les propriétaires des établissemens qui seront formés dans le rayon de l'octroi pour l'épuration des huiles animales, seront tenus de faire leur déclaration au bureau central de l'octroi, et de souffrir la visite des préposés, qui constateront les quantités d'huiles épurées, dont le propriétaire sera tenu d'acquitter les droits d'octroi, avant l'enlèvement desdites huiles, sauf le cas où il serait fait usage de la faculté d'entrepôt mentionnée à l'art. 9.

En cas de fraude de leur part, le Maire pourra, indépendamment des peines encourues par le contrevenant, ordonner la fermeture de l'établissement.

14. Les bières fabriquées dans l'intérieur du rayon ne pourront être enlevées de chez les brasseurs, sans qu'au préalable on ne soit muni d'une quittance justifiant l'acquit des droits, si la bière est destinée pour la consommation, ou d'un passe-debout, si la destination est pour l'extérieur.

§ 4. PASSE-DEBOUT, TRANSIT ET ENTREPOT DES OBJETS SOUMIS AUX DROITS DU TRÉSOR.

15. Les formalités du passe-debout et du transit des boissons seront les mêmes, pour l'octroi, que celles observées par la régie des contributions indirectes.

L'entrepôt des boissons aura lieu, pour l'octroi, d'après les mêmes formalités, conditions, et pour les mêmes quantités, que celles qui sont fixées à l'égard des droits du trésor.

Les exercices chez les entrepositaires seront faits par les employés des contributions indirectes, en conformité de l'art. 91 de l'ordonnance du 9 décembre 1814.

§ 5. DU PASSE-DEBOUT DES OBJETS NON SUJETS AUX DROITS DU TRÉSOR.

16. Le conducteur d'objets soumis à l'octroi, qui voudra traverser seulement la commune, ou y séjourner moins de vingt-quatre heures, sera tenu de se munir d'un passe-debout.

17. Pour jouir de l'exemption résultant du passe-debout, les propriétaires, conducteurs ou porteurs d'objets portés au tarif, seront tenus de faire les déclarations prescrites par l'art. 4, et d'indiquer, en outre, le lieu du départ et celui de la destination.

18. Les droits seront consignés ou cautionnés. Ces droits seront rendus, ou la caution déchargée, lorsqu'il aura été justifié de la sortie des objets.

Lorsque les conducteurs ne pourront cautionner ni consigner les droits, il leur sera accordé une escorte, sans frais.

Les objets compris au tarif, arrivant par la rivière du Lez, pourront jouir de l'entrepôt sur le port, ou dans les magasins y existant.

Les conducteurs, marchands ou propriétaires seront, dans ce cas, tenus de faire, au bureau du Port-Juvenal, la déclaration des objets dont se compose leur chargement, de signer au registre des déclarations, et de souffrir les visites des employés, toutes les fois qu'ils jugeront devoir en faire pour la sûreté de la perception.

Lorsqu'il sera fait un enlèvement des objets ainsi déclarés, les propriétaires, négocians, ou leurs agens, se présenteront au bureau pour acquitter les droits, si l'objet enlevé est destiné pour l'intérieur du rayon de l'octroi ; dans le cas contraire, il leur sera délivré un passe-debout, qui sera déchargé par les préposés du bureau de sortie, après la vérification de l'espèce et de la quantité indiquées au passe-debout. Cette expédition sera rapportée au bureau du Port, pour servir de pièce justificative de la décharge qui sera faite au compte du déclarant.

19. Toute substitution et toute altération faite dans la nature ou la qualité, pendant la durée du séjour, fera encourir la saisie des objets, ou une amende égale à la valeur de la quantité soustraite ou altérée.

20. Les caisses ou ballots, accompagnés d'acquits-

à-caution et portant les plombs et marques des contributions indirectes ou des douanes, sont affranchis des visites et vérifications, si les plombs et marques sont reconnus sains et entiers, et dans le cas seulement où les objets resteront sous la surveillance des employés.

21. Dans le cas où, par accident ou par force majeure reconnus par les Autorités locales, un conducteur sera retenu dans le rayon de l'octroi au-delà du délai fixé, le passe-debout sera, sur sa déclaration, converti en transit, et les objets seront mis sous la surveillance des préposés de l'octroi, jusqu'à leur sortie. Les frais de loyer ou de garde, s'il y en a, seront à la charge des déclarans.

22. En cas de changement de moyen de trans-port, ayant pour effet de rendre plus difficile la vérification à la sortie des objets introduits en passe-debout, les employés devront y être appelés.

23. Si, dans le délai du passe-debout, le propriétaire ou conducteur fait une déclaration de vente pour la consommation du tout ou de partie des objets déclarés en passe-debout, les droits seront dus et acquittés avant toute mutation, et la déclaration du passe-debout déchargée d'autant.

§ 6. DU TRANSIT DES OBJETS NON SOUMIS AUX DROITS DU TRÉSOR.

24. Les déclarations et formalités prescrites pour les objets en passe-debout (excepté en ce qui concerne l'escorte), auront également lieu pour le transit. Les droits seront consignés ou cautionnés.

Les objets admis en transit resteront sous la surveillance des préposés, jusqu'au moment du départ.

25. La durée du transit est fixée à trois jours. Nulle prolongation au-delà de ce terme ne peut avoir lieu que sur l'autorisation du Maire, d'après l'avis du préposé principal de l'octroi, et dans le cas d'une nécessité dûment constatée.

26. Les droits seront restitués ou la caution déchargée au moment de la sortie. S'il n'était représenté qu'une portion des objets introduits, les droits seraient acquis sur la portion non représentée, à moins toutefois que la vente n'en eût été faite à un entrepositaire, et les objets pris en charge à son compte.

27. Les objets amenés aux foires et marchés sont assujettis à toutes les formalités du transit.

Vingt-quatre heures après le délai fixé par l'art. 25, ou après l'expiration des foires et marchés, les droits consignés seront définitivement acquis à l'octroi, s'il n'a pas été justifié de la sortie des objets.

28. Les objets déclarés en transit ne pourront séjourner qu'à l'entrepôt réel.

29. Les voitures et transports militaires chargés d'objets assujettis aux droits, sont soumis aux règles ci-dessus prescrites pour le transit et le passe-debout. (*Art.* 40 *de l'ordonnance du 9 décembre* 1814). Toutefois, dans le cas où l'emploi de ces formalités pourrait apporter un retard nuisible, les préposés se borneront à surveiller ou à escorter le convoi.

30. Les diligences, fourgons, fiacres, cabriolets et autres voitures de louage sont soumis aux visites des préposés de l'octroi.

31. Les individus voyageant à pied, à cheval ou en voiture particulière suspendue, ne pourront être arrêtés, questionnés ou visités sur leur personne ni à raison de leurs malles ou effets.

Tout acte contraire à la présente disposition sera réputé acte de violence, et les préposés qui s'en rendront coupables seront poursuivis correctionnellement et punis des peines prononcées par les lois. Tout individu soupçonné de faire la fraude, à la faveur de cette exception, pourra être conduit devant un officier de police ou devant le Maire, pour y être interrogé, et la visite de ses effets autorisée, s'il y a lieu (a).

32. Les courriers ne pourront être arrêtés à leur passage, sous prétexte de la perception; mais ils seront obligés d'acquitter les droits sur les objets soumis à l'octroi, qu'ils introduiraient pour être consommés dans la localité; à cet effet, les préposés de l'octroi seront autorisés à assister au déchargement des malles.

33. Le refus de satisfaire aux prescriptions de l'article précédent et de se soumettre à la visite autorisée, sera considéré et puni comme résistance à l'exercice des préposés.

_____

(a) Les voitures particulières suspendues sont aujourd'hui soumises, aux entrées de la ville, aux mêmes visites que les voitures publiques. (Art. 9 de la loi du 24 mai 1834, et art. 7 de celle du 29 mars 1832).

Ne seront pas considérés comme voyageant, les individus habitant la ville , sortant et entrant journellement à pied, à cheval ou en voiture suspendue; en conséquence , ils seront soumis à la visite des préposés de l'octroi (a).

§ 7. DES BESTIAUX ENTRETENUS DANS LE RAYON DE L'OCTROI.

34. Les propriétaires des bestiaux entretenus dans le rayon devront faire leur déclaration au bureau. Il leur sera délivré un permis de circulation indicatif du nombre , de l'espèce et du lieu de passage affecté à la sortie et à la rentrée de ces animaux. Ceux qui seraient introduits au-delà du nombre fixé par le permis , et sans déclaration préalable, seront saisis.

35. Les propriétaires des bestiaux dont il s'agit souffriront les visites et exercices des préposés de l'octroi dans leurs étables et bergeries. Il sera fait inventaire de leurs bestiaux, lequel sera suivi de recensemens aux époques déterminées par le Maire.

36. Ils sont aussi tenus de déclarer d'avance le nombre et l'espèce des animaux qu'ils livreront aux bouchers et charcutiers, ceux qu'ils feront venir du dehors pour les remplacer, et ceux qu'ils abattront pour leur consommation personnelle.

. Ils déclareront également toute diminution ou augmentation dans le nombre de leurs bestiaux, et pour quelque cause que ce soit.

(a) Voyez la note sous l'article 31 , page 253.

37. Les bestiaux morts naturellement ou exportés hors de la commune, ne sont passibles d'aucun droit. Il sera fait déclaration des premiers dans le jour de la mort, et des seconds, préalablement à leur exportation.

Ces déclarations seront vérifiées par les préposés. A l'époque des recensemens, les propriétaires sont tenus d'acquitter les droits pour les bestiaux reconnus manquans à leur charge.

38. Dans le cas où lesdits bestiaux dépasseraient les bureaux de recette sans sortir du rayon, les conducteurs seront tenus de déposer leur bulletin au bureau de passage, où vérification sera faite des quantités et espèces de bestiaux ; le bulletin sera rendu à leur rentrée.

39. *Annulé.*

40. Dans le but de favoriser l'agriculture, il pourra être délivré des permis d'entrée et de sortie en franchise pour les bœufs et vaches de labour , sur la demande des propriétaires connus de l'administration, dont les campagnes sont dans cette commune et dans les communes limitrophes.

Ces permis, comme ceux dont il a été parlé ci-dessus, art. 34, seront délivrés au bureau central de l'octroi, sur la signature des propriétaires, qui seront responsables des contraventions.

41. Les bestiaux des bouchers et des marchands forains, seront conduits à leur entrée à l'égorgeoir public ou au marché , situé dans le même local , pour y être entreposés jusqu'à destination ultérieure.

Tout bétail quelconque leur appartenant, qui

sera remisé ailleurs et dans les limites de l'octroi, sera saisi.

42. Toute viande de boucherie, après le payement des droits, sera assujettie à la marque et ne pourra être exposée en vente, si elle n'y a été préalablement soumise.

Cette marque sera apposée sur chacun des animaux abattus ou égorgés, et aux parties qui seront jugées les plus convenables à la sûreté de la perception.

La viande, qui sera trouvée dépourvue de cette marque par les préposés de l'octroi, lors de la vérification qu'ils feront des étaux, des débits et autres, sera saisie.

Les bestiaux vivans pourront également être assujettis à la même formalité : ils seront marqués au moyen d'un fer rougi au feu, portant les lettres O. M., ou par toute autre marque désignée par le Maire.

43. Les porcs seront assujettis aux mêmes formalités que le bétail en général.

§ 8. ENTREPOT RÉEL.

44. La faculté d'entreposer à domicile ne sera accordée que pour les boissons, en se conformant aux règles tracées en matière de contributions indirectes.

Seront admis à l'entrepôt réel, les boissons et liquides de toute espèce, les viandes et poissons salés, les fruits secs et généralement tous les objets compris au tarif, à l'exception des marchandises susceptibles d'avaries naturelles et des denrées d'approvisionnement journalier.

45. Cet entrepôt sera administré par un conservateur, qui sera nommé par M. le Préfet, sur une triple liste présentée par le Maire. Les employés attachés à cet établissement seront nommés de même ; ils seront tous soumis à la prestation du serment prescrit par l'ordonnance du 9 décembre 1814.

46. Avant le lever ou après le coucher du soleil, nul ne pourra séjourner ni pénétrer dans les magasins de l'entrepôt, que dans les cas extraordinaires et en présence des employés qui y sont attachés. Il ne pourra y être formé aucun établissement particulier ni souffert d'amas de choses étrangères à sa création.

47. L'entrée et la sortie des marchandises entreposées ne pourront avoir lieu à d'autres heures que celles fixées par l'art. 3 du présent, pour l'ouverture des bureaux de perception.

48. Le conservateur tiendra un compte ouvert pour chaque entreposeur particulier, et un compte de marchandises générales, outre les registres d'entrée et de sortie ordonnés par le décret impérial du 17 mai 1809.

Sur les registres d'entrée et de sortie seront portées et distinguées par nature, exactement jour par jour, les opérations de transit et d'entrepôt qui ont lieu pour le compte de chaque entreposeur particulier; il en sera de même pour le compte ouvert.

17

Chaque entreposeur ne pourra exiger que la communication du compte qui le concerne.

49. Le conservateur ne sera point responsable des avaries, coulages, pertes et déchet résultant du fait seul de la durée du séjour, de la nature des marchandises, du défaut des futailles ou caisses, ni des accidens de force majeure; il sera seulement responsable des altérations ou avaries qui seront prouvées provenir de la faute des préposés.

50. La durée de l'entrepôt est illimitée.

51. Les personnes qui voudront jouir de la faculté de l'entrepôt, représenteront au bureau de l'octroi les lettres de voiture et autres expéditions contenant indications détaillées des objets énoncés auxdites pièces.

52. Après cette déclaration, il leur sera délivré un bulletin d'entrepôt; les droits seront consignés ou cautionnés, et la consignation sera rendue ou la caution déchargée à l'arrivée des marchandises à l'entrepôt.

53. Les objets reçus à l'entrepôt seront, aussitôt après leur vérification et leur réception, inscrits sur un registre à souche. Une expédition détachée de la souche sera remise à l'entreposeur; elle énoncera les noms, prénoms, qualités, professions et demeures, ainsi que la quantité et la qualité des objets entreposés et toutes les circonstances propres à les faire reconnaître.

La souche sera signée par l'entreposeur : s'il ne sait ou ne veut signer, il en sera fait mention.

54. Les droits de magasinage seront fixés ainsi qu'il suit, savoir :

Pour chaque colis de 50 kilogrammes et au-dessous.......... 15 c. par mois.
Idem de 51 à 150 kilogrammes..... 25 *idem.*
Idem de 151 à 450 kilogrammes..... 50 *idem.*
Idem de 451 et au-dessus.......... 75 *idem.*

Le droit sera toujours payé comptant, en retirant les marchandises de l'entrepôt. Le mois commencé comptera pour le mois entier.

Tous les objets soumis aux droits d'octroi, indiqués à l'art. 44, ont la faculté de séjourner à l'entrepôt réel pendant trois jours et même quatre, lorsque dans ce nombre il se rencontre un dimanche, sans payer aucun frais de magasinage.

Le conservateur tiendra un registre à souche de recette de ce droit, et opérera ses versemens dans la caisse du receveur municipal : il fournira un bordereau à l'appui de chaque versement, aux époques qui seront déterminées par l'administration.

55. La régie des contributions indirectes pourra placer dans l'entrepôt les objets qui la concernent directement, pourvu qu'ils soient de l'espèce de ceux qui sont admis à être entreposés et que le service de l'entrepôt ne puisse en souffrir ; et ce en exécution de l'art. 14 du décret du 21 décembre 1808.

La même régie pourra aussi faire placer dans l'entrepôt, si le local le permet, les boissons pour lesquelles les propriétaires négocians réclameront cette faculté.

56. Les rouliers et les conducteurs qui entreposeront des marchandises, faute d'acceptation de la part des destinataires ou de vente, pourront obtenir de l'administration le payement de ce qui leur serait dû pour voiture et déboursés dont ils justifieraient, pourvu que les objets soient d'une valeur qui puisse garantir les droits et les frais.

57. Les marchandises entreposées pour cause ci-dessus, ne seront rendues aux propriétaires qu'après acquittement des avances des frais de magasinage et, s'il y a lieu, d'entretien.

58. Si, par suite du dépérissement d'objets entreposés ou pour toute autre cause, leur valeur, au dire d'experts appelés d'office par l'administration de l'octroi, n'excède pas la moitié en sus des sommes qui peuvent être dues pour frais d'entretien, de transport ou de magasinage, il sera fait sommation au propriétaire ou à son représentant de retirer lesdits objets dans le délai fixé par l'acte de sommation, et, à défaut, ils seront vendus publiquement avec l'autorisation du Maire, sur l'avis du préposé en chef de l'octroi. Le produit de la vente, déduction faite des sommes dues pour l'entrepôt, droits et frais, sera déposé dans la caisse du receveur municipal, et tenu à la disposition du propriétaire. Il en sera de même pour les marchandises concernant les négocians de l'intérieur.

59. Les marchandises entreposées ne pourront être altérées ni changées sous aucun prétexte : les boissons ne pourront être transvasées qu'après déclaration motivée, faite à la régie de l'octroi et à celle des contributions indirectes.

Les transvasations ne pourront avoir lieu qu'en présence d'un employé de chacune de ces régies : ces employés établiront et signaleront, au bas de l'extrait de la déclaration, la qualité, la forme et la jauge des nouveaux contenans.

60. Les propriétaires ou leurs fondés de pouvoirs pourront demander l'entrée de l'entrepôt, tant pour y soigner les objets qu'ils y auront déposés, que pour y mener les acheteurs, de la conduite desquels ils répondront. A défaut par les propriétaires ou leurs fondés de pouvoirs de veiller à la conservation des objets entreposés, le conservateur se fera autoriser par le Maire à y pourvoir.

61. Les objets entreposés ne pourront être retirés qu'en représentant l'expédition d'admission à l'entrepôt, et qu'après une déclaration préalable indicative de la destination des objets. Dans le cas où cette expédition serait adirée, l'entreposeur se pourvoira à l'administration de l'octroi, qui statuera ce qu'il appartiendra.

62. Il sera délivré un bulletin de sortie, sur la déclaration faite par l'entreposeur des quantités, qualités et espèces de marchandises, du numéro du bulletin d'entrée dont elles font totalité ou partie, de l'heure, du mode et du bureau de sortie : ledit bulletin devra recevoir son exécution, à peine de la saisie des objets ou d'une amende égale à leur valeur.

63. La sortie des marchandises devra se faire pour toute la quantité portée au bulletin de sortie : elle devra avoir lieu sans interruption, sous aucun

prétexte ; néanmoins, en cas de force majeure ou
d'événemens imprévus, la régie de l'octroi pourra
accorder un délai pour la sortie, sauf les moyens
de surveillance qu'elle jugera convenables et qui
seront à la charge de l'entreposeur, et sauf le
recours au Maire, en cas de refus de ladite régie.

64 .Les marchandises entreposées, qui auront été
vendues pour la consommation intérieure, ne pourront sortir de l'entrepôt que sur la représentation
des quittances des droits d'octroi, de mouvement
et d'entrée, et avant que les futailles aient été
démarquées.

Les cessions de marchandises pourront avoir
lieu dans l'entrepôt, moyennant une déclaration de
la part du vendeur et la remise du récépissé d'admission. Il en sera délivré un autre à l'acheteur
dans la forme prescrite par l'article 53.

65. Les quantités non déchargées sur les bulletins de sortie de l'entrepôt seront, à l'échéance du
délai accordé pour effectuer la sortie du rayon,
regardées comme livrées à la consommation intérieure, et les droits consignés ou cautionnés seront
acquis à l'octroi.

66. Toute contravention au présent règlement
sera punie de la confiscation des objets saisis ou
d'une amende égale à leur valeur. Dans ce cas, il
en sera dressé procès-verbal par les préposés de
l'entrepôt.

§ 9. CONTENTIEUX.

67. Toutes contraventions aux dispositions du

présent règlement seront constatées par des procès-verbaux, lesquels seront dressés à la requête du Maire, et seront affirmés devant le juge de paix ou son suppléant, dans les vingt-quatre heures de leur date, sous peine de nullité : ils pourront être rédigés par un seul préposé, et feront foi en justice jusqu'à inscription de faux.

68. Ils énonceront la date du jour où ils seront rédigés, la nature de la contravention, et en cas de saisie, la déclaration qui en aura été faite au prévenu, les noms, qualité et résidence de l'employé verbalisant et de la personne chargée des poursuites ; l'espèce, poids ou mesure des objets saisis, leur évaluation approximative, la présence de la partie à leur description, ou la sommation qui lui aura été faite d'y assister, le nom, la qualité et l'acceptation du gardien, le lieu de la rédaction du procès-verbal et l'heure de la clôture.

69. Dans le cas où le motif de la saisie porterait sur le faux ou l'altération des expéditions, le procès-verbal énoncera le genre de faux, les altérations ou surcharges : lesdites expéditions signées et paraphées resteront annexées au procès-verbal, qui contiendra la sommation faite à la partie de les parapher, et sa réponse.

70. Si le prévenu est présent à la rédaction du procès-verbal, cet acte énoncera qu'il lui en a été donné lecture et copie.

En cas d'absence du prévenu, si celui-ci a domicile ou résidence connue dans le lieu de la saisie, le procès-verbal lui sera signifié dans les vingt-quatre heures de la clôture : dans le cas contraire, le procès-verbal sera affiché, dans le même délai, à la porte de la Mairie.

71. Les saisies ne s'étendront qu'aux futailles, caisses, enveloppes, paniers et sacs renfermant les objets en fraude ou en contravention (a).

72. Les objets saisis seront déposés au bureau le plus voisin ; ils pourront néanmoins, s'il y a lieu, être mis en fourrière.

73. Si la partie saisie ne s'est pas présentée dans les dix jours, à l'effet de payer la quotité de l'amende encourue, ou si elle n'a pas formé, dans le même délai, opposition à la vente, cette vente sera faite par le receveur, cinq jours après l'apposition à la porte de la Mairie et autres lieux accoutumés, d'une affiche signée de lui, et sans aucune autre formalité.

74. Néanmoins, si la vente des objets saisis est retardée, l'opposition pourra être formée jusqu'au jour indiqué pour la vente ; l'opposition sera motivée et contiendra assignation à jour fixe devant le tribunal, suivant la quotité de l'amende encourue, avec élection de domicile dans le lieu où siége le tribunal : le délai de l'assignation ne pourra excéder trois jours.

75. Dans le cas où les objets saisis seraient sujets à dépérissement, la vente pourra être autorisée avant l'échéance des délais ci-dessus fixés, par une simple ordonnance du juge de paix, sur requête.

(a) Voyez la note sous l'article 5.

76. L'action résultant des procès-verbaux en matière d'octroi, et les questions qui pourront naître de la défense du prévenu, seront de la compétence exclusive du tribunal de simple police pour la saisie des objets d'une valeur de quinze francs et au-dessous, et du tribunal correctionnel, lorsque l'amende ou la valeur des objets de fraude s'élèvera à plus de quinze francs.

77. En cas de nullité du procès-verbal, et si la contravention se trouve suffisamment établie par d'autres preuves ou par l'instruction, la confiscation des objets saisis ne sera pas moins encourue.

78. Le Maire sera autorisé, sauf l'approbation du Préfet, à faire remise, par voie de transaction, de la totalité ou de partie des condamnations encourues, même après le jugement rendu.

78 *bis*. Toutes les fois que la saisie aura été opérée dans l'intérêt commun des droits d'octroi et des droits imposés au profit du trésor, le procès-verbal devra être rédigé à la requête du directeur des contributions indirectes.

À cet employé supérieur appartiendra aussi, dans ce cas, le droit de transiger, d'après les règles propres à son administration.

79. Le produit des amendes et confiscations pour contraventions au règlement de l'octroi, déduction faite des frais et prélèvemens autorisés, sera attribué, moitié aux employés de l'octroi, pour être répartie d'après le mode qui sera arrêté, et moitié à la commune.

80. S'il s'élève une contestation sur l'application

du tarif ou sur la quotité du droit réclamé, le porteur ou conducteur sera tenu de consigner, avant tout, le droit exigé entre les mains du receveur: faute de quoi, il ne pourra passer outre ni introduire l'objet qui aura donné lieu à la contestation; sauf à lui à se pourvoir devant le juge de paix du canton.

Il ne pourra être entendu qu'en représentant la quittance de ladite consignation au juge de paix, lequel prononcera sommairement et sans frais, soit en dernier ressort, lorsque la somme demandée ne s'élèvera pas au-dessus de cinquante francs, soit à la charge d'appel pour les autres affaires.

81. Les contraintes pour le recouvrement des droits d'octroi seront décernées par le receveur, visées par le Maire, et rendues exécutoires par le juge de paix.

Les oppositions auxdites contraintes seront instruites et jugées conformément aux dispositions prescrites par l'article précédent, et la partie opposante sera également tenue de justifier, avant d'être entendue, de la consignation, entre les mains du receveur, du montant de la somme contestée.

82. Toute personne qui s'opposera à l'exercice des fonctions des préposés de l'octroi, sera condamnée à une amende de cinquante francs. En cas de voies de fait, il en sera dressé procès-verbal, qui sera envoyé au Procureur du Roi, pour en poursuivre les auteurs, et leur faire infliger les peines portées par le code pénal, contre ceux qui s'opposent avec violence à l'exercice des fonctions publiques.

83. Les propriétaires de tous objets compris au tarif sont responsables du fait de leurs facteurs, agens et domestiques, en ce qui concerne les droits, confiscations, amendes et dépens, lorsque la contravention aura été commise dans les fonctions auxquelles ils auront été employés par leurs maîtres, conformément à l'article 1384 du code civil.

Les pères, mères ou tuteurs seront garans des faits de leurs enfans ou pupilles mineurs non émancipés et demeurant chez eux.

Sont également responsables, les propriétaires ou principaux locataires, relativement à la fraude qui se commettrait dans leurs maisons, clos, jardins et autres lieux par eux personnellement occupés, s'ils sont convaincus de l'avoir favorisée ou d'y avoir participé.

84. Les aubergistes, cabaretiers et autres tenant écuries et remises, sont, au besoin, soumis à recevoir en fourrière les objets saisis ou séquestrés, jusqu'à décision ultérieure.

§ 10. PERSONNEL.

85. Quel que soit le mode de perception, toutes personnes dirigeant l'octroi seront tenues de permettre le concours des employés des contributions indirectes, dans tous les cas où il doit avoir lieu ; de leur laisser faire les vérifications et opérations relatives à leur service, et de leur donner communication de tous les états, bordereaux et renseignemens dont ils auront besoin.

86. Les préposés de l'octroi seront tenus, sous peine de destitution, d'exiger de tout conducteur d'objets soumis aux contributions indirectes, la représentation des congés, passavans, acquits-à-caution, lettres de voiture et autres expéditions; de vérifier les chargemens; de rapporter procès-verbal des fraudes ou contraventions qu'ils découvriront; de concourir au service des contributions indirectes, toutes les fois qu'ils en seront requis, sans toutefois pouvoir être déplacés de leur service ordinaire; enfin, de remettre chaque jour à l'employé supérieur des contributions indirectes, un relevé des objets soumis aux droits du trésor, qui auront été introduits.

Les employés des contributions indirectes concourront également à la surveillance du service de l'octroi, et rapporteront procès-verbal pour les fraudes et contraventions, relatives aux droits d'octroi, qu'ils découvriront.

87. Les préposés de l'octroi se serviront, pour constater le volume et le degré des liquides, des instrumens dont les employés des contributions indirectes font usage.

88. Les préposés de l'octroi devront toujours être porteurs de leur commission, et seront tenus de la représenter lorsqu'ils en seront requis.

89. Le port d'armes est accordé aux préposés de l'octroi dans l'exercice de leurs fonctions : ceux qui abuseraient de cette faculté seront destitués, sans préjudice des poursuites judiciaires auxquelles ils auront donné lieu.

90. Les préposés de l'octroi ne pourront ni faire le commerce des objets tarifés, ni s'intéresser à ce commerce, soit comme associés, soit comme bailleurs de fonds ou commanditaires.

Tout préposé qui favorisera la fraude, soit en recevant des présens, soit de toute autre manière, sera mis en jugement, et condamné aux peines portées par le code pénal, contre les fonctionnaires publics prévaricateurs.

91. Les préposés de l'octroi qui seraient signalés comme remplissant mal leurs fonctions, ou comme ayant donné lieu à des plaintes graves, pourront être suspendus par le Préfet ou même révoqués par lui, sur la provocation du directeur général des contributions indirectes.

92. Les préposés de l'octroi sont placés sous la protection de l'autorité publique. Il est défendu de les injurier, maltraiter, et même de les troubler dans l'exercice de leurs fonctions, sous les peines de droit. La force armée est tenue de leur prêter secours et assistance, toutes les fois qu'elle en sera requise.

§ 11. DISPOSITIONS GÉNÉRALES.

93. Tous les registres employés à la perception et au service de l'octroi seront fournis par la régie des contributions indirectes; la dépense lui en sera remboursée par la commune. Les perceptions ou déclarations y seront inscrites sans interruption ni lacune. Les expéditions qui en seront détachées

seront marquées du timbre des contributions indirectes, dont le prix, fixé par la loi, sera acquitté par les redevables, et le montant versé dans les caisses de cette administration, aux époques et de la manière qu'elle indiquera.

94. Nul changement ne pourra être fait au présent règlement, non plus qu'au tarif qui y est annexé, qu'en suivant les formes prescrites par l'article 3 de l'ordonnance du 9 décembre 1814.

95. Tous les registres servant à la perception des droits d'entrée sur les vins, cidres, poirés, esprits et liqueurs ; aux déclarations de passe-debout, de transit, d'entrepôt et de sortie pour les mêmes boissons ; ceux employés pour recevoir les déclarations de mise de feu de la part des brasseurs et distillateurs ; enfin, les registres portatifs tenus pour l'exercice des redevables soumis en même temps aux droits d'octroi et à ceux dus au trésor, seront communs aux deux services.

96. Dans tous les cas non prévus au présent règlement, on se référera à l'ordonnance du 9 décembre 1814, aux lois des 28 avril 1816 et 25 mars 1817, ainsi qu'aux dispositions non abrogées du décret du 17 mai 1809.

Nº 2. TARIF DE L'OCTROI,

APPROUVÉ PAR ORDONNANCE ROYALE DU 31 OCTOBRE 1833, ET
MODIFIÉ PAR NOUVELLE ORDONNANCE DU 30 JUIN 1835 (a).

OBJETS ASSUJETTIS AUX DROITS.	MESURES ET POIDS.	DROITS A PERCEVOIR.	OBSERVATIONS.
BOISSONS ET LIQUIDES.			
Vins en cercles et en bouteilles.........	Hectolitre.	1 f, 50 c.	Les quantités au-dessus et au-dessous de l'hectolitre paieront le droit proportionnel. Pour la perception, la bouteille commune sera considérée comme litre.
			Les vendanges paieront le droit à raison de trois hectolitres de vendange pour deux hectolitres de vin. Sont exempts des droits, les raisins destinés à la table, pourvu qu'ils soient introduits en paniers d'un poids au-dessous de 20 kilogrammes par chargement et par individu. Les fractions de l'hectolitre paieront proportionnellement.
Alcool pur contenu dans les eaux-de-vie et esprits en cercles, eaux-de-vie et esprits en bouteilles, liqueurs en cercles et en bouteilles et fruits à l'eau-de-vie.	Idem.	10 »	Six fioles d'Eau de Cologne sont assimilées au litre.
Bière.............	Idem.	5 »	

(a) Les articles précédés d'un astérisque, sont ceux qui ont fait l'objet des modifications approuvées par la nouvelle ordonnance du 30 juin 1835.

OBJETS ASSUJETTIS AUX DROITS.	MESURES ET POIDS.	DROITS A PERCEVOIR.		OBSERVATIONS.
Huiles végétales de toute espèce, et huiles animales épurées de toute espèce............	Hectolitre.	10 f.	» c.	Les huiles de cade, de ricin et d'amandes douces sont exceptées. Ces huiles devront être considérées et déclarées comme drogues médicinales.
COMESTIBLES. —				
Bœufs, Vaches et Génisses..............	Par Tête.	18	»	Les bestiaux divisés par moitié ou quart, paieront dans la proportion du droit par tête : au-dessous ils acquitteront au poids, comme viande dépecée.
Veaux..............	*Idem.*	8	»	
* Veaux de lait du poids brut de 60 kilogr. et au-dessous.........	*Idem.*	3	»	
Moutons et Brebis.....	*Idem.*	1	75	
* Agneaux et Chevreaux.	*Idem.*	1	»	Les agneaux de Provence, dénommés agneaux des champs, paieront le droit comme moutons.
Porcs et Truies........	*Idem.*	7	»	
Porcs de lait du poids de 20 kil. et au-dessous,.	*Idem.*	3	»	
Viande fraîche dépecée.	Kilogramme.	»	10	
Abatis, têtes de moutons et d'agneaux........	*Idem.*	»	05	
Jambons, lards, saucissons, saucisses, graisse fondue, boudins et toute viande salée...	*Idem.*	»	10	

OBJETS ASSUJETTIS AUX DROITS.	MESURES ET POIDS.	DROITS A PERCEVOIR.	OBSERVATIONS.
Poissons frais de mer, langoustes et écrevisses de mer (sèches et polypes exceptés)....	Kilogramme.	» f. 15 c.	Les chargemens de poissons, après avoir été déclarés aux bureaux d'entrée, seront escortés par les préposés jusqu'à celui de la Poissonnerie, où la vérification et la perception auront lieu. Ces chargemens, pour se rendre à ce dernier bureau, devront suivre la ligne la plus directe, sous peine de saisie.
* Anguilles, poissons d'eau douce, sèches et polypes...........	Idem.	» 05	
Poisson sec, salé et mariné (la morue et le stockfisch exceptés).	Idem.	» 10	Les morues, merluches et stockfischs sont exceptés.
* Huîtres............	Balle de 100 kil. ou 30 douzaines au choix du marchand.	2 »	
Anchois............	Baril, Grande jauge.	» 50	Ces mesures représentent les quantités ci-après :
Idem...............	Petite jauge.	» 25	
Raisins secs, prunes et figues............	Kilogramme.	» 05	La grande jauge. 5 kilog. La petite jauge. 3 kilog.
* Oranges............	Le millier.	2 50	Toute mesure d'une autre dimension donne lieu à une extension de droit.
Volailles mortes, canards et macreuses........	Kilogramme.	» 15	
Volailles vivantes. { * Oies, dindes, dindons, dindonneaux, outardes, paons et pintades.	Par tête.	» 10	
* Coqs, poules, canards, poulets, chapons et poulardes........	Idem.	» 05	
' Pigeons........	La paire.	» 05	

OBJETS ASSUJETTIS AUX DROITS.	MESURES ET POIDS.	DROITS A PERCEVOIR.	OBSERVATIONS.
COMBUSTIBLES.			
Bois à brûler et sarmens.	Collier.	» f. 65 c.	1° Le bois provenant du déchirage de bateaux sera considéré comme bois à brûler.
Idem...............	Charge de mule.	» 20	
Idem...............	Charge d'âne.	» 10	2° Le bois de saule dit paicel payera les droits comme ramilles.
Charbon de bois......	Collier.	5 »	3° La paire de bœufs ou de vaches comptera pour deux colliers.
Idem...............	Charge de mule.	1 »	
Idem...............	Charge d'âne.	» 50	4° Quand il y aura un ou plusieurs bestiaux attachés derrière la charrette, le droit sera payé comme s'ils y étaient attelés.
Ramilles ou fagots.....	Collier.	» 45	
Idem...............	Charge de mule.	» 15	5° La bête asine attelée payera demi-droit pour tout ce qui est taxé par collier.
Idem...............	Charge d'âne.	» 07 $\frac{1}{2}$	
Charbon de pierre.....	Collier.	» 70	Le charbon de pierre introduit par brouette, corbeille ou banaste, payera comme charge d'âne.
Idem...............	Charge de mule.	» 20	
Idem...............	Charge d'âne.	» 10	
Cire brute, bouts de cierges et coulures...	Kilogramme.	» 10	
Bougies et cierges.....	Idem.	» 50	
Graisse de mouton et suif..............	Idem.	» 05	
Chandelles..........	Idem.	» 07 $\frac{1}{2}$	

OBJETS ASSUJETTIS AUX DROITS.	MESURES ET POIDS.	DROITS A PERCEVOIR.	OBSERVATIONS.
FOURRAGES.			
Foins et fourrages de toute espèce........	Collier.	» f. 65 c.	Le glanage excepté.
Idem...............	Charge de mule.	» 20	
Idem...............	Charge d'âne et trousse.	» 10	
Paille de toute espèce..	Collier.	» 45	Celle foulée exceptée.
Idem...............	Charge de mule.	» 15	
Idem...............	Charge d'âne et trousse.	» 07 1|2	
Avoine en gerbes......	Collier.	» 90	L'avoine en gerbes, introduite à dos de mule ou bête asine, ou par trousse, payera comme fourrage.
Idem en grain.......	Hectolitre.	» 20	
MATÉRIAUX.			
Pierres de toute espèce..	Collier.	» 30	Les cailloux et pierres destinés au pavage des rues et entretien des chemins sont exceptés, ainsi que les meules pour les moulins et les pierres à aiguiser.
Briques, tuiles, pavés dits maons et bardets.	Le cent.	» 15	
Chaux..............	Collier.	1 10	
Idem...............	Charge de mule.	» 30	
Idem...............	Charge d'âne.	» 15	

OBJETS ASSUJETTIS AUX DROITS.	MESURES ET POIDS.	DROITS A PERCEVOIR.	OBSERVATIONS.
Plâtre de toute espèce..	Par sac.	» f. 45 c.	Le poids du sac est fixé à cent kilogrammes ; tout excédant donnera lieu à une extension de droit.
Marbre de toute espèce.	Collier.	2 50	
Bois de tonnelage, cercles, futailles neuves, osier, bois de charron et de tourneur......	Idem.	» 90	
Grosses poutres, mazoriers, bâtardes, filâtes, petits rondins et chevrons.............	Idem.	1 10	
Planches et plateaux de toute espèce.......	Idem.	1 65	
Bois de noyer, de cérisier et de buis pour les meubles	Idem.	3 35	
Bois de fayard, planches et plateaux, rondins de toute dimension, et bois équarris de fayard............	Idem.	2 »	

SECTION II.

RÈGLEMENT SUR LES VENDANGES.

———

Loi du 28 avril 1816. — Règlement et tarif de l'octroi, approuvés par ordonnance royale du 31 octobre 1833. — Arrêté du Préfet de l'Hérault, du 24 septembre 1816.

1. Les propriétaires ne pourront vendanger avant le jour fixé pour l'ouverture des vendanges (a), à moins d'une autorisation spéciale délivrée par nous pour cause d'urgence.

2. Conformément à l'article 26 de la loi du 28 avril 1816, l'introduction des raisins ne pourra avoir lieu que depuis six heures du matin jusqu'à sept heures du soir.

3. Aucun individu ne pourra entrer dans une vigne même vendangée, pour y grapiller, que lorsque toutes les vignes de la même section seront entièrement vendangées.

4. Les gardes champêtres sont personnellement responsables de l'exécution du précédent article ; ils demeurent aussi chargés de désigner à la Mairie, le jour où la vendange sera terminée dans la section qui est confiée à leur garde.

Le Maire fera alors connaître, par publication, la section dans laquelle les grapilleurs pourront entrer.

5. Les raisins destinés à la table, lorsqu'ils sont

————

(a) L'époque de l'ouverture des vendanges est fixée, chaque année, par un arrêté que prend le Maire.

introduits en paniers d'un poids au-dessous de vingt kilogrammes par chargement et par individu, seront en tout temps, conformément au tarif de l'octroi, affranchis du paiement des droits.

Mais, toutes les fois que la quantité de raisins introduite sera de vingt kilogrammes et au-dessus, elle sera assujettie au paiement des droits fixés par ce tarif, soit que l'introduction ait lieu avant l'ouverture des vendanges, soit qu'elle ait lieu après.

6. La contenance des *Cornues* de vendange étant déterminée à cent trente-cinq litres jusqu'au bord supérieur des douves, toutes celles qui auront un excédant, assujetti par une corbeille, paieront pour le comble, en sus du droit fixé pour la *Cornue*, le droit de seize litres de vendange.

7. Il est ordonné à tous les assujettis, de soumettre à la vérification leurs *Cornues* et *Bouterles*, soit qu'elles se trouvent déjà revêtues de la marque de l'octroi, soit qu'elles n'aient point encore été soumises à cette formalité (a). Cette vérification aura

---

(a) Régulièrement, les *Cornues* et *Bouterles* destinées au transport des vendanges, ne sont sujettes à la vérification et à la marque de l'octroi, que lorsqu'elles sont employées pour la première fois à cet usage ; c'est dans ce sens que cette mesure a été établie par un arrêté du 4 septembre 1820, approuvé par le Préfet le 8 du même mois. Cette année, l'Autorité, ayant été informée que la plupart de ces ustensiles avaient été dénaturés, et qu'ainsi leur capacité réelle ne se trouvait plus en rapport avec la marque dont ils étaient revêtus, a cru devoir les soumettre tous, sans distinction, à une vérification extraordinaire.

lieu, sans frais, à l'entrepôt réel, près St-Denis. Les agens de l'administration chargés de cette opération, apposeront sur ces ustensiles la nouvelle marque qui sera indiquée par l'autorité.

8. Toutes les *Cornues* et *Bouterles* qui seraient présentées aux bureaux d'entrée de la ville, pour y être introduites, chargées de vendange ou liquide, sans être revêtues de la *marque*, seront déchargées et vérifiées, soit par le jaugeage, soit par la pesée ; les conducteurs opéreront eux-mêmes le déchargement, et aideront les employés dans leurs vérifications, conformément à l'article 5 du règlement de l'octroi.

9. Les contrevenans aux dispositions des articles précédens, seront punis, suivant la gravité des cas, conformément aux articles 471, 475 et 479 du code pénal, sans préjudice des peines prononcées par la loi sur les boissons et par le règlement local de l'octroi.

10. Les redevables sont prévenus que, dans le cas où les raisins, contenus dans les *Cornues* de transport, seraient pressés de manière à excéder la proportion de deux hectolitres de vin sur trois de vendange, déterminée par la loi, les employés pourront séparer le moût de la vendange, pour soumettre le premier au droit entier, comme vin, et le reste aux deux tiers du droit, comme vendange. *(Arrêté du 19 juillet 1836).*

CHAPITRE II.

LOGEMENS MILITAIRES.

—

SECTION I.

RÉPARTITION DES LOGEMENS MILITAIRES CHEZ LES HABITANS.

—

Ordonnance du 1er mars 1768.— Décret du 24 décembre 1811.— Lois des 10 juillet 1791, 23 mai 1792. — Règlement du 20 juillet 1824.

1. Les habitans de la ville de Montpellier, sans exception de personnes, de qualités, ni de fonctions, sont tous assujettis au logement des troupes; en conséquence, ils seront tous compris successivement dans la répartition qui en sera faite désormais, en proportion des besoins du service.

Les dépositaires des caisses publiques ne seront point obligés de fournir le logement dans les maisons qui renferment lesdites caisses; mais ils seront tenus d'y suppléer, en fournissant des logemens en nature chez d'autres habitans, avec lesquels ils s'arrangeront pour cet effet. La même faculté sera admise, aux mêmes conditions, en faveur des veuves et des filles qui la réclameront. (Article 9, titre V, de la loi du 10 juillet 1791, et article 11 de la loi du 23 mai 1792.)

2. Aucun habitant ne sera obligé de loger une deuxième fois, que lorsque tous les autres habitans auront logé une fois. (Art. 37 , titre V , de l'ordonnance du 1er mars 1768).

3. Les officiers et autres fonctionnaires militaires dans leur garnison ou résidence, ne logeront point les gens de guerre dans le logement militaire qui leur sera fourni en nature, et lorsqu'ils recevront leur logement en argent, ils ne seront tenus de fournir le logement aux troupes qu'autant que celui qu'ils occuperont excédera la portion affectée à leur grade et à leur emploi.

Quant aux officiers en garnison dans le lieu de leur habitation ordinaire, ils seront tenus de fournir le logement dans leur domicile propre, comme tous les autres habitans. (Art. 12 de la loi du 23 mai 1792).

4. Les hôtes ne seront jamais délogés de la chambre ou du lit où ils auront coutume de coucher; ils ne pourront néanmoins, sous ce prétexte, se soustraire à la charge du logement selon leurs facultés. (Art. 20 de la loi du 23 mai 1792).

5. Les logemens, qui seront fournis par les habitans aux officiers, seront composés à raison des différens grades, ainsi qu'il est prescrit par les articles 13 et 17 de la loi du 23 mai 1792.

6. Les habitans doivent fournir un lit pour deux caporaux, brigadiers et soldats, de même que pour deux sergens, maréchaux-des-logis et fourriers ; dans aucun cas, les fourriers, les sergens, les sergens-majors et les maréchaux-des-logis, ne de-

vront point coucher dans le même lit avec les soldats et les cavaliers. (Art. 12 de la loi du 23 mai 1792, et 122 du règlement du 20 juillet 1824).

7. Les habitans sont tenus de fournir aux officiers, sous-officiers et soldats, les ustensiles de cuisine, et leur doivent, en outre, place au feu et à la chandelle. (Art. 19 de la loi du 23 mai 1792).

8. Les habitans, qui auront à se plaindre de quelques dommages ou dégâts occasionés par les troupes, devront faire leur réclamation avant leur départ, soit au commandant du régiment ou du détachement, soit aux intendans militaires, ou aux officiers municipaux, afin qu'il y soit fait droit, et, à défaut de se présenter avant le départ ou une heure après au plus tard, ils ne seront plus reçus dans leurs demandes. (Art. 23 de la loi du 23 mai 1792).

9. Il sera procédé à la formation du contrôle des logemens, selon les dispositions prescrites par les articles 4, 5, 6 et 7, titre V, de l'ordonnance du 1er mars 1768; à cet effet, l'Administration municipale s'entendra avec M. le Commandant d'armes et M. l'Intendant militaire, qui sont appelés l'un et l'autre par ladite ordonnance à concourir à cette opération.

Chacun des habitans portés dans ce contrôle recevra la notification du nombre et du grade des officiers, ainsi que du nombre des sous-officiers, soldats et cavaliers pour lequel il y sera compris.

Ne seront point inscrits sur ledit contrôle les chefs des familles indigentes qui ne pourraient point supporter la charge des logemens ; cette impossibilité devra être reconnue et constatée par les Iliers, dont la déclaration à cet égard ne pourra avoir son effet qu'après avoir été visée et confirmée par le Maire.

10. Les dépositaires des caisses publiques, les veuves et les filles qui voudront jouir de la faculté que la loi leur accorde de fournir, hors des maisons ou des appartemens qu'ils occupent, les logemens auxquels ils seront assujettis, le feront connaitre à la Mairie par une déclaration signée par eux et par les personnes, aubergistes ou logeurs, qui se seront engagés à les suppléer ; cette déclaration sera déposée au bureau des logemens, où elle sera inscrite sur un rôle spécial, d'après lequel les militaires, qui devront être logés, seront envoyés directement chez les logeurs.

11. La faculté de se faire suppléer par des aubergistes ou logeurs, dans la fourniture des logemens en nature, pourra aussi être accordée aux habitans, qui déposeront à la Mairie la déclaration exigée par l'article 10 précédent ; toutefois les habitans ne pourraient se refuser à fournir eux-mêmes les logemens dont ils devront supporter la charge, si les aubergistes ou logeurs, avec lesquels ils auront fait des arrangemens ou des abonnemens, élevaient des difficultés sur leur exécution, et si la présence d'un nombre trop considérable de troupes dans la ville, ne leur permettait pas de loger des militaires pour le compte d'autrui : dans tous ces cas, les militaires seront envoyés directement chez les

habitans, qui seront tenus de fournir le logement
en nature.

12. Pour faciliter l'exécution des art. 10 et 11,
les billets de logement qui seront délivrés aux
militaires, porteront l'indication des noms, prénoms et demeure des habitans pour le compte
desquels les logemens devront être fournis, et
celle des aubergistes ou logeurs qui auront pris
l'engagement de les suppléer.

13. Les billets de logement seront toujours datés;
ils énonceront, en toutes lettres et sans rature, le
nombre des militaires à loger et celui des journées
de logement à fournir. Tout billet de logement qui
ne serait pas conforme aux prescriptions ci-dessus,
pourra être refusé.

14. Tout citoyen inscrit au rôle des logemens
qui refuserait de loger les militaires qui lui seront
adressés, ou qui s'absenterait de son habitation sans
avoir préalablement pourvu au logement, devra
acquitter les frais auxquels aura donné lieu le pla-
cement chez l'aubergiste ou logeur des militaires,
suivant le tarif ci-après; à défaut de quoi, il y sera
contraint par toutes les voies de droit, sans préjudice des peines de simple police, autorisées par la loi.

15. Le logement, par abonnement, sera interdit
à tout aubergiste ou logeur qui exigerait un prix
excédant le tarif, ou qui, après avoir consenti
l'abonnement, refuserait le logement dans quelque
circonstance que ce fut, pour obtenir un prix plus
élevé, et, pour ce dernier cas, il serait passible des
mêmes peines de simple police.

16. L'absence ou le refus de la part des habitans de loger les militaires, devra être constaté par une attestation délivrée, soit par un voisin, soit par un des agens de l'Administration municipale, qui devra se transporter chez l'habitant pour vérifier l'exactitude du fait.

17. Les frais de logement des militaires chez les aubergistes ou logeurs, demeurent fixés comme suit, savoir:

Pour deux sous-officiers, caporaux ou soldats, et pour deux jours.............. 1 f. 50 c.

Pour deux sous-officiers, caporaux ou soldats, et pour un jour.......... 1 f. »

Pour un sous-officier, caporal ou soldat, et pour deux jours........ 1 f. »

Pour un sous-officier, caporal ou soldat, et pour un jour............ » 75 c.

Les frais de logement des officiers fournis par les aubergistes pour le compte des habitans, seront fixés de gré à gré, et, en cas de contestation, suivant les diverses indications contenues aux art. 13 et 17 de la loi du 23 mai 1792.

(Arrêté du 11 janvier 1832, approuvé par le Préfet le 25 du même mois).

SECTION II.

MESURES D'ORDRE ET D'ADMINISTRATION SUR LES LOGEMENS MILITAIRES.

—

1. Il sera dressé tous les ans un nouveau contrôle des habitans soumis aux logemens militaires. Il ne pourra y avoir sur chaque page de ce registre qu'un nombre fixe de lignes, et, sous aucun prétexte, il ne pourra y être fait aucun changement sans qu'il soit ordonné par le Maire, qui signera en regard de l'addition, radiation ou changement quelconque.

Les contrôles seront visés et paraphés par le Maire. Après avoir fait dresser le contrôle par îles, le Maire arrêtera la liste, île par île, afin qu'aucune addition ne puisse y être faite sans ordre. *(Art. 4 de l'arrêté du 8 janvier 1833)*.

2. Toutes les décisions du Maire en radiation ou inscription sur le contrôle des logemens, toutes celles, en un mot, qui donneront lieu à un changement quelconque, seront transcrites sur un registre qui sera tenu à cet effet. *(Art. 5 idem)*.

3. Les billets de logement seront détachés d'une souche qui indiquera, 1° le nom de l'habitant ; 2° la demeure par île; 3° le numéro de la maison ; 4° le nombre de militaires et la durée du logement ; 5° la date du billet.

Chaque billet de logement aura un numéro d'ordre par mois ; ce numéro sera reproduit sur la souche. (*Art.* 6 *idem*).

4. Il sera pris note sur un registre spécial de toute feuille de route, billet d'hôpital, congé et généralement de toutes pièces sur lesquelles des billets de logement seront délivrés : ce registre énoncera, 1° le nom du militaire, s'il voyage isolément ; 2° le numéro de son régiment ; 3° sa destination. A l'égard des détachemens, bataillons ou régimens, il suffira de désigner, 1° le régiment, bataillon ou détachement ; 2° le nombre des officiers, sous-officiers et soldats, ainsi que le nombre de chevaux pour la cavalerie. Dans tous les cas, il sera fait mention dans une colonne particulière du nombre des billets délivrés. (*Art.* 7 *idem*).

5. Ce registre sera arrêté tous les mois par le Maire, qui devra être instruit chaque samedi par un rapport écrit, 1° du nombre des militaires qui ont été logés en ville ; 2° du nombre des billets délivrés ; 3° des différentes îles où ils auront été adressés. A l'appui de ce rapport, le chef du bureau remettra les billets refusés, afin que le Maire prenne les dispositions convenables. (*Art.* 8 *idem*).

6. En soumettant chaque mois le registre des inscriptions des militaires au visa du Maire, le chef du bureau devra lui faire connaître aussi quels sont les habitans qui ont logé dans le courant du mois, et ce, toujours par désignation des îles. (*Art.* 9 *idem*).

7. Sur leur demande, tous les citoyens soumis à la charge des logemens militaires, recevront communication, sans déplacement, des contrôles des habitans qui doivent loger, du registre à souche et de celui servant à constater le nombre des militaires logés.

Chacun d'eux pourra faire sur la teneur des contrôles, telles observations ou réclamations qui lui paraîtront justes. (*Art.* 10 *idem*).

FIN.

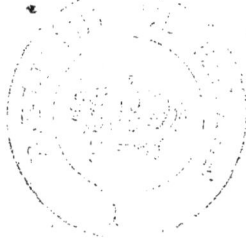

TABLE ALPHABÉTIQUE

DES MATIÈRES.

A.

Pages.

Abatis. *Voyez* Halle-Neuve. — Viande de boucherie............................. 130-178

Abattage (droits d'). *Voyez* Égorgeoir........ 169

Abattoir............................. 166-168

Abreuvoir. *Voyez* Chevaux, mules, etc...... 80

Accidens divers........................ 68

Administration........................ 1

Afficheur............................. 33

Agens de police....................... 7

Agneaux. *Voy.* Viande de boucherie........ 178

Alignement. *Voy.* Réparations aux bâtimens.. 211

Amphithéâtres de dissection.............. 59

Angles des maisons..................... 205

Appariteurs........................... 3

Approvisionnement. *Voy.* Boulangers.-- Pain. 148-163

Aqueduc St-Clément. *Voy.* Garde des fontaines
et de l'aqueduc....................... 217

Architecte de la ville................... 17

Archives............................. 2

Armes............................... 44

Armes à feu.......................... 70

Asphyxiés............................ 72

Attroupemens......................... 42

Aubergistes........................... 45

Auvents............................. 198

B.

Pages:

Bains publics en rivière...................... 56
Balances à bascule........................... 188
Balayeurs de rues............................ 100
Balayures (Fermier des)..................... 100
Balcons...................................... 196
Bancs.. 194
Bascule. *Voy*. Balances à bascule........... 188
Bassins de natation. *Voy*. Bains. — Rivière du Lez. 56-72
Bestiaux. *Voy*. Marché aux bestiaux. — Abat-
toir...................................... 141-166-168
Bestiaux entretenus dans le rayon de l'octroi.. 254
Bêtes mortes (Enfouissement des)............. 59
Bibliothèque de la ville..................... 225
Blé. *Voy*. Marché aux grains................ 143
Bœuf. *Voy*. Viande de boucherie....... 178-182-184
Bœufs. *Voy*. Abreuvoir...................... 80
Bœufs sauvages............................... 79
Bois de chauffage............................ 85
Boîtes de secours. *Voy*. Noyés et asphyxiés.... 72
Bornes....................................... 195
Boucherie.................................... 166
Bouchers. *Voy*. Abattoir.................... 166-168
Bouchons. *Voy*. Cabarets.................... 122
Boulangerie.................................. 148
Boulangers................................... 148
Boulangers forains........................... 160
Bourses communales à l'École des arts et métiers
de Châlons............................. 236
Bourses communales au Collége royal.......... 233
Bourses communales aux Écoles de sourds-muets. 237
Boutiques. *Voy*. Devantures. — Fermetures.. 202-203
Brebis. *Voy*. Viande de boucherie....... 178-182-184
Bureau de Police............................. 10

Pages.

Bureau du Poids public...................... 186
Bureaux de la Mairie....... 1
Bureaux de l'Octroi.....................· 238

C.

Cabarets.................................. 122
Cafés.................................... 122
Cages. *Voy.* Exposition d'objets sur les fenêtres. 81
Camions. *Voy.* Voitures.................... 83-94
Cantonniers.............................. 30
Cardeurs. *Voy.* Ouvriers travaillant sur la voie
    publique............................. 92
Carnaval................................. 54
Carrossiers. *Voy.* Ouvriers................. 92
Caves.................................... 206
Certificats d'indigence. *Voy.* Iliers............ 37
Chaises (location des) sur les Promenades..... 216
Chambres garnies. *Voy.* Loueurs de maisons
    garnies............................. 45
Champ-de-Mars (Propreté du)............... 104
Champignons............................. 139
Chants. *Voy.* Attroupemens................. 42
Charbon. *Voy.* Marché au bois et au charbon... 140
Charivaris. *Voy.* Carnaval................. 54
Charieurs de bois. *Voy.* Coupeurs de bois...... 80
Charpentiers. *Voy.* Ouvriers............... 92
Charrettes. *Voy.* Voitures (Circulation des).... 83
Charrettes (Poids des).................... 221
Charrettes (Stationnement des).............. 94
Charrons. *Voy.* Maréchaux ferrans........... 82
Châtaignes............................... 139
Chaudronniers. *Voy.* Ouvriers............... 92
Chef des Crieurs de nuit. *Voy.* Crieurs de nuit. 12
Chef de Police municipale................... 5
Cheminées. *Voy.* Tuyaux de cheminée......... 199

Pages.

Chemins vicinaux. *Voy.* Inpecteur des travaux
    publics.— Surveillant des chemins vicinaux.
    — Cantonniers.................... 23-28-30
Chevaux................................. 80
Chevreau. *Voy.* Marque de la viande........ 182
Chiens (Empoisonnement des)............. 78
Cimetières.............................. 57
Claires-voies. *Voy.* impasses.............. 105
Cochons. *Voy.* Égorgeoir. — Porcs........ 169-177
Cochons. (Défense d'en élever dans les maisons). 67
Colonnes................................ 204
Comédie. *Voy.* Spectacles................. 106
Comestibles. *Voy.* Inspecteur des comestibles... 127
Commissaires de police................... 4
Commissaire-voyer....................... 21
Commodité du passage.................... 85
Compagnons............................. 49
Concierge de la Mairie. *Voy.* Prisons de l'Hôtel-
    de-Ville............................... 15
Constat des décès........................ 124
Constructions provisoires.................. 197
Contentieux de l'Octroi................... 262
Contre-murs............................ 205
Convois................................. 58
Cordiers................................ 87
Cornets................................ 54
Corniches............................... 204
Coupeurs de bois........................ 80
Crieurs de nuit.......................... 12
Culs-de-sac (Propreté des)............... 105

D.

Débits de liqueurs....................... 122
Débits de viande........................ 173
Décence. *Voy.* Bains publics en rivière....... 56

Pages.

Déclarations des étrangers.................... 45
Décombres. *Voy.* Dépôts de matériaux........ 88
Décroteurs................................ 50
Déguisemens.............................. 54
Dépôts de fumiers, etc.................... 66
Dépôts de matériaux...................... 88
Désordres................................ 43
Devantures de boutiques.................. 202
Division administrative de la commune....... 34
Division rurale.......................... 40
Division urbaine......................... 34
Droits d'abattage. *Voy.* Égorgeoir........... 169
Droits de pesage et de mesurage 186

E.

Eaux de la Ville. *Voy.* Inspecteur des travaux
    publics 23
Échoppes................................ 197
Éclairage. *Voy.* Dépôts de matériaux. — Salle
    des Spectacles...................... 88-110
École gratuite d'architecture.............. 228
École gratuite de dessin industriel.......... 229
École gratuite de géométrie............... 230
École gratuite de musique................. 231
École gratuite de peinture et de dessin...... 228
Écuries. *Voy.* Dépôts de fumiers........... 66
Égorgeoir................................ 169
Égorgeurs............................... 172
Égouts.................................. 62
Embarras sur la voie publique. *Voy.* Commodité
    du passage........................... 85
Émeute. *Voy.* Attroupemens............... 42
Employés de la Mairie.................... 1
Enfouissement des bêtes mortes............ 59

Pages.

Enseignes.. 199
Enseignes des marchands de vin............ 122
Entablemens..................................... 204
Entrepôt des objets soumis aux droits du Trésor. 249
Entrepôt réel................................. 256
Équarrisseurs.............................. 59
Esplanade.................................. 216
Étalages 89-199
État de population. *Voy.* Iliers.............. 37
Étaux....................... 89-131-135-145
Étrangers (Police des)...................... 45
Éviers.................................. 200
Exposition d'objets sur les fenêtres.......... 81

F.

Fagots................................... 86-93
Fenêtres. *Voy.* Exposition d'objets sur les fenêt³. 81
Fermeture des cafés, cabarets, etc......... 122
Fermeture des impasses.................... 105
Fermeture des portes...................... 52
Fermetures de boutiques et autres......... 203
Fermier des balayures.................... 100
Feux,.................................. 70
Feux d'artifice.......................... 70-82
Filles publiques.................... 123-125-126
Fontaines............................ 217-218
Forajets................................. 201
Fosses d'aisance......................... 65
Fourniers.............................. 82
Fruits. *Voy.* Marché aux fruits. — Halles et
    Marchés.................... 136-145
Fumiers (Dépôts de)................... 66

G.

Garçons de théâtre........................ 111

	Pages.
Garde à l'Hôtel-de-Ville	10
Gardes-champêtres	11
Garde des fontaines et de l'aqueduc	217
Gardes des promenades	213
Gardes-fruits	11
Gardien de l'égorgeoir	174
Gibier	130
Gouttières saillantes	201
Grains. *Voy.* Marché aux grains	143

H.

Hache. *Voy.* Coupeurs de bois	80
Halle au poisson	132
Halle aux grains. *Voy.* Marché aux grains	143
Halles et Marchés	130
Halle-Neuve	130
Hangards pour le pesage des grains et farines	190
Hauteur des maisons	207
Hôtel-de-Ville. *Voy.* Garde. — Prisons	10-15
Hôteliers. *Voy.* Aubergistes	45

I.

Iles	34
Iliers	37
Impasses	105
Incendies	68
Inhumations	58
Inspecteur des comestibles	127
Inspecteur des travaux publics	23

J.

Jeu (Maisons de)	114
Jeu de loto	117
Jeux et loteries ambulans	117

Pages.

Jeu de mail................................ 118
Jeux prohibés dans les rues 82
Jours de cave.............................. 206

L.

Langueyeurs............................... 170
Lapins. (Défense d'en élever)............... 67
Latrines.................................. 62
Lez. *Voy*. Rivière du Lez.................. 72
Logemens militaires................... 280-286
Logeurs. *Voy*. Aubergistes 45
Loteries.................................. 117
Loto..................................... 117
Loueurs de maisons garnies................ 45

M.

Mail (Jeu de).......................... 118
Marchands de vin (Enseignes des).......... 122
Maisons. *Voy*. Angles des maisons. — Hauteur
  des maisons..................... 205-207
Maisons de jeu............................ 114
Maisons situées le long de l'Esplanade...... 207
Maisons situées sous le Peyrou............. 207
Marches.................................. 195
Marché aux bestiaux....................... 141
Marché au bois à brûler et au charbon...... 140
Marché aux fleurs......................... 136
Marché aux fruits......................... 136
Marché aux grains......................... 143
Maréchaux ferrans......................... 82
Marque du pain........................... 162
Marque de la viande....................... 182
Marque des bestiaux. *Voy*. Marché aux bestiaux. 141
Masques.................................. 54

Pages.

Matelassiers. *Voy*. Ouvriers 92
Mendians. *Voy*. Mendicité 51
Mendicité 51
Menuisiers. *Voy*. Ouvriers 92
Mesurage. *Voy*. Poids public 185
Meuniers 163
Moulins. *Voy*. Meuniers 163
Mouton. *Voy*. Viande de boucherie 178-182-184
Mouture. *Voy*. Meuniers 163
Mules 80
Musée 223

N.

Noix 139
Noyés et asphyxiés 72

O.

Octroi (Règlement de l') 238
Ouvriers travaillant sur la voie publique 92
Ordre public 42

P.

Pain. (Approvisionnement des boulangers) ... 163
Pain (Fabrication, poids et prix du) 152
Pain (Vente et débit du) 160
Pain (Marque du) 162
Passe-debout 249
Passeports 48
Pavage. *Voy*. Inspecteur des travaux. — Pavé. 23-221
Pavé (Conservation du) 221
Paveurs. *Voy*. Cantonniers 30
Pavillon. *Voy*. Champ-de-mars 104
Paysans. *Voy*. Réunions de paysans 93
Perception des droits d'octroi 238-242-246

Pages.

Perrons....................................... 195
Personnel de l'octroi....................... 267
Pesage. *Voy*. Poids public................. 185
Peyrou...................................... 214
Pierres (Défense de jeter des). *Voy*. Jeux.... 82
Pilastres................................... 204
Place de la Chapelle-neuve.................. 136
Place du Petit-Scel........................ 136
Place-Verte................................ 135
Poële. *Voy*. Tuyaux de poële............... 199
Poids public............................... 185
Poissonnerie. *Voy*. Halle au Poisson........ 132
Police (Personnel de la)................... 4
Police Municipale.......................... 42
Pompes à incendie.......................... 68
Pompiers. *Voy*. Pompes à incendie. — Salle des
    Spectacles............................ 68-110
Ponceaux................................... 195
Ponts à bascule............................ 188
Porcs (Vente des)....................... 169-177
Portefaix.................................. 50
Portes (Fermeture des)................... 52
Poudres.................................... 70
Promenades................................. 213
Propreté des rues.......................... 96
Prisons de l'Hôtel-de-Ville................ 15
Prix du pain............................... 152
Prix des places aux Halles et Marchés........ 146
Prix de la viande.......................... 184
Publications............................... 32

R.

Raisins. *Voy*. Vendanges................... 277
Rameaux. *Voy*. Jeux et Loteries............ 117
Rassemblemens. *Voy*. Attroupemens.......... 42

Pages.

Rayon de l'octroi...................... 238

Regrats. *Voy.* Boulangerie............. 148

Réparations aux bâtimens sujets à alignement.. 211

Réparations et constructions. *Voy.* Pavé...... 222

Réunions de paysans sur la place de la Loge.... 93

Rivière du Lez......................... 72

Rues. *Voy.* Sûreté. — Commodité du passage.
    — Propreté des rues............. 79-85-96

S.

Saillies d'ornement.................... 204

Saillies en général................... 210

Saint-Côme. *Voy.* Marché aux grains........ 143

Salle des Spectacles (Service de la)......... 110

Salubrité.............................. 57

Scieurs de bois. *Voy.* Coupeurs de bois....... 80

Secrétariat............................ 1

Sections rurales. *Voy.* Division rurale........ 40

Selliers. *Voy.* Ouvriers................. 92

Sérénades............................. 53

Sergens de ville....................... 7

Serruriers. *Voy.* Ouvriers.............. 92

Sixains............................... 34

Spectacles............................ 106

Sûreté des habitans.................... 52

Sûreté du passage..................... 79

Sûreté publique....................... 68

Surveillant des eaux de la ville.......... 23

Surveillant des chemins vicinaux.......... 28

Surveillant des gardes-champêtres. *Voy.* Surveillant des chemins vicinaux.......... 28

Surveillant du pavé.................... 23

Surveillans de la rivière. *Voy.* Rivière du Lez.. 72

Syndics. *Voy.* Boulangers............. 148

T.

Tarif de l'octroi.......................... 271

Tarif des droits de location des chaises sur les
   promenades.......................... 216

Tarif des droits de pesage et de mesurage..... 186

Tarif des droits de location des places dans les
   Halles et Marchés...................... 146

Tarif des droits de magasinage à l'Entrepôt réel.
   Voy. Entrepôt......................... 256

Tarif de la viande. *Voy*. Prix de la viande de
   boucherie............................ 184

Tarif pour servir à fixer le prix du pain...... 158

Tentes.................................. 93

Théâtre (Règlement du).................... 106

Tonneliers. *Voy*. Ouvriers.................. 92

Tours................................... 210

Tranquillité des habitans................... 53

Transit............................... 249-251

Travaux publics........................... 17

Trompette de la ville...................... 32

Trottoirs latéraux à la route de Castelnau.... 94

Troubles................................ 43

Tuyaux de poële et de cheminée............. 199

U.

Urinoirs. *Voy*. Propreté des rues............. 96

V.

Vache. *Voy*. Viande de boucherie..... 178-182-184

Vases. *Voy*. Exposition d'objets sur les fenêtres. 81

Veau. *Voy*. Marques de la viande........... 182

Vendanges.............................. 277

Verdanson.............................. 67

Pages.

Viande (Prix de la)............................ 184
Viande (Marques de la)..................... 182
Viande de boucherie (Débits de)............ 178
Visite des filles publiques.................... 123
Volaille. (Défense d'en élever dans les maisons). 66
Voirie. *Voy.* Équarrisseurs................... 59
Voirie (Petite)............................. 192
Voitures (Stationnement des)............... 94
Voitures (Circulation des)................. 83

ERRATA.

—

Page 31, ligne 11, 31 septembre, *lisez* 30 septembre,
Page 75, ligne 28, laryns, *lisez* larynx.
Page 144, ligne 13, le 30 août 1830, *lisez* le 23 août 1830,

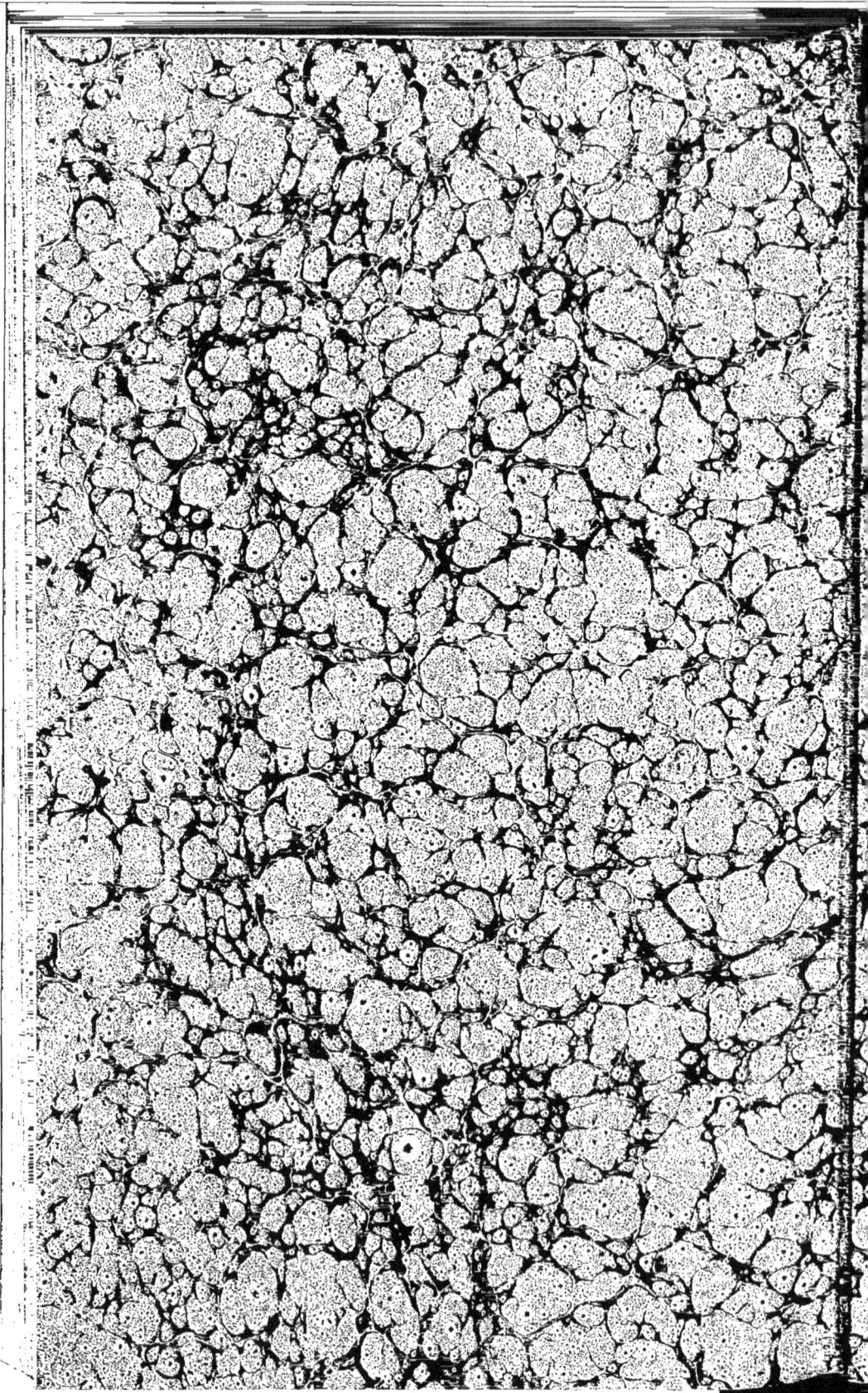

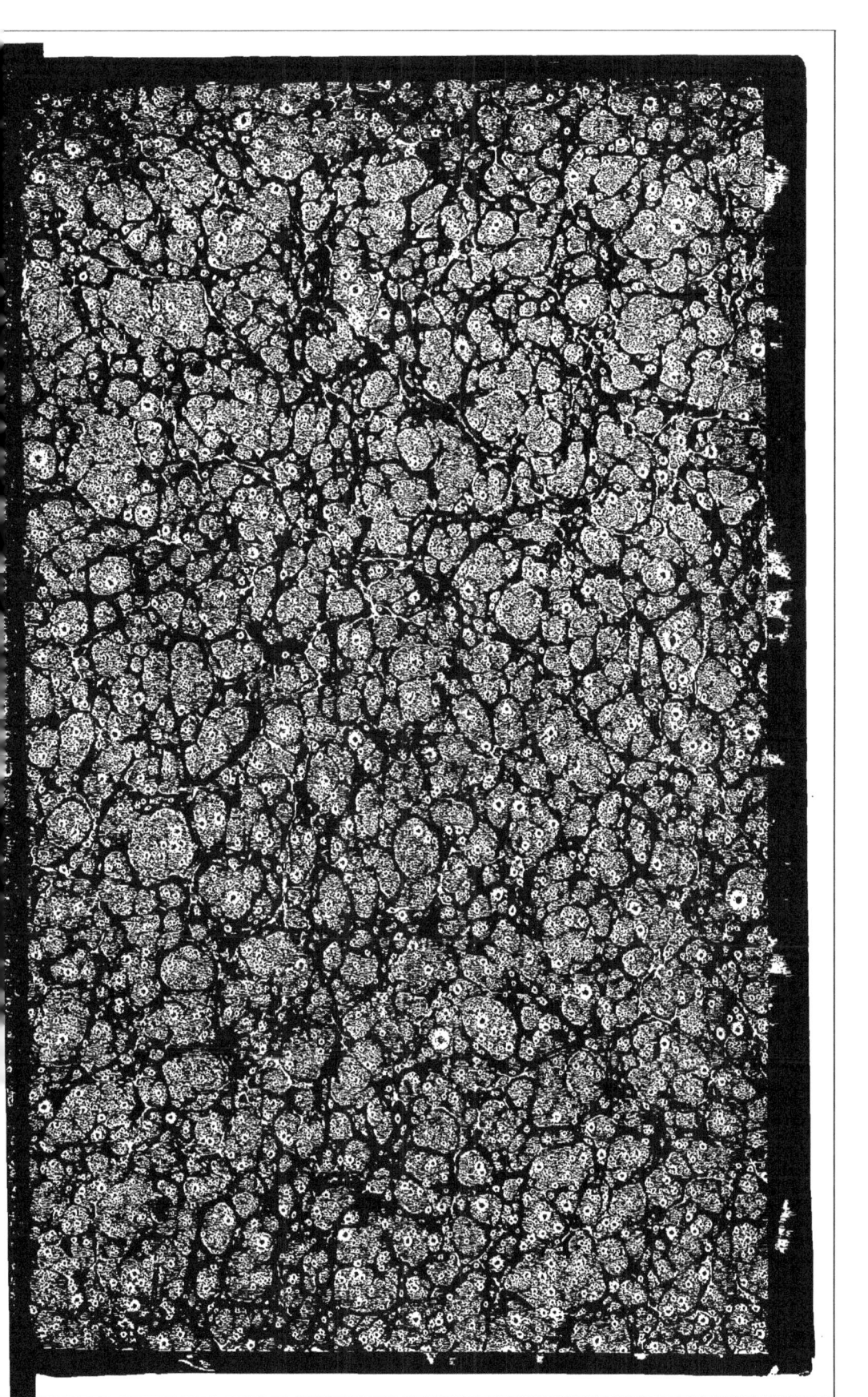

·